北京外国语大学“双一流”建设项目“‘一带一路'国家法律文本翻译与研究”（项目编号:2020SYLZDXM028）成果。

【第二卷】

Ascertainment of "Belt and Road" countries law

米良　主编

厦门大学出版社
XIAMEN UNIVERSITY PRESS
国家一级出版社
全国百佳图书出版单位

图书在版编目(CIP)数据

“一带一路”法律查明.第二卷/米良主编.—厦门:厦门大学出版社,2021.7
ISBN 978-7-5615-8292-3

Ⅰ.①一… Ⅱ.①米… Ⅲ.①法律—研究—世界 Ⅳ.①D910.4

中国版本图书馆CIP数据核字(2021)第137602号

出 版 人 郑文礼
责任编辑 李 宁 郑晓曦

出版发行 厦门大学出版社
社 址 厦门市软件园二期望海路39号
邮政编码 361008
总 机 0592-2181111 0592-2181406(传真)
营销中心 0592-2184458 0592-2181365
网 址 http://www.xmupress.com
邮 箱 xmup@xmupress.com
印 刷 厦门市金凯龙印刷有限公司

开本 787 mm×1 092 mm 1/16
印张 21.75
插页 2
字数 412千字
版次 2021年7月第1版
印次 2021年7月第1次印刷
定价 85.00元

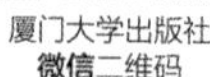
厦门大学出版社
微信二维码

厦门大学出版社
微博二维码

目 录

法律文号：第 61/2020/ QH14

2020 年 6 月 17 日，河内

越南社会主义共和国投资法*

根据越南社会主义共和国宪法，

国会颁布《投资法》。

第一章　总　则

第一条　调整范围

本法规定有关在越南的投资经营活动以及从越南到国外的投资经营活动。

第二条　适用对象

本法适用于与投资经营活动有关的投资者、机构、组织和个人。

第三条　词语解释

在本法中，以下词语解释如下：

1. 投资计划批准是指国家主管机关对项目实施的目标、地址、规模、进度、完成时间、投资者或投资者选择的形式，及为投资项目实施的各项机制和特殊措施（如有）的批准。

2. 投资登记机关是指有权颁发、调整、收回投资登记证书的国家机关。

3. 国家投资数据库是指在全国范围内各类投资项目与相关机关数据库系统连接的数据集合。

4. 投资项目是指在具体的地点、确定的期限内为进行投资经营活动提供投入中长期资金的集合。

5. 扩大投资项目是指正在进行的投资项目通过扩大规模、提高产能、更新工艺、减少污染或改善环境来发展投资项目。

6. 新投资项目是指第一次实施的投资项目或独立于已有投资项目的投资项目。

7. 创造型投资项目是指在利用知识产权、工艺、新商业模式的基础上实现构想并具

* 译者简介：[柬]陈皓，北京外国语大学博士研究生；梁隆乾，云南隆云律师事务所律师、主任。

有快速增长能力的投资项目。

8. 投资经营是指投资者为实现经营活动的资本投资。

9. 投资经营条件是指在附条件的投资经营行业、领域中个人、组织实现投资经营活动时必须满足的条件。

10. 外国投资者的市场准入条件是指外国投资者为了投资本法第9条第2款规定的外国投资者市场准入限制行业、领域清单中的行业、领域必须满足的条件。

11. 投资登记证明书是指记载投资者关于投资项目登记信息的纸质或电子文件。

12. 国家投资信息系统是指专门为跟踪、评估、分析全国范围内投资形势的信息系统，旨在服务国家管理工作和帮助实施投资经营活动的投资者。

13. 离岸投资活动是指投资者从越南向外国投入资本，及将这些原始资本获得的利润用于在外国进行的投资经营活动。

14. 合作经营合同（以下称BCC合同）是指不设立经济组织的投资者之间根据法律规定就合作经营、利润分成、成品分配目的而签订的合同。

15. 出口加工区是指专门生产出口产品，为生产出口产品和出口活动提供服务的工业区。

16. 工业区是指有明确的地理区域界线、专门生产工业产品和为生产提供服务的区域。

17. 经济区是指有明确的地理区域界线，包括多项职能，为实现吸收投资、发展社会经济和保卫国防安宁等目标而设立的多职能的区域。

18. 投资者是指进行投资经营活动的组织、个人，包括国内投资者、外国投资者和有外国投资资本的经济组织。

19. 外国投资者是指拥有外国国籍的个人，及根据外国法律在越南实施投资经营活动设立的组织。

20. 国内投资者是指拥有越南国籍的个人，及没有外国投资者是成员、股东的经济组织。

21. 经济组织是指根据越南法律规定设立并运行的组织，包括企业、合作社、合作社联合会和进行投资经营活动的其他组织。

22. 具有外国投资资本的经济组织是指有外国投资者是成员或股东的经济组织。

23. 投资资本是指为实施投资经营活动根据越南社会主义共和国民事法律和参与的国际条约所规定的货币和其他财产。

第四条　投资法和相关法律的适用

1. 在越南境内的投资经营活动遵守本法和其他相关法律。

2. 在本法生效之日前已经颁布的其他法律，与投资法之间就禁止投资经营或附条件投资经营的行业、领域有不同规定的情形，按投资法规定执行。

其他法律中关于禁止投资经营，及附条件投资经营的行业、领域的规定，必须与本法第 6 条和其附件相一致。

3. 在本法生效之日前已经颁布的其他法律，与本法之间就投资保障、投资经营程序、手续有不同规定的情形，按本法规定执行，以下情形除外。

a）国家在企业投资资金的投资、管理和使用，按国家投资在企业生产、经营资金管理、适用法律的规定实施。

b）公共投资的权限、程序、手续，及公共投资资本的管理和使用，按公共投资法的规定执行。

c）国家资金按公私合作方式直接用到投资项目的投资权限、程序、手续、项目实施、项目合同履行调整、投资保障、管理机制按投资法公私合作方式的规定执行。

d）社区、住房、建筑投资项目的开工，在得到主管机构根据投资法规定的投资计划、投资调整计划批准书后按建筑法、住房法和不动产经营法执行。

đ）投资经营的权限、程序、手续、条件是根据信贷组织法、保险经营法和石油法的规定办理的。

e）越南证券市场上有关证券和证券市场的权限、程序、手续、投资经营条件、运营按证券法规定执行。

4. 在本法生效日期之后颁布的其他法律，需要与投资法有不同的特定投资规定，则必须按投资法规定确定具体执行的内容或不执行的内容，及按其他法律规定执行的内容。

5. 对至少有一方为外国投资者或本法第 23 条第 1 款规定的经济组织的合同，双方可以在不违反越南法律规定的前提下就合同适用外国法律或国际习惯达成一致。

第五条　投资经营政策

1. 投资者有权在本法未禁止的行业、领域中从事投资经营活动。对于附条件投资经营行业、领域，投资者必须符合法律规定的投资经营条件。

2. 投资者依照本法和其他有关法律的规定自行决定并承担投资经营活动的责任，有权根据法律规定获得和使用信贷资金、扶持资金、土地和其他财产。

3. 如果投资经营活动危及国家安宁、国防或具有危及国家安宁、国防的危险，投资者必须暂停、中断、终止投资经营活动。

4. 国家承认并保护投资者的财产所有权、投资资本、收入以及其他合法权益。

5. 国家应公平对待投资者，为投资者实现投资经营活动，及各经济行业发展，制定鼓励政策和创造条件。

6. 国家尊重和执行越南社会主义共和国参与的有关投资的国际条约。

第六条　禁止投资经营的行业、领域

1. 禁止以下投资经营活动：

a）经营本法附录一规定的各类麻醉品。

b）经营本法附录二规定的化学品、矿物质。

c）经营《濒危野生动植物种国际贸易公约》附录一中规定的野生动植物物种标本；本法附录三中规定的自然濒危野生、一级稀缺动植物标本。

d）从事卖淫。

đ）贩卖人口、人体标本、尸体、人体、胎儿器官。

e）人身无性繁殖有关的经营活动。

g）经营爆炸物。

h）经营讨债业务。

2. 在分析、测试、科学研究、医疗、药品生产、调查犯罪、保护国防安全中，生产、使用本条第 1 款第 a）项、第 b）项和第 c）项规定的产品按政府规定执行。

第七条　附条件投资经营行业、领域

1. 附条件投资经营行业、领域是指在该行业、领域实施投资经营活动必须满足国防、国家安宁、社会安全、秩序、社会道德、公共健康应具备的条件。

2. 附条件投资经营行业、领域，见本法附录四的规定。

3. 对本条第 2 款规定行业、领域的投资经营条件，由国会法律、决议，国会常务委员会法令、决议，政府决议和越南为成员的国际条约规定。各部委、部级机关、地方政府、各级人民委员会、其他组织和个人不得颁布投资经营条件规定。

4. 投资经营条件必须符合本条第 1 款规定的理由，且必须确保公开、透明、客观，节省投资者的时间和成本。

5. 投资经营条件的规定必须包含以下内容：

a）投资经营条件的适用对象和范围；

b）投资经营条件的适用形式；

c）投资经营条件的内容；

d）为遵守投资经营条件的行政程序、手续、档案（如有）；

đ）经办投资经营条件行政手续的国家管理机构、经办机关；

e）许可证、证明书、证书或其他确认、批准文件的有效期（如有）。

6. 投资经营条件应采用以下形式：

a）许可证；

b）证件；

c）证书；

d）确认、批准文本；

đ）个人和经济组织实施投资经营活动而不具备主管机构书面证明的情况下必须满足的其他要求。

7. 附条件投资经营行业、领域和该行业、领域投资经营条件必须在国家企业登记通信网站上刊载。

8. 政府对投资经营条件的审查和公布规定细节。

第八条　禁止投资行业、领域，附条件投资行业、领域清单，及投资经营条件的修改、补充

1. 根据每个时期的社会经济条件和国家管理要求，政府审核禁止投资行业、领域，及附条件投资行业、领域清单，并按简要程序呈报国会修改、补充本法第 6 条、第 7 条和附件。

2. 对附条件投资经营行业、领域的修订、补充或投资经营条件必须符合本法第 7 条第 1 款、第 3 款、第 4 款、第 5 款和第 6 款的规定。

第九条　外国投资者市场准入的行业、领域和条件

1. 外国投资者适用对国内投资者规定的市场准入条件，除本条第 2 款规定的情形外。

2. 根据国会法律、决议，国会常务委员会法令、决议，政府决定和越南社会主义共和国作为成员国签署的国际条约，由政府公布限制外国投资者市场准入的行业、领域清单，包括：

a）无法进入市场的行业、领域；

b）附条件进入市场的行业、领域。

3. 在外国投资者市场准入限制的行业、领域清单中规定的外国投资者市场准入条件包括：

a）外国投资者在经济组织的注册资本中所占的比例；

b）投资方式；

c）投资活动范围；

d）投资者的能力，参与投资活动的合作伙伴；

đ）根据国会法律、决议，国会常务委员会法令、决议，政府决定和越南社会主义共和国作为成员国签署的国际条约规定的其他条件。

4. 政府规定的本条细则。

第二章 投资保障

第十条 财产所有权的保障

1. 投资者的合法财产不被国有化或不被行政方法没收。

2. 出于国防、安宁或为国家利益、紧急状态、预防、抗击自然灾害的理由国家征购、征用财产的情况，投资者得按有关征购、征用财产法律规定和其他相关法律规定进行结算、补偿。

第十一条 投资经营活动保障

1. 国家不强制投资者必须履行以下要求：

a）优先购买和使用国内商品和服务，或必须购买、使用国内生产商或服务提供商的商品和服务；

b）商品或服务出口达到一定比例，限制出口商品和服务或国内生产、供应的数量、价值、类型；

c）进口货物数量、价值与出口货物数量、价值相对应，或为了满足进口需求出口获得的外币必须自己平衡；

d）国内生产的产品达到本地化的比例；

đ）在国内研发活动中达到一定的程度或价值；

e）在国内或国外的特定地点提供商品、服务；

g）按国家主管部门要求的地点设立总部。

2. 根据社会经济发展条件和不同时期招商引资的需求，属国会、政府总理投资计划批准权限的投资项目，及其他重要基础设施发展的投资项目，由政府总理决定国家投资保障形式。

政府制定本款细节。

第十二条 外国投资者向国外转让财产的权利保障

外国投资者在依法履行对越南国家的金融义务后，可以将以下资产转移到国外：

1. 投资资本，各类投资清算金额；

2. 投资经营活动收益；

3. 投资者合法拥有的货币和其他资产。

第十三条　法律变更时的投资经营保障

1. 出现新颁布的法律文件规定新的投资优惠更高的情形，则投资者投资项目剩余优惠时间享受新法律规定的投资优惠。属于本法第 20 条第 5 款第 a 项规定的特别投资项目的投资优惠除外。

2. 出现新颁布的法律文件规定的投资优惠低于投资者此前享有的投资优惠情形，则投资者投资项目剩余优惠时间继续适用此前规定的投资优惠。

3. 当出现国防、国家安全、社会秩序、社会道德、公共健康、环境保护等法律规定的情形，本条第 2 款的规定不适用。

4. 出现投资者不能继续享受本条第 3 款规定的投资优惠，可以考虑用以下一种或几种措施来解决：

a）扣除投资者应纳税所得额的实际损失；

b）调整投资项目的活动目标；

c）支持投资者克服损失。

5. 对于本条第 4 款规定的投资保证措施，投资者必须在新法律文件生效之日起 3 年内提出书面要求。

第十四条　投资经营活动中争议的解决

1. 与越南投资经营活动有关的争议应通过谈判和调解解决。如果出现谈判或调解不能的情形，则根据本条第 2 款、第 3 款和第 4 款的规定通过仲裁或法院解决。

2. 在越南范围内投资经营活动的国内投资者与外资经济组织之间，或国内投资者、外资经济组织与国家有关主管部门之间的争议应通过越南仲裁或越南法院解决，但本条第 3 款规定的情况除外。

3. 至少一方是外国投资者或本法第 23 条第 1 款第 a）项、第 b）项和第 c）项所规定的经济组织之间的争议，应通过下列组织、机构之一进行解决：

a）越南法院；

b）越南仲裁；

c）外国仲裁；

d）国际仲裁；

đ）由争议各方协商建立的仲裁。

4. 在越南境内外国投资者与投资经营活动有关的国家主管部门之间的争议应通过越南仲裁机构或越南法院解决，根据合同有其他协定或根据越南社会主义共和国参与的国际条约有其他规定的情形除外。

第三章 投资优惠和扶持

第十五条 投资优惠与扶持的形式和对象

1. 投资优惠的形式包括:

a)企业所得税优惠,包括在投资项目实施的一个期间或全部时间适用企业所得税率低于普通税率;企业所得税法律规定的免税、减税和其他优惠。

b)进口税免除,为了添加固定资产进口的货物;按进出口税法规定为生产进口的原料、物料、零部件。

c)免征或减少土地使用费,土地租金和土地使用税。

d)快速折旧,在计算应纳税所得时增加费率扣除。

2. 享受投资优惠条件的对象包括:

a)属于本法第16条第1款规定的投资优惠行业、领域的投资项目。

b)在本法第16条第2款规定的投资优惠区域的投资项目。

c)投资项目具有6万亿越南盾以上的注册资金,自获得投资登记证或投资计划批准之日起3年内最少支付6万亿越南盾。同时具有以下条件之一:从有营业收入起的最近3年内,每年的营业收入总额最少达到10万亿越南盾,或雇用3,000名以上员工。

d)社会住房建设投资项目;雇用500名以上员工在农村地区的投资项目;根据有关残疾人的法律规定,雇用员工是残疾人的投资项目。

đ)高新企业,科技企业,科技组织;根据技术转让法规定,项目具有鼓励转让技术清单中的技术转让;根据高科技法和科技法规定的高技术孵化组织、科技企业孵化组织;根据环境保护法规定提供有关环境保护要求的技术、设备、产品和服务的生产企业。

e)创意型、创新中心型、研发中心型投资项目。

g)投资经营中小企业产品分销环节;投资经营扶持中小企业的技术组织、中小企业孵化组织;根据扶持中小企业法律的规定,投资经营创意型和扶持中小企业的综合工作区。

3. 投资优惠适用于新投资项目和扩建投资项目。

4. 对各类投资优惠的具体优惠程度适用税收、会计和土地法规的规定。

5. 本条第2款第b)项、第c)项和第d)项规定的投资优惠对以下投资项目不适用:

a)矿产开采投资项目。

b)根据特别消费税法的规定,属于应纳征特别消费税对象的生产、商品贸易、服务投资项目，生产汽车、飞机、游艇的项目除外。

c）根据住房法规定建设商品房的投资项目。

6. 适用投资优惠需具有期限，并在投资者实施项目结果的基础上。在投资优惠期内，投资者必须符合法律规定的享受优惠的条件。

7. 符合享受本法第 20 条规定的全部投资优惠的投资项目，适用最高投资优惠额。

8. 政府规定本条细则。

第十六条　投资优惠行业、领域和投资优惠地域

1. 投资优惠行业、领域包括：

a）根据科技法规定从科学技术成果形成的高科技实践，高科技工业产品配套、研发活动，各类产品生产；

b）新材料、新能源、清洁能源、可再生能源的生产，节能产品附加值在 30% 以上的产品生产；

c）电子产品、重要机械产品、农业机械、汽车和汽车零部件、造船生产；

d）发展优先扶持工业产品清单中的产品生产；

đ）信息技术、软件、数字化产品生产；

e）农产、林产、水产的养殖、加工，种植业和森林保护，制盐，渔业和渔业物流，植物品种、动物品种、生物技术产品的生产；

g）废物的回收、处理、再造或再利用；

h）投资基础设施工程的开发、运营和管理，在城镇开发公共客运；

i）学前教育、普通教育、职业教育和高等教育；

k）体检、治疗，药品生产、制药原料、药品保存，为新药生产的有关保质技术和生物技术的科学研究，医疗设备生产；

l）为残疾人或专业人士投资体育竞赛、训练的设施，文化遗产的保护和发掘；

m）投资老年科、精神、治疗病毒感染患者的中心，及无依靠的老年人、残疾人、孤儿、流浪儿童的关爱中心；

n）人民信贷基金，小额财经机构；

o）生产产品、提供服务创造或融入产业集群、价值链。

2. 投资优惠地区包括：

a）社会经济条件困难的地区和社会经济条件特别困难的地区；

b）工业园区、出口加工区、高科技园区、经济区。

3. 根据本条第 1 款和第 2 款规定的投资优惠行业、领域、地区，政府颁布、修订和补充投资优惠行业、领域清单和投资优惠地区清单，在投资优惠行业、领域清单中确定特殊投资优惠的行业、领域。

第十七条　投资优惠的适用程序

根据本法第 15 条第 2 款规定的对象、投资计划批准文书（如有）、投资登记证书（如有）、其他相关法律规定，投资者应自行选定投资优惠，并在税务机关、财政机关、海关和其他主管机关办理与各类投资优惠相应的享受投资优惠的程序。

第十八条　投资扶持的形式

1. 投资扶持的形式包括：

a）开发投资项目范围内外技术和社会基础设施系统的扶持；

b）培训和开发人力资源的扶持；

c）信贷扶持；

d）生产、经营层面的扶持，根据国家机关决定需搬迁的生产、经营组织的扶持；

đ）科学、技术、工艺转让扶持；

e）发展市场、提供信息的扶持；

g）研究与开发扶持。

2. 根据社会经济发展的方向和每个时期国家预算平衡能力，政府应就高新技术企业、科技型企业、科技组织、农业和农村投资企业、教育、法律普及投资企业及其他对象，制定本条第 1 款规定的投资扶持形式的细则。

第十九条　开发工业园区、出口加工区、高新园区、经济区基础设施建设的扶持

1. 按有关规划法律的规定，已经得到决定或者批准的规划，各部、部级机构、省级人民委员会应当制定投资开发计划，并组织工业园区、出口加工区、高科技园区、经济区公共职能区范围之外的技术和社会基础设施系统建设。

2. 国家应从国家预算中拨出一部分发展投资资金和优惠信贷资金，以便对社会经济条件困难的地区或社会经济条件特别困难的地区同步发展工业园区内外的技术和社会基础设施系统。

3. 国家应从国家预算中拨出一部分发展投资资金、优惠信贷资金和其他资金筹集方法，以便在经济区、高新区建设技术和社会基础设施系统。

第二十条　特殊投资优惠和扶持

1. 政府应决定特殊投资优惠、扶持的适用，旨在鼓励对社会经济发展有重大推动的一些投资项目的开发。

2. 本条第 1 款规定的特殊投资优惠、扶持的适用对象包括：

a）创新中心、研发中心具有总投资额为 3 万亿越南盾以上，且自获得投资登记证或投资计划批准之日起 3 年内至少实现 1 万亿越南盾的新设投资项目（包括新设立项目的扩建）；根据政府总理的决定设立的国家创新中心。

b）符合特特殊优惠行业、领域的投资项目，其投资资本应在 30 万亿越南盾以上，自投资登记证书或投资计划批准颁发之日起 3 年内至少实现 10 万亿越南盾。

3. 特殊优惠的优惠额度和适用期限按《企业所得税法》和《土地法》的规定执行。

4. 特殊投资扶持按本法第 18 条第 1 款规定的形式实施。

5. 本条规定的特殊投资优惠、扶持不适用于以下情况：

a）在本法生效日期之前已获得投资证书、投资登记证书或投资计划决定的投资项目；

b）本法第 15 条第 5 款规定的投资项目。

6. 在需要鼓励开发一个特别重要的投资项目或特殊行政经济组织的情况下，政府应向国会提交对本法及其他法律规定的投资优惠外适用其他投资优惠的决定。

7. 政府制定本条细则。

第四章　在越南的投资活动

第一节　投资形式

第二十一条　投资形式

1. 设立经济组织的投资。

2. 出资、购买股份、购买合作份额的投资。

3. 实施投资项目。

4. 按 BCC 合同形式的投资。

5. 按政府规定的各种投资形式、新经济组织类型。

第二十二条　投资设立经济组织

1. 投资者按照下列规定设立经济组织：

a）国内投资者设立经济组织，依照企业法和与各类经济组织相对应的法律；

b）外国投资者设立经济组织，必须符合本法第 9 条规定的外国投资者市场准入条件；

c）在设立经济组织之前，外国投资者必须具有投资项目，执行投资登记证书颁发、调整手续，但根据有关中小型企业扶持法律的规定，设立创新型中小企业和创新型投资基金除外。

2. 从被授予企业登记证明书或者具有同等法律效力的其他文件之日起，外国投资者设立的经济组织就是投资登记证书规定的实施投资项目的投资者。

第二十三条　外资经济组织的投资活动

1. 经济组织投资设立其他经济组织时，必须符合对外国投资者规定的条件和实施程序；其他经济组织出资、购买股份、购买合作份额的投资；如果某经济组织属于以下情况之一，则按BCC合同形式投资：

a）经济组织是无限公司，外国投资者持有超过50%以上的注册资本，或者大多数无限合伙人是外国人；

b）对本款第a）项所定义的经济组织，拥有超过50%的注册资本；

c）外国投资者和在本款第a）项中规定的经济组织，持有超过50%的注册资本。

2. 不属于本条第1款第a）项、第b）项和第c）项规定的情形的经济组织，在投资成立其他经济组织时，按对国内投资规定的投资条件和手续执行；按对其他经济组织出资、购买股份、购买合作份额的形式投资；按BCC合同形式的投资。

3. 在越南已经建立的外商投资经济组织，如果有新的投资项目，该项目的实施程序，不必须设立新的经济组织。

4. 政府应制定有关经济组织的投资程序、手续，以及外国投资者和外国投资经济组织开展投资活动的实施细则。

第二十四条　以出资、购买股份、受让份额形式的投资

1. 投资者有权出资、购买股份、购买经济组织的份额。

2. 外国投资者出资、购买股份，或购买经济组织的份额必须符合以下规定：

a）本法第9条规定的外国投资者的市场准入条件；

b）依照本法规定确保国防和安全；

c）有关接受土地使用权的条件，及岛屿、沿海、沿边市镇、乡、村土地使用条件的法律规定。

第二十五条　出资、购买股份、购买份额的形式

1. 投资者可以按下列形式向经济组织注资：

a）购买股份公司首次发行的股份或增发的股份；

b）向有限责任公司和无限公司注资；

c）向不属于本款第a）项和第b）项规定情况的其他经济组织的出资。

2. 投资者可以下列形式购买经济组织的股份、份额：

a）从公司或股东购买股份公司的股份；

b）购买有限责任公司成员的出资份额，成为有限责任公司的成员；

c）购买无限责任公司出资人的出资份额，成为无限责任公司出资人；

d）购买不属于本款第 a）项、第 b）项和第 c）项规定情况的其他经济组织成员的出资份额。

第二十六条　出资、购买股份、购买份额形式的投资手续

1. 投资者对经济组织的出资、购买股份、购买份额必须符合条件，并按照对各种经济组织相应的法律规定执行变更成员和股东的手续。

2. 外国投资者在发生下列情形之一之前变更股东、成员，应履行对经济组织的出资、购买股份、购买份额的登记手续：

a）出资、购买股份、购买份额增加了外国投资者在对外国投资者附条件准入行业、领域的经济组织的所有权比例。

b）出资、购买股份、购买份额出现本法第 23 条第 1 款第 a）项、第 b）项和第 c）项规定的外国投资者、经济组织在下列情况下持有经济组织 50% 以上的资本：外国投资者注册资本比例从低于或等于 50% 增加到超过 50% 以上；当外国投资者在经济组织中所占注册资本比例已经超过 50% 时，增加外国投资者注册资本所占比例。

c）外国投资者对在延边乡、村、集镇、岛屿，在沿海乡、村、集镇，在影响国防安宁的其他地区有土地使用权的经济组织的出资、购买股份、购买份额。

3. 不属于本条第 2 款规定的投资者，在对经济组织出资、购买股份、购买份额时，依照有关法律规定执行股东或成员的变更。在经济组织出资、购买股份、购买份额需要登记的情形，投资者按本条第 2 款的规定执行。

4. 政府制定本条规定的经济组织出资、购买股份、购买份额的程序、手续、文档细则。

第二十七条　BCC 合同形式的投资

1. 国内投资者之间签订的 BCC 合同按民事法律规定执行。

2. 国内投资者与外国投资者之间或外国投资者之间签订的 BCC 合同，按本法第 38 条规定投资登记证颁发手续执行。

3. 为执行 BCC 合同，参与 BCC 合同的各方成立协调委员会，协调委员会以执行密件抄送合同。协调委员会的职能、任务、权限由各方协商。

第二十八条　BCC 合同的内容

1. BCC 合同主要内容如下：

a）参与合同各方的名称、地址和授权代表，交易地址或实施投资项目的地点；

b）投资经营活动的目标和范围；

c）参与合同各方的出资和各方之间投资经营结果的分配；

d）执行合同的进度和期限；

đ）参与合同各方的权利、义务；

e）合同的变更、转让、终止；

g）违约责任，争端解决方式。

2. 在执行 BCC 合同的过程中，参与合同各方根据企业法的规定设立企业开展经营合作，可以协商使用财产形式。

3. 参与 BCC 合同的各方有权在不违反法律规定的前提下协商其他内容。

第二节　投资计划批准和选择投资者

第二十九条　选择投资者实施投资项目

1. 选择投资者通过以下方式之一进行：

a）根据土地法规定竞价土地使用权；

b）根据招标法规定招投标选择投资者；

c）根据本条第 3 款和第 4 款规定批准投资者。

2. 根据本条第 1 款第 a）项和第 b）项的规定，选择实施投资项目的投资者，得在投资计划批准后实施，除非投资项目不属于投资计划批准范畴。

3. 根据土地法规定在土地使用权竞价只有一人参加登记或竞拍失败，根据招标法规定以招投标选择投资者只有一个投资者登记，投资者符合相关法律规定条件时，主管机关应办理审批。

4. 对于属于投资计划批准的投资项目，主管机构应批准投资计划，同时在以下情形下批准投资者不需要通过拍卖土地使用权、招投标选择投资者。

a）投资者有土地使用权，根据相关土地法律规定，国家因国防、安宁目的收回土地，为国家级公共利益发展经济与社会而收回土地。

b）投资者以受让、接受出资、租赁获得农用地使用权用于实施非农业生产经营投资项目，国家根据相关土地法律规定收回土地的情形除外。

c）投资者在工业园区、高科技园区实施投资项目。

d）按法律规定不需要拍卖、招投标的其他情形。

5. 政府制定本条细则。

第三十条　国会的投资计划批准权限

国会批准以下投资项目的投资计划：

1. 极大影响环境或可能潜在严重影响环境的投资项目，包括：

a）核电厂；

b）投资项目要改变特种林、水源防护林、边界防护林土地使用面积50公顷以上，防风林、防沙林、防海潮林土地使用面积500公顷以上，生产林土地使用面积1000公顷以上。

2. 投资项目要改变两季以上与500公顷以上规模水稻土地使用面积。

3. 投资项目要移民安置山区20000人以上，其他地区50000人以上。

4. 投资项目需要得到国会给予的特殊政策。

第三十一条　总理的投资计划批准权限

除本法第30条规定的投资项目外，总理批准以下投资项目的投资计划：

1. 投资项目不论资金来源属下列情形之一：

a）投资项目要移民安置山区10000人以上，其他地区20000人以上。

b）新建投资项目：空港、机场，空港、机场起降跑道，国际航空港的客运火车站，具有每年100万吨以上运输能力的空港、机场的货运火车站。

c）经营航空客运的新投资项目。

d）新建投资项目：港口、特殊海港的海港区，投资规模在23000亿越南盾以上属于一类海港的海港区。

đ）油气加工投资项目。

e）投资项目需要经营博彩等特殊行业，对外国人有奖电子游戏除外。

g）在下列情形的市镇住宅建设（出售、租赁、租购）类投资项目：投资项目在市镇地区土地使用规模50公顷以上或50公顷以下但人数规模15000以上，投资项目在非市镇地区土地使用规模100公顷以上或100公顷以下但人数规模10000以上，投资项目不论人数、土地规模但属于国家认定的遗迹保护范围。

h）建设和经营工业园区和出口加工区基础设施的投资项目。

2. 外国投资者在经营网络基础设施服务、绿化、出版、报纸领域的投资项目。

3. 同时属于两个以上省级人民委员会投资计划批准权限的投资项目。

4. 根据法律规定属于总理投资计划批准权限或投资决定的其他投资项目。

第三十二条　省级人民委员会的投资计划批准权限

1. 除本法第30条和第31条规定的投资项目外，省级人民委员会批准下列投资项目的投资计划：

a)投资项目需要国家不通过拍卖、招投标或接受转让的供地、租地，投资项目可建议改变土地使用目的，根据相关土地法律规定不需要省级人民委员会批准，允许个人、家庭的土地使用目的变更的供地、租地除外；

b)在下列情形的市镇住宅建设(出售、租赁、租购)类投资项目：投资项目在市镇地区土地使用规模50公顷以下且人数规模15000以下，投资项目在非市镇地区土地使用规模100公顷以下且人数规模10000以下，投资项目不论人数、土地规模但属于发展限制地区或城市的历史文物；

c)建设和经营高尔夫球场的投资项目；

d)外国投资者、有外资参与的经济组织在边境岛屿、乡、村、集镇，在沿海乡、村、集镇，在影响国防安宁的其他地区实施的投资项目。

2. 对本条第1款第a)项、第b)项和第d)项规定，在工业园区、出口加工区、高科技园区或得到批准与规划相符的经济区实施的投资项目，由工业园区、出口加工区、高科技园区、经济区管理委员会批准投资计划。

3. 政府制定本条细则。

第三十三条　投资计划批准的档案、审定内容

1. 投资者申报投资项目的投资计划批准档案，包括：

a)执行投资项目的书面文本，包括如项目未获批准保证承受全部费用及风险。

b)有关投资者法律身份的材料。

c)投资者财务能力的证明材料，至少有以下材料之一：投资者最近两年的财务报告，母公司的财务支持保证，金融机构的财务支持保证，有关投资者财务能力担保，投资者财务能力证明的其他材料。

d)投资项目提案包括以下主要内容：投资者或投资者选择形式、投资目标、投资规模、投资资金和资金筹措、地点、期限、实施进度，实施项目地点有关土地使用状况的信息，土地使用需求提案(如果有)，劳动力需求，享受投资优惠提案，项目的社会经济作用、效果，根据环境保护法律规定对环境影响的初步评估(如果有)。

有关建设法规定要制作可行性研究报告的，则投资者得提交可行性研究报告代替投资项目提案书。

đ)如果投资项目不要求国家供地、出租土地，允许改变土地使用目的，则提交土地使用权文件副本或实施投资项目确定地点使用权的其他材料。

e)根据技术转让法在投资项目中需要审定、评估的项目，使用有关技术的解释内容。

g)根据BCC合同形式，对投资项目的BCC合同。

h）与投资项目有关的其他材料，法律规定对投资者条件和能力的要求（如果有）。

2. 国家主管机关制作投资项目的投资计划批准档案，包括：

a）投资计划批准意见书。

b）投资项目提案包括以下主要内容：投资目标、投资规模、投资资金、地点、期限、实施进度、项目社会经济影响与效果；实施项目地点有关土地使用状况的信息；属土地收回项目的土地收回条件，土地潜在需求（如有）；根据环境保护法律规定对环境影响的初步评估（如果有）；形成选择投资者的初步意见和对投资者的条件（如有）；特殊机制和政策（如有）。

有关建设法规定要制作可行性研究报告的，则国家主管机关须提交可行性研究报告代替投资项目提案书。

3. 投资计划批准的审定内容包括：

a）评估投资项目与国家规划、区域规划、省规划、城市规划以及特别行政经济单位规划（如有）的吻合性。

b）评估土地使用需求。

c）初步评估投资项目的社会经济效果，根据环境保护法律规定初步评估环境影响（如有）。

d）投资优惠和享受投资优惠条件的评估（如有）。

đ）根据技术转让法律规定属于有关技术审定、评估的项目，就投资项目中有关技术的评估。

e）有关投资项目与市镇发展目标、方向，住房发展计划、步骤吻合性评估；分期投资保障同步需求的初步方案；住房产品的基础结构和开发社会住宅的土地储备；对市镇住宅建设投资项目范围内外基础设施管理的初步建设方案。

4. 与批准投资者同时的投资计划批准提案审定内容包括：

a）本条第 3 款规定的审定内容；

b）符合不通过土地使用权竞拍、招投标选择投资者情形的供地、租地条件，项目要求改变土地使用目的而符合改变土地使用目的的条件；

c）满足外国投资者市场准入条件的评价（如有）；

d）根据有关法律规定对投资者的其他条件。

5. 政府制定本条细则。

第三十四条　国会的投资计划批准程序、手续

1. 本法第 33 条第 1 款、第 2 款规定的档案，应寄送计划和投资部。

2. 在收到全部档案之日起的15天内，计划和投资部应向总理报告，成立国家审定委员会。

3. 国家评估委员会自成立之日起90日内，组织档案审定，并按本法第33条规定的审定内容制作审定报告呈报政府。

4. 在国会会议开幕前至少60天，政府应制作和寄送投资计划批准档案给国会负责审查的机关。

5. 投资计划批准档案包括：

a）政府意见书；

b）本条第1款规定的档案；

c）国家审定委员会的审定报告；

d）其他相关材料。

6. 投资计划批准审查内容包括：

a）满足标准确定，投资项目属于国会投资计划批准权限；

b）实施投资项目的必要性；

c）投资项目与国家战略、规划、区域规划、省级规划、城市规划和特别行政经济单位规划（如有）的吻合性；

d）投资项目的目标、规模、地点、实现、实施进度，平整方案，移民安置，主要技术选择方案，环境保护方法；

đ）总投资资金，资金来源；

e）评估投资项目的社会经济效率、国防安宁保障和可持续发展；

g）投资的特殊机制、政策、优惠互助和适用条件（如有）。

7. 负有相关责任的政府机构、组织和个人应为审查工作提供全面的信息和材料，在国会负责审查的主管机关要求时，对投资项目有关内容进行解释。

8. 国会审查通过的投资计划批准决定书，包含本法第3条第1款规定的各项内容。

9. 政府指定国家审定委员会实施审定程序、手续的细则。

第三十五条　总理的投资计划批准程序、手续

1. 本法第33条第1款、第2款规定应寄送计划和投资部的档案。

2. 在收到全部档案之日起3个工作日内，计划和投资部按本法第33条规定的审定内容寄送档案给相关国家机关提出审定意见。

3. 在收到档案之日起15天内，提出意见的机关应将属于本单位国家管理范围内的内容的审定意见交给计划和投资部。

4. 在收到档案之日起 40 天内，计划和投资部组织审定档案和制作包含对本法第 33 条规定审定内容的审定报告，呈报总理批准投资计划。

5. 政府总理决定、批准投资计划包括本法第 3 条第 1 款规定的各项内容。

6. 对于本法第 31 条第 3 款规定的投资项目，政府总理指定一个省、中央直辖市的投资登记机关，为全部项目颁发投资登记证书。

7. 由政府总理批准投资计划的，政府对投资项目实施审定的程序、手续制定细则。

第三十六条　省级人民委员会投资计划批准程序、手续

1. 本法第 33 条第 1 款、第 2 款规定的档案，应寄送投资登记机关。

在收到档案之日起 35 天内，投资登记机关应当将结果通知投资者。

2. 在收到全部档案之日起 3 个工作日内，投资登记机关应将本法第 33 条规定的审定内容档案寄送给相关国家机关提出审定意见。

3. 在收到档案之日起 15 天内，提出意见的机关对属于本单位国家管理范围内相关内容的审定意见，寄送给投资登记机关。

4. 在收到档案之日起 25 天内，投资登记机关制作包含本法第 33 条规定的审定内容的审定报告，呈报省级人民委员会。

5. 在收到档案和审定报告之日起 7 个工作日内，省级人民委员会批准投资计划，如未批准必须书面通报并说明理由。

6. 省级人民委员会确定、批准投资计划，包括本法第 3 条第 1 款规定的各项内容。

第三节　投资登记证书颁发、调整、收回手续

第三十七条　投资登记证书颁发情形

1. 下列情形必须颁发投资登记证书：

a）外国投资者的投资项目；

b）本法第 23 条第 1 款规定的经济组织的投资项目。

2. 下列情形不需要颁发投资登记证书：

a）国内投资者的投资项目；

b）本法第 23 条第 2 款规定的经济组织的投资项目；

c）经济组织以出资、股票购买、购买份额形式的投资。

3. 对于本法第 30 条、第 31 条和第 32 条规定的投资项目，本法第 23 条第 2 款规定的国内投资者、经济组织在获得投资计划批准后开发的投资项目。

4. 投资者对本条第 2 款第 a）项、第 b）项规定的投资项目，要求颁发投资登记证书，

投资者按本法第 38 条规定颁发投资登记证明书的手续实施。

第三十八条　投资登记证书的颁发手续

1. 投资登记机关对属于本法第 30 条、第 31 条、第 32 条规定的投资计划批准的投资项目,在下列期限内颁发投资登记证书:

a)在收到投资计划批准文本之日 5 个工作日内;属于颁发投资登记证书范畴的投资项目,同时批准投资者。

b)对不属于本款第 a)项规定的投资项目,收到投资者颁发投资登记证书申请之日 15 天。

2. 对不属于本法第 30 条、第 31 条、第 32 条规定的投资计划批准的投资项目,投资者如果符合下列条件须颁发投资登记证书:

a)投资项目不属于禁止投资经验的行业、领域;

b)有实施投资项目的地点;

c)投资项目符合本法第 33 条第 3 款第 a)项规定的计划;

d)每个土地面积的投资率、使用的劳动力数量(如果有)符合条件;

đ)符合外国投资者市场准入条件。

3. 政府制定颁发投资登记证书的条件、档案、程序、手续的细则。

第三十九条　投资登记证书颁发、调整、收回的权限

1. 工业园区、出口加工区、高新园区和经济区管理委员会为辖区内的投资项目颁发、调整、收回投资登记证书;本条第 3 款规定的情形除外。

2. 计划和投资部门对工业园区、出口加工区、高新园区、经济区以外的投资项目颁发、调整、收回投资登记证书,本条第 3 款规定的情形除外。

3. 为了实施投资项目设置或预备设置办公室,投资者实施投资项目地方的投资登记机关,对以下投资项目颁发、调整、收回投资登记证书:

a)在两个以上省级行政单位实施的投资项目;

b)在工业园区、出口加工区、高科技园区和经济区内外实施的投资项目;

c)在工业园区、出口加工区、高科技园区、经济区尚未设立工业园区、出口加工区、高科技园区、经济区管理委员会或不属于工业园区、出口加工区、高科技园区、经济区管理委员会管理范围的投资项目。

4. 接受投资项目档案的机关是有权颁发投资登记证书的机关,本法第 34 条和第 35 条规定的情形除外。

第四十条　投资登记证书的内容

1. 投资项目名称。

2. 投资者。

3. 投资项目代码。

4. 实施投资项目的地点，使用土地面积。

5. 投资项目的目标、规模。

6. 投资项目的投资资本（包括投资者的出资和筹措的资本）。

7. 投资项目的开发期限。

8. 投资项目的实施进度，包括：

a）投入资金和筹措资金进度。

b）投资项目主要开发目标的实施进度；投资项目划分为阶段，则必须规定每个阶段的实施进度。

9. 投资优惠、互助形式，及适用的理由和条件（如有）。

10. 投资者实施投资项目的条件（如有）。

第四十一条　投资项目的调整

1. 在实施投资项目过程中，投资者有权调整目标、转让一部分或全部投资项目、合并各项目或将一个项目分割为若干项目，为了出资设立企业、合作经营或其他内容使用投资项目土地上的财产、土地使用权，且必须符合法律规定。

2. 在投资项目的调整改变投资登记证书内容时，投资者实施投资登记证书调整手续。

3. 有投资项目的投资者已得到投资计划批准，有下列情况之一，必须执行投资计划调整批准手续：

a）改变投资计划批准文件规定的目标，补充投资计划批准方面的目标；

b）改变土地使用面积规模在 10% 以上或 30 公顷以上，改变投资地点；

c）改变总投资资本在 20% 以上，使投资项目规模改变；

d）延长投资项目实施进度，与首次投资计划批准文件中规定的投资项目实施进度相比，项目投资的总期限超过 12 个月；

đ）调整投资项目的活动期限；

e）改变已审定的工艺，在投资计划批准期间提出意见；

g）在项目开发、运营之前，改变已得到投资计划批准及投资者批准的投资项目的投资者，或对投资者的条件改变（如果有）。

4. 对于得到投资计划批准的投资项目，与首次投资计划批准文件中规定的投资项目实施进度相比，投资者调整投资项目实施进度不得超过24个月。有以下情况之一的除外：

a）根据民事法律和土地法律的规定，为克服不可抗力情形的后果；

b）由于投资者延迟获得国家供地、出租土地、容许改变土地用途，而调整投资项目实施进度；

c）根据国家管理机关或延迟实施行政手续国家机关的要求，调整投资项目的实施进度；

d）因国家机关改变计划而调整投资项目；

đ）改变投资计划批准文件规定的目标，补充投资计划批准的目标；

e）增加总投资资本20%以上，而改变投资项目规模。

5. 有权批准投资计划的国家机关有权批准投资激发的调整。

投资项目调整建议导致投资项目属更高一级投资计划批准权限，则该级有权根据本条规定批准投资计划调整。

6. 投资计划调整的手续、程序，按本法第34条、第35条和第36条相关调整内容的规定实施。

7. 投资项目调整建议导致投资项目必须获得投资计划批准的，则投资者必须在投资项目调整前实施投资计划批准手续。

8. 政府制定本条细则。

第四节　投资项目的实施开展

第四十二条　投资项目的实施原则

1. 对需要投资计划批准的投资项目，投资者在实施投资项目前投资计划批准必须完成。

2. 对需要出具投资登记证书的投资项目，投资者在投资项目实施前有责任完成颁发投资登记证书的手续。

3. 投资者在投资项目实施开展过程中，有责任遵守本法、规划法、土地法、环境法、建筑法、劳动法、防火和灭火法的规定，以及其他相关法律、投资计划批准文件（如有）和投资登记证书（如有）的规定。

第四十三条　投资项目实施保证

1. 投资者提供保证金或提供银行有关保证义务的保函，以保障投资项目的实施，请求国家供地、租地、允许变更土地用途。下列情况除外：

a）投资者为实施投资项目竞价获得土地使用权，国家获得供地收取的土地使用费、租地一次性收取全部租期的土地租赁费；

b）投资者中标实施有土地使用的投资项目；

c）投资者在投资项目转让已完成保障金或根据投资计划批准文件、投资登记证书规定进度完成注册资本投资、资金筹措基础上获得国家供地、租地；

d）投资者为实施投资项目在土地使用权、其他土地使用者土地附带财产转让基础上获得国家供地、租地。

2. 根据各投资项目的规模、性质和实施进度，为保障投资项目实施的保证金为投资项目投资资本的 1% ～ 3%。如果投资项目包括多个投资阶段，则按每个投资项目实施阶段支付和退还保证金，但不退还的除外。

3. 政府制定本条细则。

第四十四条　投资项目的经营期限

1. 经济区投资项目的经营期限不得超过 70 年。

2. 经济区以外的投资项目的经营期限不得超过 50 年。在社会经济条件困难地区、社会经济条件特别困难的地区投资项目或投资资金极大但资本回收慢的投资项目，其投资项目的经营期限可能更长，但不得超过 70 年。

3. 对于国家供地、租地但投资人延迟得到移交土地的投资项目，则延迟移交土地的时间不计入投资项目经营时限、实施进度。

4. 在投资项目经营期限届满时，如果投资者要求继续实施投资项目，并符合法律规定的条件，则可适当延长投资项目的经营期限。但最长期限不超过本条第 1 款和第 2 款的规定，以下投资项目除外：

a）投资项目使用工艺落后、具有潜在的环境污染危机、资源密集；

b）投资项目属于投资者必须无偿移交财产给越南国家或越南当事方。

5. 政府制定本条细则。

第四十五条　投资资本价值确定；投资资本价值评估；机器、设备、生产工艺线评估

1. 投资者有责任根据法律规定为实施投资项目保障机械、设备和生产工艺线的质量。

2. 投资者在投资项目开发运营后，自己确定投资项目的投资资本价值。

3. 为了保障国家对科学技术、生产工艺实施管理或为了确定计税依据的必要，国家管理机关在投资项目开发运营后有权要求对投资资本价值，以及机械、设备、生产工艺线的质量和价值实施独立评估。

4. 评估结果对国家税收义务增加的，投资者必须承担评估费用。

5. 政府制定本条细则。

第四十六条 投资项目的转让

1. 投资者在满足以下条件时有权转让全部或部分投资项目给其他投资者：

a）投资项目或投资项目部分转让，其根据本法第48条第1款和第2款的规定未被终止经营；

b）外国投资者受让投资项目或部分投资项目，必须符合本法第24条第2款规定的条件；

c）根据有关土地法律规定的条件，符合连带土地使用权、土地附属财产转让的投资项目转让；

d）根据住宅法律、不动产经营法律规定的条件，符合住宅建设、不动产项目的投资项目转让；

đ）投资计划批准文件、投资登记证书规定的条件或相关法律的其他规定（如有）；

e）在转让投资项目时，除按本条规定实施外，国有企业在实施投资项目调整前，有责任执行国家资金投资企业生产、经营有关使用、管理的法律规定。

2. 在符合本条第1款规定转让条件的情形下，投资项目全部或部分转让手续，如下：

a）依照本法第29条的规定，投资者投资项目得到批准，且投资项目得到颁发投资登记证书，投资者根据本法第41条规定实施投资项目调整手续；

b）对不属于本款第a）项所规定情形的投资项目，在按民事、企业、不动产法律和相关法律其他规定实施转让后，投资项目转让或财产所有权变更给接受投资项目的投资者。

第四十七条 投资项目的经营中止

1. 投资者中止投资项目经营，必须以书面形式向投资登记机关通报。因不可抗力原因中止投资项目经营的，则在为克服不可抗力引起的后果而中止经营期间，投资者得到国家免除土地租赁费、减少土地使用费。

2. 国家有关投资管理机关决定中止或部分中止下列情形的投资项目的经营：

a）根据文化遗产法的规定，为了保护国家遗迹、遗物、古物、宝物；

b）根据国家环保机关的提议，为克服违反环境保护法的；

c）根据国家劳动管理机关的提议，为实施劳动安全保障措施的；

d）根据法院的判决、决定，仲裁裁决；

đ）投资者不正确实施投资计划批准、投资登记证书的内容，并且被行政违法处罚继续违法的。

3. 在投资项目实施对国防、国家安宁引发妨害或有引发妨害的危险情形下，政府总理根据投资和计划部的提议决定中止、部分中止投资项目经营。

4. 政府制定本条规定的投资项目中止经营的条件、程序、手续和时限。

第四十八条　投资项目的经营终止

1. 投资者在以下情形下终止投资活动、投资项目：

a）投资者决定终止投资项目的经营；

b）出现在合同、企业章程中规定的终止经营条件；

c）投资项目的经营期限结束。

2. 投资登记机关在下列情形下终止或者部分终止投资项目的经营：

a）投资项目属于本法第 47 条第 2 款和第 3 款规定情形之一的，投资者无能力克服经营中止的条件；

b）投资者不得继续使用投资地点，且从不得继续使用投资地点之日起 6 个月内不实施投资地点调整手续，本款第 d）项规定除外；

c）投资项目已中止经营，且从中止经营之日起 12 个月期限结束，投资登记机关不能联系上投资者或投资者的合法代表；

d）根据土地法律规定，由于没有使用土地、延迟使用土地，投资项目被收回土地；

đ）根据法律规定对属于投资项目实施担保的投资项目，投资者无保证金或没有保证金保函义务；

e）根据民法规定，投资者在虚假的民事交易的基础上实施投资经营；

g）根据法院的判决、决定，仲裁裁决。

3. 对投资计划批准的投资项目，投资登记机关在得到投资计划批准机关的意见后，终止投资项目的经营。

4. 投资项目终止经营时，投资人依照有关财产清算法律的规定自己清算投资项目，本条第 5 款规定除外。

5. 在终止投资项目时，土地使用权、土地连带财产的处理，执行土地法律规定和相关法律的其他规定。

6. 投资项目根据本条第 2 款的规定终止经营的，投资登记机关决定收回投资登记证书，终止投资项目部分经营的除外。

7. 政府制定本条规定的终止投资项目经营的程序细则。

第四十九条　在 BCC 合同下外国投资者运营办公室设立

1. BCC 合同中的外国投资者可在越南设立运营办公室来执行合同。运营办公室的地点由外国投资者根据合同实施要求在 BCC 合同中确定。

2. BCC 合同中的外国投资者运营办公室有印鉴；可在 BCC 合同和设立运营办公室的登记证书中规定的权利和义务范围内开户、招聘员工、签订合同和进行各项经营活动。

3. 在 B C C 合同中的外国投资者向预备设立运营办公室所在地的投资登记机关提交设立运营办公室的登记档案。

4. 设立运营办公室的登记档案包括:

a)设立运营办公室的书面文本,包括:在 BCC 合同中外国投资者在越南的代表处的名称和地址(如有);运营办公室的名称、地址;运营办公室的经营内容、期限、范围;运营办公室负责人的姓名、住所、身份证号码、指纹或护照。

b)外国投资者在 BCC 合同中关于设立运营办公室的决定。

c)运营办公室负责人任命决定副本。

d) BCC 合同副本。

5. 投资登记机构在收到本条第 4 款规定的档案之日起 15 天内,向 BCC 合同中的外国投资者颁发运营办公室营业登记证书。

第五十条　BCC 合同中外国投资者运营办公室活动的终止

1. 在决定终止运营办公室活动之日起 7 个工作日内,外国投资者应向运营办公室所在地的投资登记机关发寄送档案。

2. 终止运营办公室活动的通报档案包括:

a)在运营办公室提前终止活动情形下,运营办公室活动终止的决定;

b)债权人清单和已清偿的债务;

c)劳动者名册,劳动者权益已经解决;

d)税务机关的完税证明;

đ)社会保险机关已缴纳社会保险义务的证明;

e)运营办公室活动登记证书;

g)投资登记证书复印件;

h) BBC 合同副本。

3. 投资登记机关在收到本条第 2 款规定的档案之日起 15 天内,决定收回运营办公室活动登记证书。

第五章　对外投资活动

第一节　一般规定

第五十一条　对外投资活动实施原则

1. 国家鼓励对外投资,旨在开拓、发展和扩大市场;提高商品、服务出口和创汇能力;

接受现代技术，提高国家经济社会发展管理能力和补充资源。

2. 投资者实施对外投资活动必须遵守本法规定、相关法律的其他规定，遵守接受投资国家、地区（以下简称“接受投资国”）的法律和相关国际条约的规定；承担对外投资活动的责任。

第五十二条　对外投资形式

1. 投资者以下列形式实施对外投资活动：

a）根据接受国法律规定设立经济组织；

b）根据外国合同形式的投资；

c）在外国经济组织的出资、购买股份、购买出资，以参与该经济组织的管理；

d）在外国买卖证券、其他有价证书或通过证券投资基金、其他中介金融机构投资；

đ）根据接受国投资法律规定的其他投资形式。

2. 政府制定本条第 1 款第 d）项规定实施投资形式的细则。

第五十三条　禁止对外投资的行业、领域

1. 本法第 6 条和有关国际条约规定的禁止经营投资的行业、领域。

2. 根据外贸管理法律规定属禁止出口技术、产品行业、领域。

3. 根据接受投资国的法律禁止经营投资的行业、领域。

第五十四条　附条件对外投资行业、领域

1. 附条件对外投资的行业、领域包括：

a）银行；

b）保险；

c）证券；

d）新闻、广播和电视；

đ）经营不动产。

2. 本条第 1 款规定行业、领域中的对外投资条件，由国会的法律、决议，国会常务委员会的法令、决议，以及政府的决议和越南社会主义共和国作为成员的有关投资的国际条约规定。

第五十五条　对外投资资金来源

1. 投资者负责出资和筹措资金来源用于实施对外投资活动。

2. 外币贷款、转让外币投资资本，必须遵守有关银行、信贷组织、外汇管理法律规定的条件和手续。

3. 根据每个时期货币政策目标和外汇管理政策，为实施对外投资活动，越南国家银行按本条第 2 款规定对信贷组织、在越南的外国银行支行为投资者提供外币贷款作出规定。

第二节 投资计划批准,对外投资的决定

第五十六条 对外投资计划批准的权限

1. 国会批准以下投资项目的对外投资政策计划:

a)投资项目对外投资资金为 20 万亿越南盾以上的;

b)投资项目需要得到国会决定的特殊机制、政策的。

2. 除本条第 1 款规定的投资项目外,政府总理批准以下投资项目的对外投资计划:

a)投资项目属于银行、保险、证券、报纸、广播、电视、通信领域的,且对外投资资金为 4000 亿越南盾以上;

b)投资项目不属于本款第 a)项规定的,对外投资资金为 8000 亿越南盾以上。

3. 投资项目不属于本条第 1 款和第 2 款规定情形的,不需要对外投资计划批准。

第五十七条 国会对外投资计划批准的档案、程序、手续

1. 投资者向计划和投资部提交对外投资项目档案,档案包括:

a)对外投资登记文本。

b)有关投资者的法律身份材料。

c)投资项目提案,主要内容包括:投资的形式、目标、规模、地点;初步确定投资资金、筹资方案、资金来源构成;项目实施进度、各投资阶段(如有);项目投资效果的初步分析。

d)投资者的财务能力证明材料,至少包括以下文件之一:投资者最近两年的财务报表;母公司的财务扶持担保;信贷组织的财务扶持承诺;有关投资者财务能力的担保;证明投资者财务能力的其他材料。

đ)自己平衡外币来源的保证或信贷机构同意为投资者提供外币的书面保证。

e)代表所有者机关批准投资者实施对外投资活动的文本和有关本法第 59 条第 1 款规定国家企业的对外投资提案或本法第 59 条第 2 款规定的对外投资决定的内部审定报告。

g)对本法第 54 条第 1 款规定的行业、领域的对外投资项目,投资者根据相关法律规定(如有),在对外投资条件具备后,提交国家主管机关的文件。

2. 在收到完整的档案之日起 5 个工作日内,计划和投资部呈交政府总理决定设立国家审定委员会。

3. 国家审定委员会自成立之日起 90 天内,组织审定并制作审定报告呈交政府。审定

报告包括以下内容：

a）本法第 60 条规定颁发对外投资登记证书的条件；

b）投资者的法律身份；

c）在国外实施投资活动的必要性；

d）投资项目与本法第 51 条第 1 款规定的吻合性；

đ）实施投资项目的形式、规模、地点和进度，对外投资资金，资金来源；

e）接受投资国风险度评估。

4. 最少在国会会议开幕前 60 天，政府将对外投资计划批准提案寄送给国会审查主管机关。

5. 对外投资计划批准提案档案包括：

a）政府的意见书；

b）本条第 1 款规定的档案；

c）国家审定委员会的审定报告；

d）相关其他材料。

6. 对外投资计划批准提案审查内容包括：

a）确定投资项目属于国会投资计划批准权限；

b）实施对外投资活动的必要性；

c）投资项目与本法第 51 条第 1 款规定的吻合性；

d）对外投资项目形式、规模、地点和进度，对外投资资金，资金来源；

đ）接受投资国风险度评估；

e）特殊机制、政策，投资优惠、扶持和适用条件（如有）。

7. 政府及有关机关、组织和个人有责任提供全面的信息、材料为审查服务，在国会审查的机关要求时，解释投资项目内容的事项。

8. 国会监察、通过对外投资计划批准决议，包括以下内容：

a）实施项目的投资者；

b）投资目标、地点；

c）对外投资资金，对外投资资金来源；

d）特殊机制、政策，投资优惠、扶持和适用条件（如有）。

9. 政府制定国家审定委员会对外投资项目档案实施审定程序、手续的细节。

第五十八条　政府总理的对外投资计划批准档案、程序、手续

1. 投资项目档案执行本法第 57 条第 1 款的规定。

2. 投资者呈交投资项目档案给计划和投资部。在收到完整的档案之日3个工作日内，计划和投资部寄送档案获取有关国家机关的审定意见。

3. 在收到档案之日起15天内，提出意见的机关就属于管理范畴的相关内容制作文本审定意见。

4. 在收到档案之日起30天内，计划和投资部组织审定并制作审定报告呈交总理，审定报告包括本法第57条第3款规定的内容。

5. 政府总理根据本法第57条第8款规定的内容监察、批准对外投资计划。

第五十九条　对外投资决定

1. 国有企业的对外投资决定，执行有关国有资金在企业投资生产经营使用、管理的法律规定和有关法律的其他规定。

2. 不属于本条第1款规定情形的对外投资活动，由投资者依照企业法规定决定。

3. 本条第1款和第2款规定的投资者、对外投资决定机关，就自己对外投资的有关决定负责。

第三节　对外投资登记证书的颁发、调整和终止手续

第六十条　对外投资登记证书颁发条件

1. 对外投资活动符合本法第51条规定原则。

2. 不属于本法第53条规定的禁止对外投资的行业、领域，对外投资条件与本法第54条规定附条件对外投资行业、领域相符合。

3. 投资者有自筹外币保证或有信贷组织认可为实施对外投资活动提供外币的保证。

4. 有根据本法第59条规定的对外投资的决定。

5. 有税务机关确认投资者实施纳税义务的文本。税务机关的确认时间不超过提交投资项目档案之日起3个月。

第六十一条　对外投资登记证书的颁发手续

1. 对属于对外投资核准的投资项目，计划和投资部在收到投资计划批准文本和本法第59条规定的对外投资决定之日起5个工作日内向投资者颁发对外投资登记证书。

2. 对不属于本条第1款规定的投资项目，投资者向计划和投资部提交建议颁发对外投资登记证书的档案。档案包括：

a）对外投资登记文本；

b）有关投资者的法律身份材料；

c）根据本法第59条规定的对外投资决定；

d）自己承担外币来源的保证或根据本法第 60 条第 3 款的规定为信贷组织认可的投资者提供外币保证；

đ）对于本法第 54 条第 1 款规定的行业、领域中的对外投资项目，投资者提交国家机关根据有关法律规定（如有）就符合对外投资条件的批准文本。

3. 在转移到国外的外币资本金相关于 200 亿越南盾以上，计划和投资部提供越南国家银行的书面意见。

4. 在收到本条第 2 款规定的档案之日起 15 日内，计划和投资部颁发对外投资登记证书；如不予颁发对外投资登记证书，则必须以书面通知投资者并说明理由。

5. 政府制定对外投资项目实施审定程序、手续的细则；对外投资登记证书颁发、调整、效力终止的细则。

第六十二条　对外投资登记证书内容

1. 投资项目代码。

2. 投资者。

3. 投资项目名称，在国外经济组织名称（如有）。

4. 投资目标、地点。

5. 投资形式、投资资金、投资资金来源、投资资金形式、实施对外投资活动进度。

6. 投资者的权利和义务。

7. 投资优惠和扶持（如有）。

第六十三条　对外投资登记证书调整

1. 投资者在下列情况下实施对外投资登记证书调整手续：

a）变更越南投资者；

b）改变投资形式；

c）变更对外投资资本、投资资金来源、投资资金形式；

d）对于投资项目要求必须有投资地点，而改变投资活动的地点；

đ）改变对外投资活动的主要目标；

e）根据本法第 67 条第 1 款第 a）项、第 b）项规定在国外使用投资利润。

2. 改变本条第 1 款规定的其他内容时，投资者必须在国家投资信息系统上及时录入。

3. 对外投资登记证书调整档案包括：

a）对外投资登记证书调整建议书；

b）有关投资者法律身份的材料；

c）投资项目活动形式报告，对外投资登记证书调整档案；

d)根据本法第59条规定或本法第57条第1款第e)项规定调整对外投资活动的决定；

đ)对外投资登记证书副本；

e)在对外投资资金调整增加情形下，税务机关认定投资者履行完税义务的文件。税务机关的认证时间自收到档案之日起不超过3个月。

4. 计划和投资部在收到本条第3款规定的档案之日起15日内调整对外投资登记证书。

5. 对属于对外投资计划批准的投资项目，在调整本条第1款和本法第57条第8款规定内容时，计划和投资部在对外投资登记证书调整前实施对外投资计划调整批准手续。

6. 在对外投资登记证书调整建议涉及投资项目属于对外投资计划批准，则在对外投资登记证书调整前，必须实施对外投资计划批准手续。

7. 具有对外投资计划批准权的机关和人员，就具有对外投资计划调整批准权。具有对外投资决定权的机关和人员，就具有对外投资决定内容调整的决定权。

8. 如果投资项目调整建议涉及投资项目属于上级对外投资计划批准的权限，则该上级具有对外投资计划调整批准权。

第六十四条　对外投资登记证书效力终止

1. 对外投资登记证书在下列情形下效力终止：

a)投资者决定终止投资项目活动；

b)根据投资接受国法律规定，投资项目的活动期到期；

c)根据企业合同和章程规定具有终止活动的条件；

d)投资者转让在国外的全部投资资金给外国投资者；

đ)获得对外投资登记证书之日起超过24个月，投资者没有实施或没有能力按照在国家管理机关登记的进度实施，且不履行投资项目实施进度调整手续；

e)在国外经济组织根据投资接受国法律规定被解散或破产；

g)根据法院的判决、决定，仲裁裁决。

2. 投资者有责任根据投资接受国法律规定履行在国外投资项目活动终止手续，及履行对外投资登记证书效力终止手续。

3. 计划和投资部实施对外投资登记证书效力终止。

第四节　对外投资活动开展

第六十五条　对外投资资金账户开立

1. 根据外汇管理法律规定，投资者在越南的信贷组织开立对外投资资金账户。

2. 根据外汇管理法律规定，从越南往国外和从国外到越南的每一笔转账交易，关系到对外投资活动的必须通过本条第 1 款规定的投资资金账户执行。

第六十六条　对外投资资金转移

1. 在满足下列条件时，投资者可转移对外投资资金以便实施投资活动：

a）获得颁发对外投资登记证书，本条第 3 款规定情形除外。

b）投资活动已得到投资接受国有权机关批准或许可。在投资接受国法律没有规定投资许可或投资批准情形时，则投资者必须有材料证明在投资接受国的投资活动权。

c）具有本法第 65 条规定的资金账户。

2. 对外投资资本转移必须遵守有关外汇管理、出口、技术转让的法律规定和相关法律的其他规定。

3. 投资者为了考察、研究、市场研判服务和实施政府规定的其他投资准备活动，可对外转出外币或商品、机械、设备。

第六十七条　国外利润的使用

1. 投资者在下列情况下保留从国外投资中获得的利润以便再投资：

a）在没有投足登记资本金情况下，继续在国外投入投资资本；

b）增加对外投资资金；

c）在国外实施新的投资项目。

2. 在本条第 1 款第 a）项、第 b）项规定的情形下，投资者根据本法第 63 条规定对本条第 1 款第 a）项、第 b）项规定情形实施对外投资登记证书调整手续；根据本法第 61 条规定对本条第 1 款第 c）项规定情形实施对外投资登记证书颁发手续。

第六十八条　转移利润回国内

1. 除本法第 67 条规定保留利润的情形外，在有税务决算报告或根据接受投资国法律规定具有同等法律效力的文件之日起 6 个月内，为了获得投资，投资者必须把在国外投资获得的全部利润和其他收入转回越南。

2. 在本条第 1 款规定时限内没有把利润和其他收入转回越南，投资者必须事先以书面形式向计划和投资部和越南国家银行报告。转利润回国的时限可在本条第 1 款规定时限届满之日起不超过 12 个月的延期。

3. 超过本条第 1 款规定的时限没有转利润回国且不报告或者超过本条第 2 款规定得到的延期，投资者没有转利润回国，则将受到法律规定的处罚。

第六章　国家有关投资管理

第六十九条　国家有关投资管理责任

1. 政府就在越南投资和越南对外投资统一国家管理。

2. 计划和投资部协助政府就在越南投资和越南对外投资统一国家管理，且具有以下任务、权力：

a）就有关在越投资和对外投资的战略、计划、政策的批准呈报政府、政府总理；

b）颁布或呈报有权机关颁布有关在越投资和对外投资的法律文件；

c）颁布实施在越投资和对外投资手续的表格；

d）指导、推广、组织实施、跟踪、检查、评价投资法律规范文本实施；

đ）建立和呈报有权机关颁布投资者障碍解决机制，预防国家与投资者之间的争议；

e）总结、评价、报告在越投资和对外投资形势；

g）建立、管理和运行国家投资信息系统，国家投资数据库；

h）颁发、调整、终止对外投资登记证书；

i）有关工业园区、出口加工区、经济区的国家管理；

k）有关投资促进、协调国内外投资促进活动的国家管理；

l）检查、清查、监督、评估投资活动、管理和根据权限配合管理投资活动；

m）根据权限谈判、签署有关投资的国际条约；

n）根据政府和政府总理的分配就有关投资国家管理的其他任务、权限。

3. 各部、部级机关，在自己的任务、权限范围内，有责任配合计划和投资部实施在越南投资和对外投资的国家管理任务、工作，包括：

a）在关系投资法律、政策制定时，计划和投资部、各部、部级机关相互配合；

b）在制定和颁布法律、政策、标准、技术规范及实施指引，各部、部级机关相互配合；

c）对本法第7条规定的行业、领域，呈报政府按权限颁布投资经营条件；

d）与计划和投资部配合制定规划、计划、项目清单，吸收行业投资资金，组织动员和促进专业投资；

đ）根据本法规定参加属于投资计划批准情形的投资项目审定，对属于自己职能和任务的审定内容负责；

e）投资条件满足的监督、评估、专业清查，以及权限范围内投资项目的国家管理；

g）省级人民委员会、各部、部级机关主导、配合在国家管理领域内解决投资项目的障碍、困难，在工业园区、出口加工区、高科技园区和经济区，指导工业园区、出口加工区和高科技园区、经济区管委会分级、授权实施国家管理任务；

h）定期评估国家管理范围内投资项目的社会经济效率，并寄送计划和投资部；

i）提供相关信息以建立国家投资数据库，维护、更新所分工领域的投资管理信息系统，并集合到国家投资信息系统。

4. 省级人民委员会、投资登记机构，在自己的权限、任务范围内，有责任就在越投资活动和对外投资活动实施国家管理任务，包括：

a）各部、部级机关相互配合制定和公布在地方吸收投资的项目清单。

b）主导或参加根据本法规定属于投资计划批准情形的投资项目的审定，并对属于自己职能、任务的审定内容承担责任；承担执行投资登记证的授予，主导实施投资登记证书颁发、调整和收回手续。

c）对在地方的投资项目实施国家管理职能。

d）根据权限解决或呈报有权机构解决投资者的困难、障碍。

đ）定期评估在当地的投资活动效果，并报告计划和投资部。

e）提供相关信息以建立国家投资数据库，维护、更新国家投资信息系统。

g）组织指导、监督和评估投资报告实施度价。

5. 越南在国外的代表机关有责任跟踪、帮助在接受国的越南投资者的投资活动，保护其合法权利、利益 。

第七十条　投资监督、评估

1. 投资监督、评估的内容包括：

a）投资项目的监督、评估；

b）投资总体的监督、评估。

2. 投资监督、评估责任包括：

a）国家有关投资管理机关，国家专业实施投资总体监督、评价的管理机关，属于管理范围的投资监督、评估；

b）投资登记机关监督、评价属于投资登记证书颁发权限的投资项目。

3. 投资项目监督、评价的内容包括：

a）对使用国家资本来投资经营的投资项目，国家有关投资管理机关、国家专业管理机关按照投资决定批准的内容和标准实施投资项目的监督、评价；

b）对使用其他资金来源的投资项目，国家有关投资管理机关、国家专业管理机关根据法律规定就投资项目涉及有权机关批准的规划、投资计划、实施进度、保护环境要求的落实、工艺、土地使用、其他资源的目标、符合性实施监督、评价；

c）投资登记机关对投资登记证书、投资计划批准文本中规定的各项内容实施监督、评估。

4. 投资总体监督、评价内容包括：

a）制定细则和执行指引的法律规范文本颁布，有关投资法律规定的实施；

b）投资项目实施情况；

c）根据分级投资项目就全国、各部、部级机关和各地方的投资实施结果评价；

d）对同级国家管理机关、上级国家管理机关就投资评价结果和违反投资法律的处理办法提出建议。

5. 实施评价的机关、组织自己实施或聘请具备条件、能力的专家、咨询组织开展投资评价。

6. 政府制定本条细则。

第七十一条　国家有关投资信息系统

1. 全国有关投资信息系统包括：

a）国家有关国内投资信息系统；

b）国家有关外国进入越南投资的信息系统；

c）国家有关越南对外投资的信息系统；

d）国家有关投资促进的信息系统；

đ）国家有关工业园区、经济区的信息系统。

2. 计划和投资部主导、与有关机关配合建立和运行国家有关投资的信息系统；建立国家投资数据库；评价中央和地方的国家管理机关有关投资的系统运行。

3. 国家有关投资管理机关和投资者有责任把相关信息全面、及时、准确更新到国家有关投资信息系统中。

4. 在国家有关投资信息系统中备案的投资项目信息具有法律效力，是投资项目的原始信息。

第七十二条　在越南投资活动的报告制度

1. 实施报告制度的对象包括：

a）部、部级机关、省级人民委员会；

b）投资登记机关；

c）根据本法规定实施投资项目的投资者、经济组织。

2. 定期报告制度需实施如下：

a）每季度、每年，实施投资项目的投资者和经济组织在所在地向投资登记机关和统计机关报告投资项目的实施情况，内容包括：实施投资资金、投资经营活动结果、劳动信息、国家预算缴纳、为研究与开发的投资、环境处理和保护、活动领域的专业指标。

b）每季度、每年，投资登记机关就投资登记证书的领取、颁发、调整和收回情况，及管理范围内投资项目的活动情况向计划和投资部和省级人民委员会报告。

c）每季度、每年，省级人民委员会就本地投资情况汇总、报告计划和投资部。

d）每季度、每年，各部、部级机关报告有关投资登记证书或管理范围的其他有效法律文书（如有）的颁发、调整和收回情况；报告有关行业管理范围有关的投资活动，并寄送计划和投资部以便汇总报告政府总理。

đ）每年，计划和投资部就全国投资情况报告政府总理，并就本条第1款规定机关的投资报告实施情况作出评价报告。

3. 实施报告的机关、投资者和经济组织以书面形式和通过国家有关投资信息系统报告。

4. 本条第1款所规定的机关、投资者和经济组织有权要求国家机关实施应急报告。

5. 对于不需要颁发投资登记证书的投资项目，投资者在实施投资项目前向投资登记机构报告。

第七十三条　在国外的投资活动报告制度

1. 实施报告制度的机关、组织、个人包括：

a）根据法律规定有对外投资活动管理任务的部、部级机关，在企业的国家资本代表机构；

b）根据本法规定实施对外投资项目的投资者。

2. 对于本条第1款第a）项规定对象的报告制度，实施如下：

a）每年，根据自己职能和任务就对外投资活动管理情况提出报告寄送计划和投资部汇总，并报告政府总理；

b）每年，计划和投资部就对外投资情况向总理报告。

3. 投资者的报告制度，实施如下：

a）投资项目获得批准或根据接受投资国法律许可之日起60天内，投资者必须寄送在国外投资活动实施的书面通报，附带投资项目的批准副本或接受国投资活动证明力的材料给计划和投资部、越南国家银行、越南在接受国的代表机关；

b）每季度、每年，投资者寄送投资项目活动情况报告给计划和投资部、越南国家银行、越南在接受国的代表机关；

c）在具有税务决算报告或根据投资接受国法律规定具有同等法律效力的文书之日起

6个月内，投资者把投资项目活动情况报告，附带根据投资接受国法律规定的财政报告、税务决算报告或具有同等法律效力的文书，寄送给计划和投资部、越南国家银行、财政部、越南在投资接受国的代表机关，以及本法规定和相关法律其他规定的有权国家管理机关；

d）对于对外投资项目由使用国家资本投资的，除实施本款第a）项、第b）和第c）项规定的报告制度外，投资者必须根据国家资金投资企业生产、经营中有关管理、使用的法律规定实施报告制度。

4. 本条第2款和第3款规定的报告以书面形式和通过国家有关投资信息系统实施。

5. 在关系国家管理工作要求或关系投资项目发生问题时，本条第1款规定的机关和投资者根据有权国家机关的要求作出应急报告。

第七十四条　投资促进活动

1. 政府指导建立、组织实施促进投资政策、方向，旨在推动、促进与各时期社会经济发展战略、规划、计划和目标相吻合的行业、地区、伙伴的投资活动；确保各项章程实施，使区域、行业有机联系，促进贸易和促进旅游联动的投资促进活动。

2. 计划和投资部制定和组织实施国家投资促进计划和方案；调配地区、省级间的投资促进活动；跟踪、监督和评价全国范围投资促进效果。

3. 部、部级机关、省人民委员会，在与社会经济发展战略、规划、计划和国家投资促进章程相吻合的情况下，在自己的任务、职权范围内制定和组织实施属管理范围领域和辖区的投资促进计划、章程。

4. 制定和组织实施投资促进章程的经费，从国家预算和其他合法支持来源中安排。

5. 政府制定本条细则。

第七章　执行条款

第七十五条　与投资经营法相关法律的一些条文的修订、补充

1. 根据第40/2019 / QH14号法律已经修订和补充的第65/2014 / QH13号住房法的一些条文修订、补充如下：

a）第21条第2款修订、补充如下：

“2. 根据投资法规的规定，具有保证金或银行有关保证义务的保函以便实施各类项目。”

b）第22条第2款第c）项修订、补充如下：

“c）根据投资法规定批准投资者。如果有多位投资者获得批准，则根据建筑法规定的主要投资者确定。

政府制定本项细则。”

c）第 23 条第 1 款修订、补充如下：

“1. 拥有合法居住土地使用权和得有权国家机关允许改变土地使用目的用作居住的其他类各土地。”

d）第 170 条第 2 款修订、补充如下：

“2. 根据投资法规定属于投资计划批准的其他住宅建设项目则按投资法的规定实施。”

đ）第 175 条第 7 款修订、补充如下：

“7. 组织有关住房开发和管理专业、业务的培训、训练；规定完成公寓之家运营管理培训课认证书的颁发；规定和公布公寓分类。”

e）废除第 22 条第 3 款和第 171 条。

2. 第 66/2014 / QH13 号房地产经营法一些条文修订、补充如下：

a）第 10 条第 1 款修订、补充如下：

“1. 经营房地产的组织和个人必须设立企业或合作社（以下统称企业），本条第 2 款规定除外。”

b）第 50 条修订、补充如下：

“第五十条　允许转让全部或部分房地产项目的权限

1. 根据投资法的规定对批准投资者或颁发投资登记证书的房地产项目，转让全部或部分项目的权限和手续按照投资法的规定实施。

2. 对不属于本条第 1 款规定情形的房地产项目，允许转让全部或部分房地产项目的权限，实施如下：

a）省人民委员会、中央直辖市（以下称省级人民委员会）对省级人民委员会决定投资的项目，有允许转让全部或部分房地产项目的决定权；

b）政府总理对政府总理决定投资的项目，有允许转让全部或部分房地产项目的决定权。”

c）在第 51 条第 1 款之前补充首段如下：

“本法第 50 条第 2 款规定转让全部或部分房地产项目的手续，实施如下：”

3. 根据第 35/2018 / QH14 号法律和第 39 /2019 / QH14 号法律已经修订和补充的第 55/2014 / QH13 号环境保护法第 25 条第 2 款以下项目修订、补充如下：

a）第 25 条第 2 款第 a）项修订、补充如下：

“ a）对本法第 18 条规定的对象，有权机构根据环境影响初步评价来批准投资计划；

投资者只有在环境影响评价报告得到批准后实施项目。

对公共投资项目，有权机构根据环境影响初步评价来决定投资计划；根据环境影响评价来决定本法第 18 条规定对象的投资。政府制定环境影响初步评价对象、内容的细节。”

b）第 25 条第 2 款第 d）项修订、补充如下：

“đ）对不属于本款第 a）项、第 b）项、第 c）项和第 d）项中规定对象的项目，有权机构根据环境影响初步评估来颁发投资登记证书；除根据投资者要求颁发投资登记证书的情形外，投资者只有在环境影响评价报告得到批准后才能实施项目。”

4. 根据第 32/2013 / QH13 号法律和第 71/2014 / QH13 号法律已经修订和补充的第 14/2008 / QH12 号企业所得税法一些条款修订、补充如下：

a）第 13 条第 5 款之后补充第 5a 款如下：

“5a. 对投资法第 20 条第 2 款规定的投资项目，政府总理决定适用优惠税率与本条第 1 款规定的优惠税率相比不得超过 50%；优惠税率适用期限与本条第 1 款规定优惠税率适用期限相比不得超过 1.5 倍，可增加延长不超过 15 年，且不得超过投资项目的期限。”

b）在第 14 条第 1 款之后补充第 1a 款如下：

“1a. 对投资法第 20 条第 2 款规定的投资项目，政府总理决定适用免税最长不超过 6 年，及减少 50% 应纳税额最长不超过随后 13 年。”

5. 根据第 31/2009 / QH12 号法律和第 35/2018 / QH14 号法律已经修订、补充的第 62/2006 / QH11 号法案一些条款修订、补充如下：

a）废除第 14 条、第 15 条和第 30 条第 3 款；

b）在第 55 条“ 14”数字后删除“ 14”数字和符号“，”。

6. 废止根据第 77/2015 / QH13 号法律、第 35/2018/ QH14 号法律和第 40/2019 / QH14 号法律已经修订、补充的第 30/2009 / QH12 号城市规划法第 10 条和第 43 条第 2 款第 a）项。

第七十六条　执行条款

1. 除本条第 2 款规定外，本法于 2021 年 1 月 1 日生效。

2. 本法第 75 条第 3 款规定于 2020 年 9 月 1 日生效。

3. 根据第 90/2015/ QH13 号法律、第 03/2016/ QH14 号法律、第 04/2017/ QH14 号法律、第 28/ 2018 / QH14 号法律和第 42/2019 / QH14 号法律修订、补充的第 67/2014 / QH14 号投资法，自本法生效之日起失效，第 67/2014 / QH14 号投资法第 75 条除外。

4. 个人是越南公民的，可使用个人身份证号代替人员证名书、公民卡、护照和其他个人证件的副本，在国家人口数据库与国家有关投资登记、企业登记数据库连接情形下，实施投资法和企业法规定的行政手续。

5. 规范性法律文件引用到根据投资法规定的有关项目批准决定、投资计划决定的规定，则根据本法规定按投资计划批准的规定实施。

第七十七条　衔接规定

1. 在本法生效日前，投资者已经获得投资许可证、投资优惠证书、投资证明书、投资登记证书的，可按已经颁发的投资许可证、投资优惠证书、投资证明书、投资登记证书实施投资项目。

2. 根据本法规定属于以下情形之一的投资项目，投资者不需要实施投资计划批准手续：

a）在本法生效之前，投资者根据投资、住宅、城市和建设法律规定，得到有权国家机关投资计划决定、投资计划批准或投资批准的；

b）在本法生效前，根据有关投资、住宅、城市、建筑的法律规定不属于投资计划批准、投资计划决定、投资批准、投资登记证书颁发的投资项目，且投资者已经展开实施投资项目；

c）在本法生效之前，招投标选择投资者的中标人，土地使用权拍卖的获得者；

d）在本法生效之前，获得投资优惠证书、投资许可证、投资证明书、投资登记证书的项目。

3. 在本条第 2 款规定的投资项目调整情形下，及根据本法规定属于投资计划批准的调整内容，则必须按照本法规定实施投资计划批准或投资计划调整手续。

4. 投资项目根据 2015 年 7 月 1 日之前的法律规定，已经实施或得到批准、实施许可的，且根据本法规定属于投资项目实施保障的，则不需要保证金或银行保证义务的保函。在本法生效后，投资者调整投资项目实施目标、进度，改变土地用途，则必须按本法规定履行保证金或银行保证义务的保函。

5. 在本法生效之前签订的催收债务服务合同自本法生效日起终止效力；合同各方当事人可按照民事法律的规定和相关法律的其他规定实施各项活动，以便清理催收债务服务合同。

6. 具有外国投资资金的经济组织所适用市场准入条件更优于本法第 9 条颁布清单规定的条件，则继续适用已签发的投资登记证书规定的条件。

7. 本法第 44 条第 3 款的规定，适用于本法生效之前已交割土地的全部投资项目和没有交割土地的投资项目。

8. 法律规定实施行政手续的档案内容必须具有投资登记证明书、投资计划批准文本，但投资项目根据本法规定不属于颁发投资登记证明书、投资计划批准的，则投资者不需要提交投资登记证书、投资计划批准文本。

9. 对地方在安排土地资金为工业园区工作的劳动者开发住房、服务设施和公共事业时遇到困难，有权国家机关可调整工业园区（对2014年7月1日之前成立的各工业园区）建设规划，以保留一部分土地为工业园区工作的劳动者开发住房、服务设施和公共事业。

在调整规划后为工业园区工作的劳动者开发住房、服务设施和公共事业的土地面积，必须位于工业园区地界范围之外，并根据建设法律规定和有关法律的其他规定确保环境安全距离。

10. 关于对外投资活动的衔接按以下规定实施：

a）在2015年7月1日之前已经颁发的对外投资许可证、证明书中有关对外投资项目活动期限的规定，将失去效力；

b）投资者所获得许可证、对外投资证明书、对外投资登记证书，旨在实施属于本法规定的附条件对外投资行业、领域的对外投资，则继续根据已颁发的许可证、对外投资证明书、对外投资登记证书实施。

11. 从本法生效之日起，根据第90/2015/QH13号法律、第03/2016/QH14号法律、第04/2017/QH14号法律、第28/2018/QH14号法律和第42/2019/QH14号法律对第67/2014/QH13号投资法修订和补充的规定，收到合规档案和超过解决期限而没有结果的，则继续适用第90/2015/QH13号法律、第03/2016/QH14号法律、第04/2017/QH14号法律、第28/2018/QH14号法律和第42/2019/QH14号法律对第67/2014/QH13号投资法修订和补充的规定。

12. 政府制定本条细则。

本法经2020年6月17日越南社会主义共和国国会第14届第9次会议通过。

国会主席　阮氏金银

越南社会主义共和国人民法院组织法[*]

根据越南社会主义共和国《宪法》，

国会颁布《人民法院组织法》。

第一章　总则

第一条　调整范围

本法是关于人民法院的职能、职责、职权和机构组织的规定，是关于人民法院中法官、陪审员和其他各种职称的规定；是关于保障人民法院的活动的规定。

第二条　人民法院的职能、职责、职权

1. 人民法院是越南社会主义共和国的审判机关，行使司法权。

人民法院履行捍卫公理，保护人权、公民权，捍卫社会主义制度、捍卫国家利益，保护组织、个人合法权益的职责。

法院通过自身的活动，为教育公民忠诚于祖国、严格遵守法律、遵守社会生活准则，提高勇于同犯罪分子、其他犯罪行为作斗争的意识贡献力量。

2. 越南社会主义共和国人民法院依法审理各类刑事案件，民事案件，婚姻与家庭案件，经营、贸易案件，劳动案件和法律规定的其他各种案件；充分、客观、全面地审查诉讼过程中收集到的各种材料、证据；根据诉讼结果作出判决，决定有罪或者无罪，适用或者不适用刑罚，采取司法措施，决定关于财产、人身权方面的权利和义务。

机关、组织、个人对人民法院已经产生法律效力的判决、决定必须予以尊重，有关组织、个人必须严格执行。

3. 法院在行使刑事案件审判职责时，履行下列职权：

（1）对侦查、起诉、审理过程中侦查员、检察员、律师的各种行为、诉讼决定的合法性进行审查并作出结论，对适用、变更或者取消制止措施事宜进行审查，停止、暂时停止案件审理；

* 译者简介：米良，北京外国语大学法学院教授，博士生导师。

（2）对由侦查机关、侦查员、检察院、检察员所收集的各种证据、材料，由律师、犯罪嫌疑人、被告和参与诉讼的其他人员所提供的证据、材料的合法性进行审查并作出结论；

（3）必要时，可以将案件卷宗材料退回检察院，要求检察院补充侦查，要求检察院补充材料、证据或者依照《刑事诉讼法》的规定由法院审查、核实、收集、补充证据；

（4）要求侦查员、检察员和其他人在法庭就与案件相关的各种问题进行说明，一旦发现有漏网的罪犯，依照刑事案件予以起诉；

（5）作出决定以便依照《刑事诉讼法》的规定行使其他各种职权。

4. 法院核实、收集材料、证据以便调解各类民事、婚姻与家庭、经营、贸易、劳动、行政纠纷和依照《民事诉讼法》的规定行使其他各种职权。

5. 处理行政违法，采纳国家管理机关的建议和决定依法适用有关人权、公民基本权的各种行政处罚措施。

6. 作出执行刑事，缓期执行徒刑，暂停执行徒刑，减刑或者免除执行刑罚，注销积案，免除、减免针对国家财政预算收缴款项履行案件义务的判决书的决定；依照《刑法》《刑事案件执行法》《民事案件执行法》的规定执行判决。

由法院依照《行政违法处罚法》的规定作出暂缓、免除、暂时停止执行行政处罚措施的决定并依照《行政违法处罚法》的规定行使其他各种职权。

7. 在审理案件的过程中，法院发现并建议履行职权的各种机关审查修改、补充或者取消违背《宪法》，国会的法律、决议，国会常务委员会的法令、决议的法律文书以便保障个人、机关、组织的合法权益；履行职权的机关有责任依法将被提出抗诉的法律文书的处理结果反馈给法院以便作为法院审理案件的依据。

8. 确保在审理中统一适用法律。

9. 依法行使其他职权。

第三条　人民法院的组织

1. 最高人民法院。

2. 高级人民法院。

3. 省、中央直辖市人民法院。

4. 县、郡、县级市、省辖市和相同级别单位人民法院。

5. 军事法院。

第四条　成立、解散县、郡、县级市、省辖市和相同级别单位的人民法院，省、中央直辖市人民法院、高级人民法院和军事法院的职权

1. 国会常务委员会决定成立、解散县、郡、县级市、省辖市和相同级别单位的人民法院，省、中央直辖市人民法院，高级人民法院并根据最高人民法院院长的建议对高级人民法院的管辖职权范围作出规定。

2. 国会常务委员会决定成立、解散区域军事法院、军区军事法院及其相同级别单位的法院并在与国防部部长统一意见后根据最高人民法院院长的建议对各级法院的管辖职权范围作出规定。

第五条　人民法院的组织原则

各级人民法院可以根据审判权予以独立组织。

第六条　确保初审、复审审判制度

1. 确保初审、复审审判制度。

可以依照《诉讼法》的规定对法院的初审判决、裁定提出上诉、抗诉。初审的判决、裁定如果在法定的时限内不上诉、不抗诉则发生法律效力。

如果初审判决、裁定被提出上诉、抗诉则必须要对案件予以复审审理。法院的复审判决、裁定发生法律效力。

2. 一旦法院的判决、裁定已经发生法律效力和发现有《诉讼法》所规定的违法行为或者有新的情节则可以按照监督审判或者再审的程序予以重新审查。

第七条　任命法官的制度，选举、选派陪审员的制度

1. 任命法官的制度适用于各级法院。

2. 选举人民陪审员的制度适用于省、中央直辖市人民法院，适用于县、郡、县级市、省辖市和相同级别单位的人民法院。选派军人陪审员的制度适用于军区和相同级别单位的军事法院、区域军事法院。

第八条　执行有陪审员参与的审判制度

依照《诉讼法》的规定，法院的初审事宜必须要有陪审员参与，按照简易程序审判的情形除外。

第九条　法官、陪审员独立行使审判权和自觉遵守法律

1. 法官、陪审员独立行使审判权和自觉遵守法律，严格任何机关、组织、个人以任何形式干涉法官、陪审员的审判事宜。

2. 如果个人、机关、组织出现干涉法官、陪审员审判的行为则视违犯的性质、程度依法给予纪律处分、行政处罚或者追究刑事责任。

第十条　人民法院实行集体审判

人民法院实行集体审判并按照少数服从多数的原则予以裁定，按照简易程序审判的情形除外。各级审判级别的审判委员会委员由《诉讼法》予以规定。

第十一条　人民法院及时、公平、公开地审判案件

1. 人民法院在法定的时限内及时地审判案件，确保公平。

2. 人民法院公开地审判案件。在需要保守国家秘密、保护民族的淳风、美俗，保护未成年人或者根据当事人的正当要求保守个人隐私的特殊情形下可以不公开审判。

第十二条　确保在适用法律上的平等权

法院按照在法律面前人人一律平等的原则审判案件，不分民族、性别、信仰、宗教、社会成分、社会地位，个人、机关、组织在适用法律上一律平等。

第十三条　确保审判中的争讼

必须确保审判中的争讼原则。法院有责任确保参与诉讼的人员行使审判中的争讼权。在审判中，依照《诉讼法》的规定执行争讼原则。

第十四条　证明犯罪和确保嫌疑人、被告辩护权，当事人合法权益的责任

逼迫认罪的人被视为是无罪直至依照法定程序予以证明之时且有法院已经发生法律效力的定罪判决书。

确保嫌疑人、被告的辩护权，当事人合法权益的保护权。

嫌疑人、被告有权进行自我辩护、委托律师或者其他人进行辩护，案件中的当事人有权自我保护或者委托其他人保护自身的合法利益。

法院有责任保护嫌疑人、被告的辩护权，保护当事人的合法权益。

第十五条　人民法院法庭上使用的语言、文字

法庭上使用的语言、文字为越南语。

人民法院保障参与诉讼人员使用本民族语言的权利，在这种情形下必须要有翻译。

第十六条　确保人民法院的活动效力、效果

1. 个人、机关、组织必须要尊重法院。

2. 严禁一切冒犯、侵犯人民法院尊严、名誉、妨碍法院活动的行为，对于有违犯行为的人员则视违犯性质、程度依法给予纪律处分、行政处罚或者追究刑事责任。

3. 在履行自身职责、职权时，法官、陪审员有权与国家各个机关、越南祖国阵线、祖国阵线的各个成员组织、其他各个社会组织和公民取得联系。各个机关、组织和公民有责任在自身的职能、职责、职权范围内满足要求并为法官、陪审员履行职责创造条件。

第十七条　人民法院与机关、组织相互配合的职责

1. 人民法院与机关、组织配合发挥庭审的教育作用并为执行人民法院的判决、裁定事宜创造便利的条件。

2. 人民法院与机关、组织一起研究，提出各项关于预防、打击违法和犯罪活动、捍卫国家安全、保障社会安全秩序的路线、政策、法律。

3. 在必要的情形下，在作出判决、裁定的同时，人民法院提出建议，要求机关、组织采取措施根除在该机关、组织发生犯罪或者违法的根源、条件。自收到建议之日起，在30日的时限内，收到建议的机关、组织有责任落实并向法院通报建议办理结果。

第十八条　在组织上对人民法院的管理

1. 最高人民法院在组织上对各级人民法院进行管理。

2. 由最高人民法院牵头，与国防部配合在组织上对各级军事法院进行管理。

在组织上对各级军事法院进行管理的工作中，最高人民法院和国防部的配合机制由国会常务委员会规定。

第十九条　监督人民法院的活动

国会、国会各个机关、国会代表团、国会代表、人民议会、人民议会代表、越南祖国阵线和越南祖国阵线的各个成员组织依法监督人民法院的活动。

第二章　最高人民法院

第一节　最高人民法院的职责、职权、组织机构

第二十条　最高人民法院的职责、职权

1. 最高人民法院是越南社会主义共和国的最高审判机关。

依照《诉讼法》的规定，最高人民法院对已经发生法律效力、被提起上诉的各级法院的判决、裁定进行监督审判、再审。

2. 监督其他各级法院的审判事宜，法定的情形除外。

3. 总结各级法院的审判实践，确保在审判中统一适用法律。

4. 培养、培训人民法院的法官、陪审员、其他各种职员。

5. 依照本法和相关各类法律的规定，在组织上对各级人民法院和军事法院进行管理，确保各级法院之间的独立。

6. 依法向国会呈报法律草案、决议草案，向国会常务委员会呈报法令草案、决议草案。

第二十一条　最高人民法院的组织机构

1. 最高人民法院的组织机构包括：

（1）最高人民法院审判委员会；

（2）辅助机构；

（3）培养、培训机构。

2. 最高人民法院设院长、副院长、最高人民法院法官、审查员、法庭书记员、其他公职人员、职员和工勤人员。

第二十二条　最高人民法院审判委员会

1. 最高人民法院审判委员会的委员数量不得低于13人且不得超过17人，包括担任最高人民法院法庭审判长的最高人民法院院长、副院长和最高人民法院各个审判法庭的法官。

2. 最高人民法院审判委员会履行下列职责、职权：

（1）按照《诉讼法》的规定监督审判、再审法院已经发生法律效力的判决、裁定；

（2）颁布决议指导各级法院统一适用法律；

（3）选择最高人民法院审判委员会的监督审判裁定，各级法院已经发生法律效力、具有规范性的判决、裁定，总结发展成案例并公布这些案例以便各级法院研究并在审判中适用；

（4）对最高人民法院院长所作的关于人民法院的工作报告进行讨论并提出修改意见以便呈报国会、国会常务委员会、国家主席；

（5）法律草案、决议草案提出修改意见以便呈报国会，对法令草案、决议草案提出修改意见以便呈报国会常务委员会；

（6）对隶属于最高人民法院院长颁布权限所颁布的法律文本草案和最高人民法院与《法律文本颁布法》所规定的相关机关之间的法律文本草案进行讨论、提出修改意见。

3. 最高人民法院审判委员会的会议至少必须要有总数2/3的委员出席，最高人民法院审判委员会的决定必须要经过半数以上的委员表决赞成通过。

一旦讨论、通过最高人民法院审判委员会的决议，最高人民检察院院长、司法部部长有责任列席最高人民法院审判委员会的会议。

4. 最高人民法院审判委员会监督审判、再审的裁定是最高裁定，不得提出抗诉。

第二十三条　最高人民法院审判委员会的审判组织工作

1. 最高人民法院审判委员会通过由5名法官或者最高人民法院全体法官组成的审判委员会进行监督审判、再审。

2. 通过由5名法官或者最高人民法院全体法官组成的审判委员会进行监督审判、再审事宜依照《诉讼法》的规定予以执行。

第二十四条　最高人民法院的辅助机构

最高人民法院的辅助机构包括各局和各个相同级别的单位。由最高人民法院院长呈报国会常务委员会批准机构组织，辅助机构中各个单位的职责、职权。

第二十五条　最高人民法院的培训、培养机构

1. 最高人民法院的培训、培养机构承担培训任务，负责培养人民法院的法官、陪审员、其他职员。

2. 成立最高人民法院培训、培养机构事宜依照法律的规定执行。

第二节　最高人民法院院长、副院长

第二十六条　最高人民法院院长

1. 最高人民法院院长由国会选举产生，依照国家主席的提议任免、罢免。

最高人民法院院长的任期与国会的每届任期相同。

2. 一旦国会结束任期，最高人民法院院长继续履行职责直至新一届国会选举产生最高人民法院院长之时。

第二十七条　最高人民法院院长的职责、职权

1. 组织最高人民法院的审判工作，对组织落实独立审判、陪审原则负责并自觉遵守法律。

2. 主持最高人民法院审判委员会的会议。

3. 按照《诉讼法》的规定，按照监督审判、再审程序对各级人民法院已经发生法律效力的判决、裁定提起抗诉。

4. 向国家主席报告职责范围内关于已被判处死刑申请赦免情形的意见。

5. 指导总结审判实践、制定和颁布最高人民法院审判委员会决议事宜确保审判中统一适用法律，总结发展案例、公布案例。

6. 指导起草由最高人民法院呈报国会、国会常务委员会法律草案、法令、决议草案事宜，颁布或者联合颁布《法律文本颁布法》所规定的隶属权限的法律文本。

7. 呈报国会批准建议任命、免职、革职最高人民法院法官，呈报国家主席任命、免职、革职最高人民法院副院长和其他各级法官。

8. 任命、免职、革职本法第 35 条第 1 款、第 36 条第 1 款、第 42 条第 1 款、第 43 条第 1 款、第 47 条第 1 款、第 48 条第 1 款、第 60 条第 1 款、第 61 条第 1 款、第 62 条第 1 款、第 63 条第 1 款、第 64 条第 1 款规定的各种职务和最高人民法院中的各种职务，隶属于国家主席任命、免职、革职权限的各种职务除外。

9. 决定轮换、调动、借调本法第 78 条第 2 款、第 79 条第 2 款和第 80 条第 2 款规定的法官，最高人民法院的法官除外。

10. 呈报国会常务委员会决定成立、解散高级人民法院，省、中央直辖市人民法院，县、郡、县级市、省辖市和相同级别单位的人民法院，军区和相同级别单位的军事法院，区域军事法院，关于高级人民法院管辖权限范围的规定和认为必要时成立人民法院的各个专门法庭。

呈报国会常务委员会批准最高人民法院的组织机构、职责、辅助机构权限。

11. 决定本法第 38 条第 1 款第（2）项和第 45 条第 1 款规定的专门法庭的组织事宜；决定本法第 24 条、第 34 条第 2 款、第 41 条第 2 款、第 46 条、第 51 条第 4 款、第 55 条第 3 款、第 58 条第 3 款规定的人民法院的组织机构、职责、隶属于辅助机构的各个单位的权限。

12. 履行本法第 66 条第 6 款、第 70 条第 3 款和第 4 款、第 75 条第 7 款、第 88 条第 4 款、第 92 条第 3 款和第 93 条第 3 款规定的各项职责、权限。

13. 决定为从事各级人民法院的活动分配法官编制、数量、财政开支预算；在与国防部部长达成一致意见后，规定各级军事法院的编制。

14. 组织检查人民法院落实编制、管理干部、管理和使用财政预算、物质基础事宜。

15. 组织人民法院的培训工作，培养人民法院的法官、陪审员和其他各类职员。

16. 对国会负责并向国会报告工作会，在国会闭会期间则对国会常务委员会和国家主席负责并向国会常务委员会和国家主席报告工作，回答国会代表的质问、建议。

17. 履行《诉讼法》所规定的职责、职权，依法调解其他各种纠纷。

第二十八条　最高人民法院副院长

1. 最高人民法院副院长由国家主席在最高人民法院的法官中任命。最高人民法院副院长的任期为 5 年，自任命之日起计算。

最高人民法院副院长由国家主席免职、革职。

2. 最高人民法院副院长按照院长的分工协助院长履行职责。在院长缺席时，由院长授权的一名副院长领导法院的工作。在赋予职责方面，副院长向院长负责。

3. 按照《诉讼法》的规定履行职责、职权。

第三章　高级人民法院

第一节　高级人民法院的职责、职权、组织机构

第二十九条　高级人民法院的职责、职权

1. 依照《诉讼法》的规定对隶属于省、中央直辖市人民法院管辖权范围内的尚未发生

法律效力的初审判决、裁定而被提出抗诉的案件进行复审。

2. 依照《诉讼法》的规定对隶属于省、中央直辖市人民法院、县、郡、县级市、省辖市和相同级别单位的人民法院管辖权范围内的已经发生法律效力的判决、裁定而被提起抗诉的案件进行监督审判、再审。

第三十条　高级人民法院的组织机构

1. 高级人民法院的组织机构包括：

（1）高级人民法院审判委员会。

（2）刑事法庭、民事法庭、行政法庭、经济法庭、劳动法庭、家庭和未成年人法庭。

必要时，由国会常务委员会根据最高人民法院院长的提议决定成立其他专门法庭。

（3）辅助机构。

2. 高级人民法院设院长、副院长、庭长、副庭长、法官、审查员、法庭书记员、其他公职人员和工勤人员。

第三十一条　高级人民法院审判委员会

1. 高级人民法院审判委员会包括身份是高级法官的院长、副院长和由最高人民法院院长根据高级人民法院院长的提议决定的部分高级法官。

高级人民法院审判委员会的成员数量不得低于 11 人，且不得超过 13 人。

2. 高级人民法院审判委员会履行下列职责、职权：

（1）依照《诉讼法》的规定对隶属于省、中央直辖市人民法院、县、郡、县级市、省辖市和相同级别单位的人民法院管辖权范围内的已经发生法律效力的判决、裁定而被提起抗诉的案件进行监督审判、再审。

（2）对高级人民法院院长所作的关于高级人民法院的工作报告进行讨论、提出意见以便向最高人民法院报告。

3. 高级人民法院审判委员会的会议至少必须要有 2/3 的成员参加，审判委员会的决定必须要经过超过半数以上的成员表决赞成通过。

第三十二条　高级人民法院审判委员会的审判组织工作

1. 高级人民法院审判委员会通过由 3 名法官或者高级人民法院审判委员会全体成员组成的审判委员会进行监督审判、再审审判。

2. 通过由 3 名法官或者高级人民法院审判委员会全体成员组成的审判委员会进行监督审判、再审审判工作依照《诉讼法》的规定执行。

第三十三条　高级人民法院专门法庭的职责、权限

高级人民法院专门法庭依照《诉讼法》的规定对隶属于省、中央直辖市人民法院管辖权范围内的尚未发生法律效力的判决、裁定而被提出抗诉的案件进行复审。

第三十四条　高级人民法院的辅助机构

1. 高级人民法院的辅助机构包括办公厅和其他各个单位。

2. 最高人民法院院长决定成立隶属于高级人民法院的辅助机构并规定办公厅、其他各个单位的职责、权限。

第二节　高级人民法院院长、副院长

第三十五条　高级人民法院院长

1. 高级人民法院院长由最高人民法院院长任命、免职、革职。

高级人民法院院长的任期为5年，自任命之日起计算。

2. 高级人民法院院长履行下列职责、职权：

（1）组织高级人民法院的审判工作，对组织落实独立审判、陪审原则负责并自觉遵守法律；

（2）主持高级人民法院审判委员会的会议；

（3）按照《诉讼法》的规定对隶属于省、中央直辖市人民法院，县、郡、县级市、省辖市和相同级别单位的人民法院管辖权范围内的已经发生法律效力的判决、裁定，依照监督审判、再审程序提出抗诉；

（4）任命、免职、革职高级人民法院范围内的各类职务，法官、副院长除外；

（5）向最高人民法院报告高级人民法院的工作；

（6）依照《诉讼法》的规定履行职责、权限，依法调解其他各种纠纷。

第三十六条　高级人民法院副院长

1. 高级人民法院副院长由最高人民法院院长任命、免职、革职。

高级人民法院副院长的任期为5年，自任命之日起计算。

2. 高级人民法院副院长按照院长的分工协助院长履行职责。在院长缺席时，由院长授权的一名副院长领导法院的工作。在赋予职责方面，副院长向院长负责。

3. 按照《诉讼法》的规定履行职责、职权。

第四章　省、中央直辖市人民法院

第一节　省、中央直辖市人民法院的职责、权限、组织机构

第三十七条　省、中央直辖市人民法院的职责、权限

1. 依法对案件进行初审。

2. 依法对县、郡、县级市、省辖市和相同级别单位的人民法院尚未发生法律效力而被提起上诉、抗诉的判决、裁定的案件进行复审。

3. 对县、郡、县级市、省辖市和相同级别单位人民法院已经发生法律效力的判决、裁定进行检查，一旦发现存在违法行为或者有《诉讼法》规定的新的情节则向高级人民法院院长、最高人民法院院长提出建议，建议审查、抗诉。

4. 依法调解其他案件。

第三十八条　省、中央直辖市人民法院的组织机构

1. 省、中央直辖市人民法院的组织机构包括：

（1）审判委员会。

（2）刑事法庭、民事法庭、行政法庭、经济法庭、劳动法庭、家庭和未成年人法庭。

必要时，由国会常务委员会根据最高人民法院院长的提议决定成立其他专门法庭。

根据本款的规定和每一个省、中央直辖市人民法院的审判实际要求，由最高人民法院院长决定各专门法庭的组织事宜。

（3）辅助机构。

2. 省、中央直辖市人民法院设院长、副院长、庭长、副庭长、法官、审查员、法庭书记员、其他公职人员和工勤人员。

第三十九条　省、中央直辖市人民法院审判委员会

1. 省、中央直辖市人民法院审判委员会包括院长、副院长和部分法官。审判委员会的成员数量由最高人民法院院长根据省、中央直辖市人民法院院长的提议决定。

省、中央直辖市人民法院审判委员会的会议由法院院长主持。

2. 省、中央直辖市人民法院审判委员会履行下列职责、职权：

（1）对落实省、中央直辖市人民法院的工作章程、计划情况进行讨论；

（2）对省、中央直辖市人民法院院长向最高人民法院和同级人民议会的工作报告进行讨论；

（3）总结审判经验；

（4）对省、中央直辖市人民法院院长建议高级人民法院院长、最高人民法院院长根据院长的要求对已经发生法律效力的判决、裁定依照监督审判、再审程序重新审查的提议进行讨论。

第四十条　省、中央直辖市人民法院专门法庭的职责、权限

1. 依法对案件进行初审。

2. 按照《诉讼法》的规定对县、郡、县级市、省辖市和相同级别单位的人民法院尚未发生法律效力而被提起上诉、抗诉的判决、裁定的案件进行复审。

第四十一条　省、中央直辖市人民法院的辅助机构

1. 省、中央直辖市人民法院内部的辅助机构包括办公厅、处和各个相同级别的单位。

2. 最高人民法院院长决定成立和规定隶属于省、中央直辖市人民法院内部的辅助机构办公厅、处和各个相同级别的单位的职责、权限。

第二节　省、中央直辖市人民法院院长、副院长

第四十二条　省、中央直辖市人民法院院长

1. 省、中央直辖市人民法院院长由最高人民法院院长任命、免职、革职。

省、中央直辖市人民法院院长的任期为5年，自任命之日起计算。

2. 省、中央直辖市人民法院院长履行下列职责、职权：

（1）组织省、中央直辖市人民法院的审判工作，对组织落实审判、独立审判、陪审原则负责并自觉遵守法律；

（2）任命、免职、革职省、中央直辖市人民法院，县、郡、县级市、省辖市和相同级别单位的人民法院内的各种职务，法官、副院长除外；

（3）依照本法第78条第3款、第79条第3款和第80条第3款的规定决定调动、轮换、借调法官事宜；

（4）组织对本法院和县、郡、县级市、省辖市和相同级别单位的人民法院的法官、陪审员、担任其他各种职务的人员进行业务培训；

（5）向省、中央直辖市人民议会和最高人民法院报告工作；

（6）建议高级人民法院院长、最高人民法院院长依照监督审判、再审程序对已经发生法律效力的判决、裁定进行审查、提出抗诉；

（7）依照《诉讼法》的规定履行职责、职权，依法调解其他各种纠纷。

第四十三条　省、中央直辖市人民法院副院长

1. 省、中央直辖市人民法院副院长由最高人民法院院长任命、免职、革职。

省、中央直辖市人民法院副院长的任期为5年，自任命之日起计算。

2. 省、中央直辖市人民法院副院长按照院长的分工，协助院长履行职责。在院长缺席时，由院长授权的一名副院长领导法院的工作。在赋予职责方面，副院长向院长负责。

3. 依照《诉讼法》的规定履行职责、职权。

第五章　县、郡、县级市、省辖市和相同级别单位人民法院

第一节　县、郡、县级市、省辖市和相同级别单位人民法院的职责、职权、组织机构

第四十四条　县、郡、县级市、省辖市和相同级别单位人民法院的职责、职权

1. 依法对案件进行初审。

2. 依法调解其他各种纠纷。

第四十五条　县、郡、县级市、省辖市和相同级别单位人民法院的组织机构

1. 县、郡、县级市、省辖市和相同级别单位人民法院可以设立刑事法庭、民事法庭、家庭和未成年人法庭、行政处理法庭。必要时，国会常务委员会根据最高人民法院院长的提议决定成立其他专门法庭。

根据本款的规定和要求，县、郡、县级市、省辖市和相同级别单位各级人民法院的审判实际，由最高人民法院院长决定组织专门法庭的事宜。

2. 辅助机构。

3. 县、郡、县级市、省辖市和相同级别单位人民法院设院长、副院长、庭长、副庭长、法官、法庭书记员、案件执行审查员、其他公职人员和工勤人员。

第四十六条　县、郡、县级市、省辖市和相同级别单位人民法院的职责、职权

最高人民法院院长决定成立和规定县、郡、县级市、省辖市和相同级别单位人民法院内部辅助机构的职责、职权。

第二节　县、郡、县级市、省辖市和相同级别单位人民法院院长、副院长

第四十七条　县、郡、县级市、省辖市和相同级别单位人民法院院长

1. 县、郡、县级市、省辖市和相同级别单位人民法院院长由最高人民法院院长任命、免职、革职。

县、郡、县级市、省辖市和相同级别单位人民法院院长的任期为5年，自任命之日起计算。

2. 县、郡、县级市、省辖市和相同级别单位人民法院院长履行下列职责、职权：

（1）组织县、郡、县级市、省辖市和相同级别单位人民法院的审判工作，对组织落实独立审判、陪审原则负责并自觉遵守法律；

（2）向享有法定权限的人民议会和省、中央直辖市人民法院报告工作；

（3）依照《诉讼法》的规定履行职责、职权，依法调解其他各种纠纷。

第四十八条　县、郡、县级市、省辖市和相同级别单位人民法院副院长

1. 县、郡、县级市、省辖市和相同级别单位人民法院副院长由最高人民法院院长任命、免职、革职。

县、郡、县级市、省辖市和相同级别单位人民法院副院长的任期为5年，自任命之日起计算。

2. 县、郡、县级市、省辖市和相同级别单位人民法院副院长按照院长的分工，协助院长履行职责。在院长缺席时，由院长授权的一名副院长领导法院的工作。在赋予职责方面，副院长向院长负责。

3. 依照《诉讼法》的规定履行职责、职权。

第六章　军事法院

第一节　军事法院的职责、职权、组织机构

第四十九条　军事法院的职责、职权

在越南人民军队中设立各级军事法院以便审理被告是现役军人的案件和法律规定的其他案件。

第五十条　军事法院的组织

1. 中央军事法院。

2. 军区和相同级别单位的军事法院。

3. 区域军事法院。

第五十一条　中央军事法院的职责、职权、组织机构

1. 中央军事法院履行下列职责、职权：

（1）依照《刑事诉讼法》的规定对军区和相同级别单位的军事法院尚未发生法律效力的初审判决、裁定而被提起上诉、抗诉的案件进行复审；

（2）依照《刑事诉讼法》的规定对军区军事法院和相同级别单位的军事法院、区域军事法院已经发生法律效力的判决、裁定而被提起抗诉的案件进行监督审判、再审。

2. 中央军事法院的组织机构包括：

（1）中央军事法院审判委员会；

（2）中央军事法院复审法庭；

（3）辅助机构。

3. 中央军事法院设院长、副院长、庭长、副庭长、法官、审查员、法庭书记员、公职人

员和工勤人员。

4. 在与国防部部长达成一致意见后，由最高人民法院院长决定成立和规定中央军事法院内部辅助机构的职责、职权。

第五十二条　中央军事法院审判委员会

1. 中央军事法院审判委员会包括身份是高级法官的院长、副院长和由最高人民法院院长根据中央军事法院院长的提议决定的部分高级法官。

中央军事法院审判委员会的委员总数不得超过 7 人。

2. 中央军事法院审判委员会履行下列职责、职权：

（1）依照《刑事诉讼法》的规定对军区军事法院和相同级别单位的军事法院、区域军事法院已经发生法律效力的判决、裁定而被提起抗诉的案件进行监督审判、再审。

（2）对中央军事法院院长关于各级军事法院的工作报告进行讨论、提出意见以便向最高人民法院院长和国防部部长报告。

3. 中央军事法院审判委员会的会议至少必须要有总数 2/3 的成员出席，中央军事法院审判委员会的决定必须要经过半数以上的成员表决赞成通过。

第五十三条　中央军事法院审判委员会的审判组织工作

中央军事法院审判委员会依照本法第 32 条的规定组织审判。

第五十四条　中央军事法院复审法庭的职责、职权

1. 依照《刑事诉讼法》的规定对军区军事法院和相同级别单位的军事法院尚未发生法律效力的判决、裁定而被提起抗诉的案件进行监督审判、再审。

2. 依法履行其他职责、职权。

第五十五条　军区军事法院和相同级别单位的军事法院的组织机构

1. 军区军事法院和相同级别单位的军事法院的组织机构包括：

（1）审判委员会；

（2）辅助机构。

2. 军区军事法院和相同级别单位的军事法院设院长、副院长、法官、审查员、法庭书记员、其他公职人员和工勤人员。

3. 在与国防部部长达成一致意见后，由最高人民法院院长决定成立和规定军区军事法院和相同级别单位军事法院内部辅助机构的职责、职权。

第五十六条　军区军事法院和相同级别单位军事法院的职责、职权

1. 依照《刑事诉讼法》的规定对案件进行初审。

2. 依照《刑事诉讼法》的规定对区域军事法院尚未发生法律效力的判决、裁定而被提起抗诉的刑事案件进行复审。

3. 依法履行其他职责、职权。

第五十七条　军区军事法院和相同级别单位军事法院审判委员会

1. 军区军事法院和相同级别单位军事法院审判委员会包括院长、副院长和部分法官。审判委员会的成员数量由最高人民法院院长根据军区军事法院院长和相同级别单位军事法院院长的提议予以决定。

军区军事法院和相同级别单位军事法院审判委员会的会议由院长主持。

2. 军区军事法院和相同级别单位军事法院审判委员会履行下列职责、职权：

（1）对落实军区军事法院和相同级别单位军事法院的工作章程、计划情况进行讨论；

（2）对军区军事法院和相同级别单位军事法院院长向最高人民法院和国防部的工作报告进行讨论；

（3）总结审判经验；

（4）对军区军事法院和相同级别单位军事法院院长建议中央军事法院院长根据院长的要求对已经发生法律效力的判决、裁定依照监督审判、再审程序重新审查的提议进行讨论。

第五十八条　区域军事法院的职责、职权、组织机构

1. 区域军事法院履行下列职责、职权：

（1）依照《刑事诉讼法》的规定对案件进行初审；

（2）依法履行其他职责、职权。

2. 区域军事法院设院长、副院长、法官、法庭书记员、其他公职人员和工勤人员。

3. 在与国防部部长达成一致意见后，由最高人民法院院长决定成立和规定区域军事法院内部辅助机构的职责、职权。

第二节　军事法院院长、副院长

第五十九条　中央军事法院院长

1. 中央军事法院院长同时也是最高人民法院副院长，由国家主席任命、免职、革职。

中央军事法院院长的任期为5年，自任命之日起计算。

2. 中央军事法院院长履行下列职责、职权：

（1）组织中央军事法院的审判工作，对组织落实独立审判、陪审原则负责并自觉遵守法律；

（2）主持中央军事法院审判委员会的会议；

（3）依照《刑事诉讼法》的规定对军区军事法院和相同级别单位军事法院、区域军事法院已经发生法律效力的判决、裁定按照监督审判程序提起抗诉；

（4）组织对各级军区军事法院和相同级别单位军事法院、区域军事法院的工作进行检查；

（5）组织各级军事法院的法官、军人陪审员、审查员、法庭书记员的业务培训工作；

（6）向最高人民法院院长和国防部部长报告军事法院的工作；

（7）任命、免职、革职各级军事法院内部的各类职务，法官、院长、副院长除外；

（8）依照《诉讼法》的规定履行职责、职权，依法调解其他各种纠纷。

第六十条　中央军事法院副院长

1. 在与国防部部长达成一致意见后，中央军事法院副院长由最高人民法院院长任命、免职、革职。

中央军事法院副院长的任期为 5 年，自任命之日起计算。

2. 中央军事法院副院长按照院长的分工，协助院长履行职责。在院长缺席时，由院长授权的一名副院长领导法院的工作。在赋予职责方面，副院长向院长负责。

3. 依照《刑事诉讼法》的规定履行职责、职权。

第六十一条　军区军事法院和相同级别单位军事法院院长

1. 在与国防部部长达成一致意见后，军区军事法院和相同级别单位军事法院院长由最高人民法院院长任命、免职、革职。

军区军事法院和相同级别单位军事法院院长的任期为 5 年，自任命之日起计算。

2. 军区军事法院和相同级别单位军事法院院长履行下列职责、职权：

（1）组织军区军事法院和相同级别单位军事法院的审判工作，对组织落实独立审判、陪审原则负责并自觉遵守法律；

（2）向中央军事法院院长和军区司令和相同级别单位领导报告军区军事法院和相同级别单位军事法院、区域军事法院的工作；

（3）依照《刑事诉讼法》的规定履行职责、职权，依法调解其他各种纠纷。

第六十二条　军区军事法院和相同级别单位军事法院副院长

1. 在与国防部部长达成一致意见后，军区军事法院和相同级别单位军事法院副院长由最高人民法院院长任命、免职、革职。

军区军事法院和相同级别单位军事法院副院长的任期为 5 年，自任命之日起计算。

2. 军区军事法院和相同级别单位军事法院副院长按照院长的分工，协助院长履行职责。在院长缺席时，由院长授权的一名副院长领导法院的工作。在赋予职责方面，副院长向院长负责。

3. 依照《刑事诉讼法》的规定履行职责、职权。

第六十三条　区域军事法院院长

1. 在与国防部部长达成一致意见后，区域军事法院院长由最高人民法院院长任命、免职、革职。

区域军事法院院长的任期为5年，自任命之日起计算。

2. 区域军事法院院长履行下列职责、职权：

(1)组织区域军事法院的审判工作，对组织落实独立审判、陪审原则负责并自觉遵守法律；

(2)向军区军事法院和相同级别单位军事法院报告区域军事法院的工作；

(3)依照《刑事诉讼法》的规定履行职责、职权，依法调解其他各种纠纷。

第六十四条　区域军事法院副院长

1. 在与国防部部长达成一致意见后，区域军事法院副院长由最高人民法院院长任命、免职、革职。

区域军事法院副院长的任期为5年，自任命之日起计算。

2. 区域军事法院副院长按照院长的分工，协助院长履行职责。在院长缺席时，由院长授权的一名副院长领导法院的工作。在赋予职责方面，副院长向院长负责。

3. 依照《刑事诉讼法》的规定履行职责、职权。

第七章　法　官

第六十五条　法官的职责、职权

1. 法官是符合本法规定的条件、标准，由国家主席任命从事审判职责的人员。

2. 法官履行本法第2条和各类相关法律规定的职责、职权。

第六十六条　法官的等级

1. 人民法院法官包括：

(1)最高人民法院法官；

(2)高级法官；

(3)中级法官；

(4)初级法官。

2. 最高人民法院设本条第1款第(1)项规定的法官。

3. 高级人民法院、中央军事法院设本条第1款第(2)项规定的法官。

4. 省、中央直辖市人民法院、军区军事法院和相同级别单位军事法院设本条第 1 款第（2）项、第（3）项和第（4）项规定的法官。

5. 县、郡、县级市、省辖市和相同级别单位人民法院、区域军事法院设本条第 1 款第（3）项和第（4）项规定的法官。

6. 高级法官、中级法官、初级法官的数量和每一级法院的法官等级比例由国会常务委员会根据最高人民法院院长的提议予以决定。

第六十七条　法官的标准

1. 越南籍公民、忠于祖国和越南社会主义共和国宪法，具有良好的道德品质、具有良好的政治本领、具有勇敢精神和捍卫公理、廉洁和正直精神。

2. 具有法学士以上的文化程度。

3. 经过审判业务培训。

4. 具有从事法律实践工作的经历。

5. 具有确保履行赋予职责的健康身体。

第六十八条　任命高级法官、中级法官、初级法官的条件

1. 符合本法第 67 条规定的标准和符合下列各项条件的人员则可以通过选拔、任命担任初级法官；如果是军队现役军官则可以通过选拔，任命担任隶属于军事法院的初级法官：

（1）从事法律工作 5 年以上；

（2）具备审理属于《诉讼法》规定的法院管辖权范围内的案件和调解其他纠纷的能力；

（3）已经在选拔初级法官的选拔考试中入围。

2. 符合本法第 67 条规定的标准和具备下列各项条件的人员则可以通过选拔、任命担任中级法官；如果是军队现役军官则可以通过选拔，任命担任隶属于军事法院的中级法官：

（1）担任初级法官满 5 年以上；

（2）具备审判属于《诉讼法》规定的法院管辖权范围内的案件和调解其他纠纷的能力；

（3）已经在中级法官的晋级选拔考核中入围。

3. 在由于人民法院干部需求的情形下，尽管是属于尚未担任过初级法官的人员，但是只要符合下列标准、符合下列条件则可以通过选拔，任命担任中级法官；如果是军队现役军官则可以通过选拔，任命担任隶属于军事法院的中级法官：

（1）符合本法第67条第1款、第2款、第3款和第5款规定的标准；

（2）从事法律工作的时间达到13年以上；

（3）具备审判属于《诉讼法》规定的法院管辖权范围内的案件和调解其他纠纷的能力；

（4）已经在中级法官的晋升选拔考试中入围。

4. 符合本法第67条规定标准的人员和符合下列各项条件的人员则可以选拔、任命担任高级法官；如果是军队现役军官则可以通过选拔，任命担任隶属于军事法院的高级法官：

（1）担任中级法官满5年以上；

（2）具备审判属于《诉讼法》规定的高级法院、中央军事法院管辖权范围内的案件和调解其他纠纷的能力；

（3）已经在高级法官的晋升选拔考试中入围。

5. 在由于人民法院干部需求的情形下，尽管是属于尚未担任过中级法官的人员，但是只要符合下列标准、符合下列条件则可以通过选拔，任命担任高级法官；如果是军队现役军官则可以通过选拔，任命担任隶属于军事法院的高级法官：

（1）符合本法第67条第1款、第2款、第3款和第5款规定的标准；

（2）从事法律工作的时间达到18年以上；

（3）具备审判属于《诉讼法》规定的高级法院、中央军事法院管辖权范围内的案件和调解其他纠纷的能力；

（4）已经在高级法官的晋升选拔考试中入围。

6. 特殊情形下，被具有职权的机关、组织调动前去担任高级人民法院，省、中央直辖市人民法院，县、郡、县级市、省辖市和相同级别单位人民法院的领导职务，虽然尚未达到从事法律工作的时间，但是，符合本法第67条规定的各项标准和符合本条第1款第（2）项、第2款第（2）项、第3款第（3）项、第4款第（2）项规定的条件则可以予以选拔和任命担任初级法官、中级法官、高级法官；如果是军队现役军官则可以通过选拔，任命各级军事法院的初级法官、中级法官、高级法官。

第六十九条　任命最高人民法院法官的条件

1. 符合本法第67条规定标准的人员和符合下列各项条件的人员则可以予以选拔、任命担任最高人民法院的法官：

（1）担任高级法官满5年以上；

（2）具备审判属于《诉讼法》规定的最高人民法院管辖权范围内的案件和调解其他

纠纷的能力。

2. 虽然不是在各级法院工作的人员，但是，在中央各个机关、组织内担任重要职务，且通晓政治、法律、经济、文化、社会、安全、国防、外交或者是法律专家、法律学科首席科学家、在各机关、组织内担任重要职务且在社会上享有较高的威信、具备审判属于《诉讼法》规定的最高人民法院管辖权范围内的案件和调解其他纠纷的能力的人员则可以予以选拔、任命担任最高人民法院的法官。

第七十条　国家法官选拔、监察委员会

1. 国家法官选拔、监察委员会包括最高人民法院院长、最高人民法院副院长各一名，中央军事法院院长、高级人民法院院长、越南祖国阵线中央委员会领导代表、国家主席办公室代表、司法部代表、国防部代表、越南法学会中央执委会代表各一名。

2. 最高人民法院院长担任国家法官选拔、监察委员会主席。

3. 国家法官选拔、监察委员会委员名单由国会常务委员会根据最高人民法院院长的提议予以决定。

4. 国家法官选拔、监察委员会的活动规则由国会常务委员会根据最高人民法院院长的提议予以决定。

第七十一条　国家法官选拔、监察委员会的职责、职权

1. 审查选拔符合本法规定担任法官的标准、条件的人员以便向最高人民法院院长提议：

（1）呈报国会批准任命最高人民法院法官的提议；

（2）呈报国家主席决定任命其他各级法院的法官。

2. 审查本法规定的免职、革职事宜以便向最高人民法院院长提议：

（1）呈报国会批准免职、革职最高人民法院法官的提议；

（2）呈报国家主席决定免职、革职其他各级法院的法官。

3. 对法官履行职责、职权、职业道德、为人处世原则、生活方式进行监察。

第七十二条　批准、任命最高人民法院法官的程序

1. 最高人民法院院长呈报国会批准任命最高人民法院法官的提议。

2. 呈报国会批准任命最高人民法院法官提议的档案材料可以呈交国会常务委员会以便在国会的近期会议上予以审查、提出。

3. 国会司法委员会有责任对文书进行审查然后呈报国会批准任命最高人民法院法官的提议。

4. 国会审查并签发批准任命最高人民法院法官提议的决议。

5. 根据国会的决议，国家主席签发任命最高人民法院法官提议的决议。

第七十三条　选拔初级法官、中级法官、高级法官考试委员会

1. 选拔初级法官、中级法官、高级法官考试委员会包括最高人民法院院长（担任选拔初级法官、中级法官、高级法官考试委员会主席）；一名最高人民法院的副院长，国防部、内务部的领导代表出任委员。

选拔初级法官、中级法官、高级法官考试委员会的委员名单由最高人民法院院长予以决定。

2. 选拔初级法官、中级法官、高级法官考试委员会履行下列职责、职权：

（1）组织选拔初级法官的考试；

（2）组织初级法官晋升中级法官、中级法官晋升高级法官的晋升考试；

（3）组织本法第68条第3款和第5款规定的情形下的选拔拟晋升中级法官、高级法官的选拔考试；

（4）公布入围人员名单。

3. 选拔初级法官、中级法官、高级法官考试委员会的活动规则，选拔初级法官、中级法官、高级法官考试规则由最高人民法院院长予以规定。

第七十四条　法官的任期

各级法官的任期为5年；在重新获任或者获任进入其他法官等级的情形下则后续任期为10年。

第七十五条　法官的制度、政策

1. 国家出台关于针对法官的薪金、津贴方面的优先政策。

2. 为法官配发法官服装、法官证以便履行职责。

3. 确保法官的名誉、威信受到尊重，在执行公务时和必要的情形下受到保护。

4. 确保对法官进行培训、培养以便提高执法水平和法院业务。

5. 严禁各种干扰、威胁、侵犯法官和法官亲人生命、健康、名誉、人品的行为。

6. 尊崇法官并依照竞赛、奖励法的规定予以奖励。

7. 法官的薪金、津贴制度，服装式样、服装、法官证的发放和使用标准由国会常务委员会根据最高人民法院院长的提议予以规定。

第七十六条　法官的职责

1. 忠于祖国，模范执行宪法和法律。

2. 尊重人民，全心全意为人民服务，与人民密切联系，倾听人民的意见并自觉接受人民的监督。

3. 在审判中做到独立、公正无私、客观、捍卫公理；恪守法官的为人处世之道、职业道德原则，维护法院的威信。

4. 依法保守国家秘密和工作秘密。

5. 学习、研究以便提高政治意识和法院专业技术水平。

6. 在履行自身职责、行使自身职权和落实自身作出的各项决定上对法律负责；如果发生违法行为则视违法性质、程度依法给予纪律处分或者依法追究刑事责任。法官在履行自身职责、行使自身职权时，如果造成损失则履行审判职责的法官所在地的法院有责任进行赔偿，如果是法官造成的损失则法官有责任依法偿还给法院。

第七十七条　法官不得从事的工作

1. 法律规定的干部、公职人员不得从事的工作。

2. 为嫌疑人、被告、当事人充当咨询或者为参与诉讼的人员从事审理案件或者从事不符合法律规定的工作。

3. 非法干涉审理案件事宜或者利用自身的影响给具有审理案件职责的人员施加压力。

4. 如果不是因为赋予的职责或者未征得具有职权的人同意，擅自携带案件卷宗和案件卷宗材料离开审判机关。

5. 如果自身享有审理职权，在不符合规定的地点会见案件中的被告、当事人或者其他参与诉讼的人员。

第七十八条　调动

1. 调动法官的事宜须在确保各级法院履行审判职责的基础上予以实施。

2. 最高人民法院院长决定该人民法院的法官调动到不是同一管辖权范围内的或者不是同一个省、中央直辖市的其他人民法院履行职责。

3. 省、中央直辖市人民法院院长决定该人民法院的法官调动到同一管辖权范围内的其他人民法院履行职责。

4. 在与最高人民法院院长达成一致意见后，国防部部长决定该军事法院的法官调动到其他军事法院履行职责。

第七十九条　轮换

1. 担任领导职务、管理法院的法官的轮换事宜在确保为职责要求服务、干部规划的基础上予以实施。

2. 最高人民法院院长决定该人民法院的法官轮换到不是同一管辖权范围内的或者不是同一个省、中央直辖市的其他人民法院履行职责。

3. 省、中央直辖市人民法院院长决定该人民法院的法官轮换到同一管辖权范围内的其他人民法院履行职责。

4. 在与最高人民法院院长达成一致意见后，国防部部长决定该军事法院的法官轮换到其他军事法院履行职责。

第八十条　临时调动

1. 临时调动法官事宜在确保各级法院履行职能、履行审判职责的基础上予以实施。

2. 最高人民法院院长决定临时调动该人民法院的法官前往不是同一管辖权范围内的或者不是同一个省、中央直辖市的其他人民法院有时限地履行职责。

3. 省、中央直辖市人民法院院长决定临时调动该人民法院的法官到同一管辖权范围内的其他人民法院有时限地履行职责。

4. 国防部部长决定该军事法院的法官临时调动到其他军事法院有时限地履行职责。

5. 本条第 2 款、第 3 款和第 4 款规定的临时调动法官的时限不超过 3 年。

第八十一条　免职

1. 一旦退休、辞职、变换其他工作，法官的职务自然免除。

2. 由于健康原因、由于家庭环境或者因为其他原因如果经审查认为不能胜任所赋予的职责则可以免除法官的职务。

第八十二条　革职

1. 一旦根据法院已经发生法律效力判决书定罪时则法官自然被革职。

2. 下列情形之一，视违法性质、程度，法官可能被革职：

（1）在属于法院职权范围内审判、调解工作中违法；

（2）违反本法第 77 条的规定；

（3）道德品质败坏；

（4）违反法官的为人处世原则、职业道德；

（5）发生其他的违法行为。

第八十三条　免职、革职程序

1. 国家法官选拔、监察委员会根据最高人民法院院长的提议审查法官免职、革职的情况。

2. 批准、免除、革除最高人民法院院长职务的事宜依照本法第 72 条的规定执行。

3. 根据国家法官选拔、监察委员会的提议，最高人民法院院长呈报国家主席决定免除、革除其他各级法院法官的职务。

第八章　陪审员

第八十四条　陪审员的职责、职权

1. 人民法院陪审员包括：

（1）人民陪审员；

（2）军人陪审员。

2. 人民陪审员依照自己当选担任人民陪审员所在地的人民法院院长的分工履行审判属于人民法院职权范围内的案件职责。

3. 军人陪审员依照自己当选担任军人陪审员所在地的法院院长的分工履行审判属于军事法院职权范围内的案件职责。

4. 陪审员有义务履行法院院长的分工，不能履行的情形则必须要说明理由。

5. 在一年的工作中，如果陪审员未被法院院长分工履行审判职责则有权要求法院院长告知理由。

第八十五条　陪审员的标准

1. 越南籍公民。忠于越南社会主义共和国祖国和宪法，具有良好的道德品质，具有良好的政治本领，在居民社会群体中享有威信，具有勇敢精神和坚决捍卫公理的精神，廉洁和正直。

2. 具备法律常识。

3. 具有社会见识。

4. 身体健康，确保能够胜任所赋予的职责。

第八十六条　推举、选举、免职、罢免陪审员的程序

1. 省、中央直辖市人民法院，县、郡、县级市、省辖市和相同级别单位人民法院提出关于陪审员数量、成员编制需求，提请同级越南祖国阵线委员会选拔并推荐符合本法第85条规定标准的人选以便享有职权的人民议会按照法定程序选举产生人民陪审员。

人民法院院长在与同级越南祖国阵线委员会达成一致意见后，提议人民议会免除、罢免人民陪审员的职务。

2. 军事法院和相同级别单位军事法院的军人陪审员由越南人民军总政治局主任根据军区、军、军种、总局或者相同级别单位的政治机关的推荐予以选派。

在与军区、军、军种、总局或者相同级别单位的政治机关达成一致意见后，军区军事法院和相同级别单位军事法院院长提议越南人民军总政治局主任免除、罢免军区军事法院和相同级别单位军事法院军人陪审员的职务。

3. 区域军事法院军人陪审员由军区、军、军种、总局或者相同级别单位的政治委员根据师或者相同级别单位政治机关的推荐予以选派。

在与师或者相同级别单位政治机关达成一致意见后，区域军事法院院长提议军区、军、军种、总局或者相同级别单位的政治委员免除、罢免区域军事法院军人陪审员的职务。

第八十七条　陪审员的任期

1. 人民陪审员的任期与选举产生人民陪审员的人民议会的任期相同。

一旦人民议会结束任期，人民陪审员继续履行职责直至新一届人民议会选派产生新的人民陪审员。

2. 军人陪审员的任期为5年，自当选之日起计算。

第八十八条　陪审员的制度、政策

1. 陪审员享有集训、培训业务、参加法院总结审判工作的会议。

陪审员的集训、培训业务的经费在法院的活动经费中开支，依法享有地方财政预算的补助。

2. 陪审员是干部、公务员、职员、现役军人、国防工人身份的则履行陪审员职责的时间计入在机关、单位的工作时间。

3. 尊崇陪审员并依照竞赛、奖励法的规定予以奖励。

4. 陪审员享受审判津贴，配发陪审员服装、证件以便履行审判职责。

陪审员的津贴制度、服装式样、服装、证件的发放和使用由国会常务委员会根据最高人民法院院长的提议予以规定。

第八十九条　陪审员的职责

1. 忠于祖国，模范执行宪法和法律。

2. 按照法院院长的分工参与审判且不得拒绝，有正当理由或者由于诉讼法规定的情形除外。

3. 在审判中做到独立、大公无私、客观公正，为捍卫公理；保护人权、公民权；捍卫社会主义制度；捍卫国家的利益，组织、个人的正当的合法权益贡献力量。

4. 尊重人民并自觉接受人民的监督。

5. 依法保守国家秘密和工作秘密。

6. 积极学习不断提高法律常识和审判业务水平。

7. 执行法院的守则、规则。

8. 在履行自身职责、行使自身职权上对法律负责，如果发生违法行为则视违法性质、程度而给予罢免纪律处分或者依法追究刑事责任。

陪审员在履行自身职责、行使自身职权时，如果造成损失则履行审判职责的该陪审员所在地的法院有责任进行赔偿，如果是陪审员造成的损失则陪审员有责任依法偿还给法院。

第九十条　陪审员的免职、罢免条件

1. 因为健康原因或者其他的正当理由，可以免除陪审员的职务。

2. 一旦道德品质败坏或者发生与陪审员的身份不相称的违法行为，可以罢免陪审员的职务。

第九十一条　陪审团；机关、组织、人民武装力量单位针对陪审员的职责

1. 陪审员可以组织成陪审团。

由越南祖国阵线中央委员会牵头，与内务部和最高人民法院相互配合呈报国会常务委员会颁布施行陪审团的组织和活动规则。

2. 省、中央直辖市人民法院院长，县、郡、县级市、省辖市和相同级别单位人民法院院长，军区军事法院和相同级别单位军事法院院长，区域军事法院院长负责分工陪审员参加审判，确保与审判案件的需求相吻合。

3. 当选或选派担任陪审员的机关、组织、人民武装力量单位有责任创造条件以便陪审员履行职责。

4. 在陪审员按照法院院长的分工履行职责的时间内则该陪审员所在的机关、组织、人民武装力量单位不得调动、分工陪审员从事其他工作，特殊情形除外，但是必须要向法院院长通报以便法院院长知晓。

第九章　法庭书记员、审查员

第九十二条　法庭书记员

1. 法庭书记员是具有法学学士文凭、被法院录用、经过法庭书记员业务培训并被任命进入法庭书记员等级的人员。

法庭书记员设立下列各个等级：

（1）书记员；

（2）主要书记员；

（3）高级书记员。

法庭书记员的标准、条件和考核晋升事宜由最高人民法院院长规定。

2. 最高人民法院，高级人民法院，中央军事法院，省、中央直辖市人民法院，军区军事法院和相同级别单位军事法院设本条第 1 款规定的各级法庭书记员等级。

县、郡、县级市、省辖市和相同级别单位人民法院，区域军事法院设本条第 1 款第（1）项和第（2）项规定的各级法庭书记员等级。

3. 最高人民法院院长任命进入最高人民法院的各个等级的法庭书记员和任命进入高级人民法院，中央军事法院，省、中央直辖市人民法院，军区军事法院和相同级别单位军事法院的高级法庭书记员。

高级人民法院院长、中央军事法院院长任命进入高级人民法院、中央军事法院的各个等级的书记员、主要书记员。

省、中央直辖市人民法院院长任命进入省、中央直辖市人民法院和进入县、郡、县级市、省辖市和相同级别单位人民法院的各个等级的书记员、主要书记员。

军区军事法院院长和相同级别单位军事法院院长任命进入军区军事法院和相同级别单位军事法院、区域军事法院的各个等级的书记员、主要书记员。

4. 法庭书记员履行下列职责、职权：

（1）担任庭审书记员、按照诉讼法的规定从事各种诉讼活动；

（2）按照法院院长的分工履行行政、司法职责和其他职责。

5. 法庭书记员在履行自身职责、职权上对法律和法院院长负责。

第九十三条　审查员

1. 审查员是已经从事法庭书记员工作年满 5 年以上、经过审查员业务培训并被任命纳入审查员等级的法院专职公职人员。

审查员设立下列各个等级：

（1）审查员；

（2）主要审查员；

（3）高级审查员。

审查员的标准、条件和考核晋升事宜由最高人民法院院长规定。

2. 最高人民法院、高级人民法院、中央军事法院设本条第 1 款规定的各种等级的审查员。

省、中央直辖市人民法院，军区军事法院和相同级别单位军事法院，县、郡、县级市、省辖市和相同级别单位人民法院，区域军事法院设本条第 1 款第（1）项和第（2）项规定的各个等级的审查员。

3. 最高人民法院院长任命进入最高人民法院的各个等级的审查员和任命进入高级人民法院、中央军事法院的高级审查员。

高级人民法院院长、中央军事法院院长任命进入高级人民法院、中央军事法院的各个等级的审查员。

省、中央直辖市人民法院院长任命进入省、中央直辖市人民法院和进入县、郡、县级市、省辖市和相同级别单位人民法院的各个等级的审查员、主要审查员。

军区军事法院院长和相同级别单位军事法院院长任命进入军区军事法院和相同级别单位军事法院、区域军事法院的各个等级的审查员、主要审查员。

4. 审查员履行下列职责、职权：

（1）按照法院院长的分工对法院已经发生法律效力的判决、裁定的各类案件的卷宗进行审查；

（2）对审查事宜作出结论并向法院院长报告审查结果；

（3）审查员在案件执行方面协助法院院长履行属于法院职权范围内的案件执行工作方面的各种职责；

（4）按照法院院长的分工履行其他各种职责。

5. 审查员在履行自身职责、职权上对法律和法院院长负责，如果发生违法行为则视违法性质、程度而给予纪律处分或者依法追究刑事责任。

第九十四条　针对法庭书记员、审查员的制度、政策

1. 在薪金、津贴方面，国家出台针对法庭书记员、审查员的优先政策。

薪金、津贴制度由国会常务委员会规定。

2. 为法庭书记员、审查员配发服装、职称证书。服装式样、职称证书式样由最高人民法院院长规定。

3. 组织法庭书记员、审查员进行审判业务方面的培训并为其创造学习、研究条件以便提高业务水平。

4. 依照竞赛、奖励法的规定对法庭书记员、审查员予以奖励。

第十章　保障人民法院的活动

第九十五条　人民法院的法官、编制数量

1. 最高人民法院的法官数量依照本法第 22 条第 1 款的规定执行。

2. 其他法院的法官数量、每一级法院各种法官等级比例结构和人民法院的总编制由国会常务委员会在征询政府的意见后根据最高人民法院院长的提议予以决定。

3. 每一级军事法院的法官数量、各种法官等级比例结构和军事法院的总编制由国会常务委员会在与国防部部长达成一致意见后根据最高人民法院院长的提议予以决定。

4. 根据国会常务委员会已经决定的法官的总编制、法官数量、等级比例结构，最高人民法院院长：

（1）分配其他法院法官的编制、数量，各级人民法院直属各单位的其他公职人员、职员和工勤人员。

（2）在与国防部部长达成一致意见后，分配各级军事法院的法官编制、数量。

第九十六条　人民法院的活动经费

1. 最高人民法院，高级人民法院，省、中央直辖市人民法院，县、郡、县级市、省辖市和相同级别单位人民法院的活动经费由政府在与最高人民法院达成一致意见后呈报国会决定。在政府和最高人民法院未能就人民法院的活动经费预算达成一致意见的情形下则最高人民法院院长提请国会审查、决定。

2. 军事法院的活动经费由国防部牵头与最高人民法院配合编制预算并提议政府呈报国会决定。

3. 管理、分配、下拨和使用经费的工作按照国家财政预算法和其他各类相关法律的规定执行。

4. 国家优先投资于人民法院的物质基础建设，发展信息技术。

第九十七条　针对人民法院的其他公职人员、职员和工勤人员的制度、政策

人民法院的其他公职人员、职员和工勤人员依法享有配发服装和依法享受优抚政策。

第十一章　施行条款

第九十八条　施行效力

1. 本法自 2015 年 6 月 1 日起生效，第 4 条第 1 款、第 24 条、第 34 条、第 38 条第 1 款第（2）项、第 41 条、第 45 条第 1 款、第 46 条、第 51 条第 4 款、第 55 条第 3 款、第 58 条第 3 款、第 67 条、第 68 条第 4 款、第 69 条第 1 款、第 70 条、第 71 条、第 72 条、第 73 条、第 95 条第 2 款的规定自 2015 年 2 月 1 日起生效。

2. 本法取代第十届国会 2002 年第 33 号决议（số 33/2002/QH10）颁布施行的《人民法院组织法》。

第十一届国会常务委员会 2002 年第 02 号法令《人民法院法官和陪审员法令》（số 02/2002/PL-UBTVQH11）、《修改、补充部分人民法院法官和陪审员法令的法令》（số 14/2011/PL-UBTVQH12）自本法生效之日起废止。

军事法院组织法令（số 04/2002/PL-UBTVQH11）自本法生效之日起废止，本法第 26

条第 1 款、第 3 条、第 4 条、第 5 条、第 29 条第 2 款继续有效直至被废止。

2014 年 11 月 24 日越南社会主义共和国第十三届国会第八次会议通过本法。

国会主席 阮生雄

（已签署）

越南社会主义共和国公共投资法*

根据越南社会主义共和国宪法，

国会颁布了《公共投资法》

第一章　共同规定

第1条　调整范围

该法规范了公共投资的国家管理；公共投资资金的管理和使用；机构、单位、组织和个人与公共投资活动有关的权利、义务和责任。

第2条　适用对象

本法适用于参与公共投资活动，公共投资资金的管理和使用的机构、单位、组织和个人。

第3条　《公共投资法》，国际条约和国际协定的适用

1. 公共投资资金和公共投资活动的管理和使用必须遵守本法的规定和其他有关法律的规定。

2. 越南社会主义共和国加入的国际条约的规定与本法不同的，应以该国际条约的规定为准。

3. 公共投资计划和项目的执行符合越南社会主义共和国加入的国际条约的规定或越南与外国之间的国际协定。

4. 企业对国家投资资金的管理和使用，应当遵守企业对生产经营活动中国家资金的管理和使用的法律规定。

第4条　术语解释

在本法中，以下术语解释如下：

1. 关于投资指导方针的建议报告是一份文件，介绍了有关公共和计划投资方案的必要性、可行性、有效性，预期资金来源和资金水平的初步研究内容，B组和C组项目是主

* 译者简介：甲氏咏，北京外国语大学博士，越南社会科学院中国研究所助理研究员。

管部门决定投资政策的基础。

2. 预可行报告是介绍重要国家项目和项目的必要性、可行性、有效性，预期资金来源和资金水平的初步研究内容的文件，A 组项目是主管部门决定投资政策的基础。

3. 可行性研究报告是指将有关公共投资计划和项目的必要性、可行性、有效性，资金来源和资金水平的研究内容作为基础的文件让有权部门决定投资。

4. 部委、中央机构和地方政府是总理指定的规划公共投资的机构和组织，包括：

a）政治组织的中央机构、最高人民检察院、最高人民法院、国家审计、主席办公室、国会办公室、各部委、部级机构、政府附属机构、越南祖国阵线中央机构和社会政治组织（以下称政府各部和中央机构）；

b）省人民委员会；

c）其他机构和组织分配了公共投资计划。

5. 计划指挥者是指被指派承担管理公共投资计划的主要责任的机构或组织。

6. 投资者是指直接管理公共投资项目的机构或组织。

7. 投资政策是指主管当局对投资计划或项目的主要内容的决定，是制定、提交和批准投资计划或投资决定的基础，决定批准公共投资项目的可行性研究报告。

8. 公共投资方案是一系列目标、任务和解决方案实现社会经济发展目标。

9. 国家目标方案是指旨在实现全国每个特定时期的社会经济目标的公共投资方案。

10. 管理机构是本条第 4 款规定的部委、中央机构和地区，负责管理计划和项目。

11. 公共投资管理专业机构，是指计划投资部下设的具有管理公共投资职能的单位；负责管理部委、中央机构和地方公共投资的单位；区、人民委员会下辖具有管理公共投资职能的部门。

12. 负责公共投资的国家管理机构包括政府、计划投资部和各级人民委员会。

13. 公共投资项目是指使用全部或部分公共投资资金的项目。

14. 紧急公共投资项目是指旨在及时预防，应对和克服自然灾害，灾害和流行病后果的公共投资项目；根据主管当局的决定，确保国防、安全和外交事务的紧迫任务。

15. 公共投资是指国家对本法规定的其他公共投资计划、项目和主体的投资。

16. 公共投资活动包括制定、评估和决定投资政策；制定、评估和决定公共投资计划和项目；编制、评估、批准、交付和执行公共投资计划和项目；公共投资资金的管理和使用；接受、移交方案并解决公共投资项目；监督和评估、审查和检查公共投资计划、方案和项目。

17. 公共投资计划是一系列目标、方向和公共投资计划和项目清单；平衡公共投资资本、资本分配计划、动员资源和实施的解决方案。

18. 投资准备工作是指制定、评估和决定投资政策以及制定、评估和决定项目投资的活动。

19. 计划任务是指根据《计划法》的规定进行的制定、评估、决定或批准、公布和调整计划的活动。

20. 基本建设债务是主管当局批准的公共投资计划下项目已批准工作量的价值，但尚未分配用于执行数量的资金。

21. 国家公共投资管理的权力下放意味着确定主管机构、组织和个人在公共投资活动中的权力和责任。

22. 本法规定的公共投资资金包括国家预算资金，依法从国家机关和公共非经营性单位的合法收入中取得的资金进行投资。

23. 中央预算资本是指根据《国家预算法》属于中央预算的发展投资资本。

24. 地方预算资本是指根据《国家预算法》的规定，在地方预算范围内用于发展投资的资本支出。

25. 有针对性的中央预算资本是指根据主管部门决定的具体任务，在当地投资的中央补充资本，用于对公共投资计划和项目的投资。

第 5 条　公共投资的对象

1. 对社会经济基础设施方案和项目的投资。

在必要的情况下，由国民议会审议并决定将重要的国家项目的补偿、支持、安置和出土许可分为独立的项目；对于 A 组项目，应由总理和省级人民委员会根据其权限进行审议和决定。批准国家重要项目 A 组项目的投资政策时，应将独立项目分开。

2. 投资服务于国家机构，公共非商业单位，政治组织和社会政治组织的活动。

3. 投资和支持在提供公用事业产品和服务以及社会福利方面的投资活动。

4. 国家以公私合作模式对项目实施进行投资。

5. 按照规划法的规定，为规划的制定、评估、决定或核准、公告和调整服务。

6. 补偿优惠信贷利率和管理费；向政策性银行，预算外国家财政资金提供特许资本；根据总理的决定为其他政策受益人提供投资支持。

政府按照本条规定的程序、手续实现进行投资这条款规定的对象。

第 6 条　公共投资项目的分类

1. 根据性质，公共投资项目分类如下：

a）具有建设成分的项目是指具有建设投资，包括购买项目资产和设备的新建、改建、升级或扩建项目；

b）没有建筑组成部分的项目是指购买财产，获得土地使用权转让，购买、维修、升级设备、机械和本条款第 a）项未指定的其他项目的项目。

2. 根据重要性和规模，公共投资项目应按照本条规定的标准分为国家重大项目、甲类项目、乙类项目、丙类项目，见本法第 7 条、第 8 条、第 9 条和第 10 条。

第 7 条　国家重大项目分类标准

国家重要项目是指符合以下条件之一的独立投资项目或紧密联系的建筑群：

1. 使用 10 万亿元以上的公共投资资金。

2. 严重影响环境或潜在严重影响环境，包括：

a）核电厂。

b）使用土地，改变国家公园、自然保护区、景观保护区、科学研究或试验林的面积为 50 公顷或更多的土地；50 公顷或以上的源头保护林；防风、防沙、防潮、防海蚀、保护环境达 500 公顷或以上的森林；1000 公顷或以上的生产林。

3. 土地使用，要求改变湿稻种植用地的用途，从两种或两种以上的作物（面积为 500 公顷或以上）改变。

4. 搬迁安置在山区的 2 万以上的人口，在其他地区的 5 万以上的人口。

5. 需要适用特殊机制和政策的项目由国民议会决定。

第 8 条　A 类项目的分类标准

除本法第 7 条规定的具有国家重大意义的项目外，下列标准之一的项目为甲类项目：

1. 在下列情况之一中，项目不区分总投资：

a）对国防和安全领域的项目进行分类；

b）有毒和易爆物质生产项目；

c）工业园区、出口加工区和高科技园区的基础设施项目；

2. 在以下领域的投资总额为 23000 亿越南盾或以上的项目：

a）运输，包括桥梁、港口、内河港口、机场、铁路、国道；

b）电力行业；

c）石油和天然气开采；

d）化学品、化肥和水泥；

đ）机械和冶金制造；

e）开采和加工矿物；

g）住房面积的建设。

3. 在以下领域的总投资额为 1.5 万亿越南盾或以上的项目:

a)运输,但本条第 2 款第 a)项规定的项目除外;

b)灌溉;

c)给排水、废物处理及其他技术基础设施工程;

d)电气工程;

đ)生产信息和电子设备;

e)药物化学;

g)生产材料,但本条第 2 款 d)项指定的项目除外;

h)机械工程,但本条第 2 款第 d、đ 2 项规定的项目除外;

i)邮电。

4. 在以下领域的投资总额为 1 万亿越南盾或以上的项目:

a)农业、林业和水产养殖业;

b)国家公园、自然保护区;

c)新市区的技术基础设施;

d)工业,但本条第 1 条、第 2 条和第 3 条规定的工业领域的项目除外。

5. 在以下领域的总投资额为 8000 亿越南盾或以上的项目:

a)卫生、文化和教育;

b)科学研究、信息技术、广播电视广播;

c)宝藏;

d)旅游和体育锻炼;

đ)土木建筑,但本条第 2 款第 g)项规定的住宅区建筑除外;

e)国防和安全领域的项目,但本条第 1 款、第 2 款、第 3 款和第 4 款规定的项目除外。

第 9 条 B 类项目的分类标准

1. 在本法第 8 条第 2 款规定的领域内的项目,总投资在 1200 亿越南盾至 23000 亿越南盾之间。

2. 在本法第 8 条第 3 款规定的领域内的项目,总投资应在 800 亿越南盾至 15000 亿越南盾之间。

3. 在本法第 8 条第 4 款规定的领域内的项目,总投资在 600 亿越南盾至 1 万亿越南盾之间。

4. 在该法第 8 条第 5 款规定的领域内的项目,总投资在 450 亿越南盾至 8000 亿越南盾之间。

第 10 条　C 类项目的分类标准

1. 在本法第 8 条第 2 款规定的领域内的项目，总投资应低于 1200 亿越南盾。

2. 在本法第 8 条第 3 款指定的领域内的项目，总投资应低于 800 亿越南盾。

3. 在本法第 8 条第 4 款规定的领域内的项目，总投资应少于 600 亿越南盾。

4. 在本法第 8 条第 5 款指定的领域内的项目，总投资应低于 450 亿越南盾。

第 11 条　调整公共投资项目分类标准

1. 国民议会应决定调整本法第 7 条所定义的国家重要项目的分类标准。

2. 政府应向国民议会常务委员会提交决定，以调整本法第 8 条、第 9 条和第 10 条规定的公共投资项目分类标准，并在最近的会议上向国会报告。

3. 价格指数变动较大或公共投资管理权下放较大调整的，应当对本条第 1 款、第 2 款规定的公共投资项目分类标准进行调整。有关公共投资项目分类或其他影响公共投资项目分类的重要因素。

第 12 条　公共投资管理原则

1. 遵守有关公共投资资金管理和使用的法律规定。

2. 按照国家《五年社会经济发展战略》《五年社会经济发展计划》和有关规划法的有关规划。

3. 严格遵守国家管理机构、组织和个人与公共投资资金的管理和使用有关的职责。

4. 严格按照各资金来源的规定管理公共投资资金的使用，确保集中、同步、优质、经济、有效的投资以及平衡资源的能力，不为损失和浪费。

5. 确保公共投资活动的公开性和透明度。

第 13 条　国家公共投资管理的内容

1. 颁布和组织实施有关公共投资的法律文件。

2. 制定和组织实施公共投资战略、计划、解决方案和政策。

3. 监测并提供有关公共投资的管理和使用的信息。

4. 评估公共投资的效率，检查、监督有关公共投资的法律规定的执行情况以及对公共投资计划的遵守情况。

5. 处理违反法律的行为，解决与公共投资活动有关的组织和个人的投诉和控告。

6. 记录公共投资活动成就的奖励机构、组织、单位和个人。

7. 公共投资方面的国际合作。

第 14 条　公共投资的公开性和透明度

1. 宣传和公共投资透明度的内容包括：

a）有关公共投资资本的管理和使用的政策、法律和执行政策和法律的组织；

b）公共投资资本分配的原则、标准和规范；

c）确定中期和年度公共投资计划中项目清单的原则、标准和依据；

d）当地的公共投资计划和方案，按年份、实施时间表和公共投资计划资本支出为每个计划分配的资本；

đ）该地区的项目清单，包括规模、总投资、时间、地点，报告评估项目对投资领域的总体影响；

e）分配公共投资的年度和中期计划，包括项目清单和分配给每个项目的公共投资水平；

g）调动其他资源和资本来源参与执行公共投资项目的情况；

h）计划、方案和项目的实施情况和结果；

i）项目的执行和支出进度；

k）计划和项目的验收前测试和评估的结果；

l）最终确定公共投资资金。

2. 机关、组织和单位负责人必须依法宣传公共投资的内容。

第 15 条　拟定、评估、监督、审查、评估和检查公共投资计划、方案和项目的费用

1. 使用执行这些任务的机构或单位的经常支出来源，拟订和评估有关公共投资计划的投资政策建议的报告的费用。

2. 拟定和评估预可行性研究报告以及投资准备资金资助项目的投资政策建议报告的费用。

3. 拟定和评估公共投资计划的费用使用制定和评估计划的机构或单位的常规支出来源。

4. 使用执行这些任务的机构或单位的常规支出来源监视、检查和评估计划、方案和项目的费用。

5. 检验费用使用检验机构和单位的经常性支出来源。

6. 对于由官方发展援助（ODA）和外国捐助者提供的优惠贷款资助的方案和项目，鼓励捐助者提供财政支持以支付规定的费用。

第 16 条　禁止公共投资的行为

1. 投资政策的决定与战略，计划和计划不一致；不确定的资金来源和平衡资金的能力；不按照法律规定的权限、命令和程序。

2. 在没有主管当局对投资政策作出决定的情况下，或在不对目标、范围、规模和超出投资政策总投资资本的内容作出决定的情况下，决定对某个计划或项目进行投资。投资由主管部门决定。调整项目总投资资本和项目总投资额的决定违反公共投资法的规定。

3. 滥用职权，滥用适当的、自营的和腐败的方式管理和使用公共投资资本。

4. 方案所有者和投资者与顾问组织和承包商合谋，导致作出投资政策的决定以及作出方案和项目投资的决定，从而造成国家资本和财产的损失和浪费国家资源、损害和侵犯公民和社区的合法利益。

5. 行贿或受贿。

6. 要求组织和个人在投资政策的方案或项目尚未批准时，自行投资，造成未偿还的基本建设债务。

7. 将公共投资资金用于不正当目的，超出法律规定的标准和规范使用的目的不正确。

8. 伪造与投资政策决策、投资决策以及计划或项目的实施有关的信息、记录和文件。

9. 故意进行报告，提供不实、无偏见的信息，从而影响计划、方案、项目、监控、评估、检查的制定，评估和决策、检查和处理计划、方案和项目实施中的违规行为。

10. 故意销毁、欺骗、隐藏或保留与投资政策决定、投资决定以及计划或项目的执行有关的不完整的文件、凭证和记录。

11. 阻止发现违反公共投资法的行为。

第二章　投资政策和公共投资计划和项目的决策

第一节　投资政策的制定、评估和决策

第 17 条　决定方案和项目投资政策的权限

1. 国会决定下列方案和项目的投资政策：

a）国家目标计划；

b）具有国家重要性的项目。

2. 政府应决定以中央预算资金为资金的公共投资计划的投资政策，但本条第 1 款第 a）项规定的除外。

3. 政府应规定权限、权力和程序的下放，以决定使用国家机构和公共非营业单位的合法收入来源的资金确定方案和项目的投资政策。按照有关事业单位财务自主的规定设立投资机构。

如果本条款规定的计划和项目使用国家预算资金，则其能力、命令和程序均应符合本法对由国家资本资助的计划和项目的要求。

4. 国家总理决定以下方案和项目的投资政策：

a）本法第 8 条第 1 款规定的项目，其他使用中央预算资金的 A 组项目应由各部委或中央机构管理。

b）使用官方发展援助贷款和外国发起人优惠贷款的投资计划和项目，但国家目标计划，本条第 1 款和第 2 款规定的公共投资计划除外。

c）在下列情况下以不可退还的官方发展援助资金供资的投资方案和项目：A 组和 B 组的方案和项目，政策框架所附的计划和项目，国防、安全和宗教领域的计划和项目，行业推广计划，在总理的允许下采购商品，越南参与区域方案和项目。

d）利用官方发展援助和外国赞助商的优惠贷款来准备投资项目的技术援助项目。

5. 除本条第 4 款规定的项目外，各部委和中央机构负责人应利用其机构或组织管理的公共投资资金决定 B 类和 C 类项目的投资政策。

6. 省级人民委员会对本地区 A 类项目的投资政策作出决定，但本条第 4 款规定的项目除外。

7. 各级人民委员会应当利用地方预算资金，包括上级预算和补充资金的有针对性的补充资金，制定乙类计划和项目的投资政策，所管理地区的法律，但本条第 4 款规定的项目除外。必要时，由人民委员会决定分配同级人民委员会，根据其目标、发展方向、财务能力和管理水平，决定本条款的投资政策。

8. 调整项目投资政策的，决定项目投资政策的权限符合本法第 34 条第 1 款的规定。

第 18 条　决定方案和项目投资政策的条件

1. 根据有关主管部门已经决定或批准的计划的法律规定，遵守社会经济发展战略和计划以及有关计划。

2. 不要与已经作出投资政策决定或已经作出投资决定的计划和项目重叠。

3. 具有平衡公共投资资本的能力，以及动员使用多种资本来源的计划和项目的其他资本来源的能力。

4. 具备借款，偿还公共债务、政府债务和地方政府债务的能力。

5. 确保社会经济效率、国防、安全和可持续发展。

6. 不受投资政策决定约束的任务和项目包括：

a）投资准备工作；

b）计划任务；

c）紧急公共投资项目；

d）国家目标计划下的项目；

đ）组成项目属于主管当局已经批准的项目。

第 19 条　决定国家目标计划和国家重要项目投资指南的顺序和程序

1. 指派准备投资计划和项目的机构的职责是：

a）指派其下属单位编写有关国家目标计划投资意向的报告，重要国家项目的可行性研究报告；

b）建立一个理事会，以评估有关投资意向的报告和可预研报告；

c）完成有关投资意向的报告和可研报告，并将其提交给总理。

2. 总理应设立一个由计划和投资部长主持的国家评估委员会，以评估有关国家目标计划的投资政策建议的报告和预可行性研究报告。

3. 政府应将国民目标计划和国家重要项目的投资政策提交国会审议和决定。

4. 国会机构审查有关政府提交的国家目标方案和国家重要项目的档案。

5. 国会应审议并批准关于国家目标计划和国家重要项目的投资政策的决议。决议的主要内容包括：目标、规模、总投资资本、主要技术、地点、时间、实施时间表、机制和解决方案、实施政策。

第 20 条　关于国家目标计划和国家重要项目的投资准则的决定文件

1. 政府声明。

2. 国家目标项目投资指导原则提案报告，国家重要项目预可行性研究报告。

3. 国家评估委员会的评估报告。

4. 其他有关文件。

第 21 条　国家目标计划和国家重点项目投资政策的核实程序和内容

1. 核查程序规定如下：

a）国民议会会议开幕前至少 60 天，政府应将有关国家目标计划或国家重要项目的投资政策的决定送交负责核查的机构；

b）负责核查的机构有权要求政府及有关机构、组织和个人报告与国家目标方案和重要国家项目的内容有关的问题，组织对国家目标计划、国家重要项目的问题进行实地调查；

c）负责核查的机构所要求的机构、组织和个人有责任提供足够的信息和文件，以协助检查。

2. 要核实的内容包括：

a）满足确定国家目标计划和国家重要项目的标准；

b）对计划或项目进行投资的必要性；

c)遵守法律规定;

d)根据规划法的规定,符合社会经济发展战略和计划以及相关规划;

đ)计划或项目的基本参数,包括目标、规模、投资形式、范围、位置、要使用的土地面积、时间、进度和实施计划,计划选择保护环境的主要技术、解决方案、资金来源、资金可回收性和偿还贷款;

e)评估社会经济效率,确保国防,安全和可持续发展;

g)评估土地使用计划,相关计划中的土地分配和分区计划,与自然资源相关的其他计划,搬迁、安置居民计划是否符合性国家国内投资规划;

h)评估东道国对国外国家重大项目的风险程度。

第22条 政府权限下决定公共投资计划投资政策的顺序和程序

1. 程序所有者应:

a)指派其附属单位编写投资意向报告;

b)指派一个主管部门或建立一个理事会来评估有关投资意向的报告;

c)完成有关投资政策建议的报告,并提交给总理。

2. 总理应设立一个跨部门理事会或指派计划投资部承担主要责任,并与有关机构协调评估投资政策建议的报告。

3. 计划所有者应根据本条第2款规定的评估意见,完成投资政策建议的报告,并提交给政府。

4. 政府考虑并决定方案的投资政策,包括目标、范围、规模、总投资资本、时间、进度、机制、解决方案和实施政策。

第23条 决定由总理管辖的A组项目的投资指南和程序

1. 部委、中央机构和地方负责人应:

a)指派其下属单位和专门机构编写预可行性研究报告;

b)指派一个主管部门或机构或建立一个理事会来评估预可行性研究报告;

c)指示本条款第a)项指定的单位和机构完成预可行性研究报告,并将其提交给总理。

对于使用官方发展援助资金(ODA),外国赞助商的优惠贷款和本法第8条第1款规定的项目的甲类项目,省级人民委员会应当编制可研报告。同时,省级人民委员会先向同级人民委员会征求意见,然后再提交总理。

2. 总理应决定成立一个跨学科的评估委员会或指派一个机构来承担评估预可行性研究报告的主要责任,以此作为决定项目投资政策的基础。

跨部门评估委员会或评估机构可以邀请具有专门知识和经验的组织和个人参加预可行性研究报告的评估，也可以要求投资者选择具有评估预可行性研究报告的专业知识和经验、组织和个人。

3. 规划和投资部应承担评估资金来源和资金平衡能力的主要责任，并将其发送给分支机构间评估委员会或评估机构。

4. 本条第 2 款所定义的跨学科评估委员会或评估机构，应将其评估意见发送给各部委、中央机构和地方，以最终确定可行性研究报告并将其提交给总理。

5. 总理应决定投资政策，包括目标、规模、总投资、资金来源结构、地点、时间、实施时间表和资本分配计划。

第 24 条　确定 A 类项目投资政策的命令和程序属于省级人民委员会的权限

1. 省级人民委员会主席应：

a）指派专业机构或区级人民委员会组织筹备可行性研究报告。

b）建立一个由省长或全国人民委员会副主席主持的评估委员会，省公共投资管理机构是评估委员会及机构的常务委员会。相关成员评估预可行性研究报告、资金来源以及平衡资金的能力。

c）指导本条款第 a）项指定的机构根据评估意见完成预可行性研究报告。

2. 省人民委员会向同级人民委员会决定投资政策，包括目标、规模、总投资、资本结构、地点、实施时间和进度、预期资本安排方案。

第 25 条　官方发展援助资助的计划和项目的投资政策和外国捐助者的优惠贷款的决定顺序和程序

1. 各部委、中央机构和地方应当利用外国官方发展援助和优惠贷款拟定方案建议书，并按规定报送计划投资部、财政部和有关机构。

2. 财政部确定优惠条件、评估官方发展援助和外国捐助者的优惠贷款对公共债务安全指标的影响，确定财务机制方面应承担的主要责任。根据《公共债务管理法》。

3. 规划和投资部总结有关部委、中央机构和地方的意见，评估方案或项目的必要性，并初步评估其可行性和经济效益。社会经济，初步环境影响（如果有）以及方案和项目对中期公共投资计划的影响，选择合适的方案和项目提交总理审查、决定。

4. 总理应考虑并批准方案和项目建议。

5. 对于国家目标计划、国家重要项目，决定投资政策的顺序和程序应符合本法第 19 条、第 20 条和第 21 条的规定。

6. 对于需要政府投资政策决定的计划，决定投资政策的顺序和程序应符合本法第 22

条的规定。

7. 对于甲类项目，决定投资政策的顺序和程序应当符合本法第 23 条的规定。

8. 对于总理根据本法第 17 条第 4 款第 b）项、第 c）项和第 d）项规定的投资政策决定中的其他计划和项目，决定投资政策的顺序和程序投资政策规定如下：

a）理事机构应将有关投资准则提案的报告送交计划和投资部；

b）计划投资部承担评估投资意向、资金来源和资金平衡能力的报告的主要责任，并提交总理；

c）总理应考虑并决定投资政策。

9. 对于不受本法第 17 条第 1 款、第 2 款、第 3 款和第 4 款规定的机构，组织或个人投资政策影响的计划和项目，其命令和程序关于投资政策的决定规定如下：

a）理事机构应就投资指导原则提案的报告与计划投资部、财政部及有关机构协商；

b）组织根据管理机构或机构的意见评估并决定投资政策。

10. 用不可退还的官方发展援助供资且与贷款无关的方案和项目不必提出项目建议。

第 26 条　利用部委和中央机构管理的公共投资资金确定乙、丙类项目投资政策的命令和程序

1. 部委和中央机构负责人应：

a）指派其附属单位就投资意向进行报告；

b）建立评估委员会或指定一个职能部门，以评估有关投资意向、资本来源评估和平衡资金能力的报告；

c）根据评估意见，指示本条款第 a）项中指定的单位完成投资意向报告。

2. 各部委和中央机构负责人应根据本条第 1 款规定的评估意见，决定投资政策，包括目标、规模、总投资额、资金来源、地点、时间、实施进度、预期资本分配计划。

第 27 条　使用地方出资的公共投资资金决定和项目投资政策的命令和程序

1. 各级人民委员会主席的职责：

a）指派下级专业机构或人民委员会直接编制投资意向报告；

b）建立评估委员会或指定一个主管部门，以评估有关投资意图、评估资金来源以及平衡公共投资项目和项目资金的能力的报告。在他们的管理下：

c）指导本条款第 a）项指定的机构根据评估意见完成投资意向报告。

2. 人民委员会应当向同级人民委员会决定投资政策，包括目标、范围、规模、总投资资本、资本结构、地点、时间、进度和预期投资；资本分配计划；机制；解决方案和实施政策。

第 28 条　外国公共投资项目和公私合营伙伴投资项目投资政策的决定原则、权限、命令和程序

1. 在国外决定 A 组、B 组和 C 组的公共投资项目的投资政策的原则、权限、命令和程序均符合政府的规定。

2. 公私合营方式决定投资项目投资政策的原则、权限、命令和程序，符合公私合营方式投资法律。

第 29 条　提出公共投资计划投资政策的报告内容

提出公共投资计划投资政策的报告的主要内容包括：

1. 该方案必须根据规划法实施相关战略目标，社会经济发展计划和规划；

2. 方案目标、范围；

3. 预计的总资本和方案执行资源的结构，包括项目清单、平衡公共投资资本以及动员其他资本来源和资源的能力；

4. 拟议的资本安排计划和计划执行时间表应适合实际情况，并具有按合理优先次序调动资源的能力，确保集中和有效的投资；

5. 确定实施过程中涉及的成本以及计划结束后的运营成本；

6. 对该计划的环境和社会影响进行初步分析和评估，并计算该计划的社会经济投资效率；

7. 依法划分方案组成部分；

8. 实施组织的解决方案。

第 30 条　国家重大项目和甲类项目预可行性研究报告的内容

1. 国家重大项目和具有建设成分的甲类项目的预可行性研究报告的内容符合建设法。

2. 重要的国家项目和不具有建设成分的 A 组项目的预可行性研究报告的主要内容包括：

a）根据规划和投资计划法，进行投资的必要性，进行投资的条件，对有关规划的符合性评估；

b）预测需求、服务范围和预期投资目标、投资规模和形式；

c）面积、投资地点、对土地使用面积的估计需求以及对其他资源的需求；

d）初步分析和选择供应物资、设备、原材料、能源、服务和基础设施的技术和条件；

đ）初步分析和选择投资方案和投资项目的规模；

e）补偿、选址、安置和环境保护措施的总体计划；

g）初步分析和评估环境和社会影响；

h）初步确定总投资、资金筹措计划、资金结构；

i）初步确定项目运营期间的主要运营、维护和大修费用；

k）拟议的资本分配计划，项目实施时间表，投资阶段划分；

l）初步确定项目的社会经济效益；

m）组成项目或子项目（如有）的划分；

n）实施组织的解决方案。

第31条　B、C类项目投资指南报告的内容

B类和C类项目投资指南报告的主要内容包括：

1. 投资必要性、投资条件，根据有关投资计划和计划的法律规定对有关计划的评估；

2. 投资目标、规模、地点和投资范围；

3. 估算的总投资和投资资金来源的结构，平衡公共投资资金来源的能力以及调动其他资金来源和资源以实施项目的能力；

4. 估计投资执行进度，适合实际情况的预期资本分配计划以及以合理的优先顺序调动资源的能力，以确保集中投资、有效；

5. 初步确定实施过程中的相关费用和竣工后的项目运行费用；

6. 初步分析和评估环境和社会影响，初步确定投资和社会效率；

7. 组成项目的划分（如果有）；

8. 实施组织的解决方案。

第32条　方案和项目投资政策的评估决定的内容和时间

方案、项目的投资政策的评估，决定的内容，时间和时间均符合政府的规定。

第33条　资金来源评估的权力下放以及平衡计划和项目资金的能力

1. 评估资金来源和平衡资金的能力是投资政策评估的内容之一。

2. 规划和投资部应承担评估资金来源的主要责任，并具有以下方案和项目平衡资金的能力：

a）国家目标计划；

b）具有国家重要性的项目；

c）政府根据投资政策决定的公共投资计划；

d）由总理决定投资政策的公共投资计划和项目。

3. 部委和中央机构的负责人应指派专门机构来管理公共投资，以承担评估资金来源和平衡由投资资金资助的项目的资金的能力的主要责任，并与有关机构进行协调。由总理宣布的中期公共投资资本总额和国民议会各部委和机构决定的中期公共投资资本总额之和在中期执行，但本条第 2 款中指定的项目除外。

4. 各级人民委员会主席应指派专门机构来管理公共投资，以在评估资金来源以及平衡所用方案和项目的资金能力方面承担主要责任，并与有关机构进行协调。由总理或主管当局随后宣布的中期公共投资总额中所管理的公共投资总额，由国会和协会批准的中期公共投资总额除本条第 2 款规定的项目外，各级人民委员会应当决定地方和地方预算用于开发投资的实际超额收入（如有）。

第 34 条　调整投资政策

1. 在对方案或项目的投资政策作出决定后，他们有权决定对此类方案和项目的投资政策作出调整，并对自己的决定负责。

2. 调整投资政策的顺序和程序规定如下：

a）对于公共投资计划，应遵守本法第 19 条、第 20 条、第 21 条、第 22 条、第 25 条和第 27 条的规定；

b）国家重大项目，应当遵守本法第 19 条、第 20 条、第 21 条和第 25 条的规定；

c）对于 A 组项目，应适用本法第 23 条、第 24 条和第 25 条的规定；

d）对于 B 组和 C 组的项目，应适用本法第 25 条、第 26 条和第 27 条的规定。

3. 提交给主管部门的档案，以决定调整计划和项目的投资政策，以符合政府的规定。

第二节　公共投资计划和项目的建立、评估和投资决策

第 35 条　决定方案或项目投资的权限

1. 总理应决定投资下列方案和项目：

a）国家目标方案，是国民议会已决定投资政策的重要国家项目；

b）政府已决定公共投资方案以制定投资准则；

c）由官方发展援助资助的方案和项目以及外国赞助商在国防、安全、宗教和政府规定的其他方案和项目中的优惠贷款。

2. 部委和中央机构负责人具有以下权限：

a）关于使用其管理下的公共投资资本对 A 组、B 组、C 组项目进行投资的决定，但本条第 1 款第 c）项所规定的项目除外；

b）权力下放或授权对本条款第 a）项规定的 B 组和 C 组项目进行投资，以决定对其附属机构的投资。

3. 省级人民委员会主席决定投资下列方案和项目：

a)公共投资方案由省级人民委员会根据投资政策制定；

b)A组、B组和C组项目由省级管理，但本条第1款第c)项中指定的项目除外。

4. 区、县人民委员会主席决定投资下列方案和项目：

a)公共投资方案已经同级人民委员会决定投资政策；

b)B组和C组项目由其管理，但本条第1款第c)项中指定的项目除外。

5. 计划或项目的投资决定进行调整的，决定计划或项目投资的权限符合本法第43条第3款的规定。

6. 政府应明确权力下放，下达命令和程序，以决定由国家机构或公共非企业单位的合法收入提供资金的计划和项目的投资决策按照有关部门和单位的财务自主权规定进行投资。

7. 决定对方案或项目进行投资的部委，中央机构和地区负责人应对批准的方案和项目的有效性负责。

第36条　对计划和项目进行投资、评估和决定的依据

1. 社会经济发展战略和计划。

2. 根据规划法律的有关规定。

3. 计划或项目的必要性。

4. 方案或项目的目标。

5. 投资政策已由主管部门决定。

6. 能够动员和平衡公共投资资本和其他资本来源以实施计划和项目。

第37条　国家目标计划投资的制定，评估和决定的命令

1. 根据国民议会决定的投资政策，方案所有者应为方案作出可行性研究报告，并提交给总理。

2. 总理应设立一个国家评估委员会，由计划和投资部长主持，担任评估计划的理事会主席。

3. 国家评估委员会对本法第44条第1款和第45条第2款规定的内容进行评估。

4. 计划所有者应根据国家评估委员会的评估意见，最终确定计划可行性研究报告和计划投资决定草案，并将其提交给国家评估委员会，以提交给总理审查、决定。

第38条　公共投资计划的制定，评估和决定的次序，由政府根据投资政策决定。

1. 方案所有者应根据政府已经决定的投资政策，编写方案可行性研究报告，并根据法律规定组织评估，并将其提交总理。

2. 计划投资部组织对本法第44条第1款和第45条第2款规定的内容进行评估。

3. 计划所有者应根据计划投资部的评估意见，最终确定计划可行性研究报告并草拟计划投资决定，并将其提交给计划投资部，以提交总理审查、决定。

第 39 条　人民理事会关于投资政策的决定、制定、评估和决定投资的顺序

1. 计划所有者应当根据人民委员会已经决定的投资政策，制作计划可行性研究报告，并依法进行评估，并报同级人民委员会。

2. 人民委员会组织对本法第 44 条第 1 款和第 45 条第 2 款规定的内容进行评估。

3. 计划所有者应根据人民委员会的评估意见，定稿计划可行性研究报告并起草计划投资决定，并提交给人民委员会主席进行审议和决定。

第 40 条　项目投资的制定、鉴定和决定的命令

1. 国家重大项目投资的拟定、评估和决定的顺序如下：

a）根据国民议会决定的投资政策，投资者应为该项目准备一份可行性研究报告，并提交理事机构审议并提交给总理；

b）规划投资部应向总理报告，建立国家评估委员会以评估项目；

c）国家评估委员会对本法第 2 条、第 3 条、第 44 条和第 45 条规定的内容进行评估；

d）根据评估意见，投资者应完成项目可行性研究报告，并提交理事机构批准，并提交国家评估委员会；

đ）国家评估委员会向总理提交项目投资的审议和决定。

2. 不属于本条第 1 款规定的情况，没有建设内容的项目投资的制定、评价和决定的次序，规定如下：

a）投资者应根据主管部门决定的投资政策，编制项目可行性研究报告，并提交主管部门进行投资决策；

b）各级部委、中央机构负责人和人民委员会主席应设立评估委员会或指派专门的公共投资管理机构组织项目评估；

c）评估委员会或公共投资管理专业机构对本法第 24 条第 2 款和第 45 条第 2 款规定的内容进行评估；

d）根据评估意见，投资者应完成项目可行性研究报告，以便主管当局可以考虑和决定投资。

3. 涉及建设项目的投资的制定，评估和决定的顺序，除国家重大项目外，均符合建设法及其他有关法律的规定。

4. 公私合营方式拟定、评估和决定项目可行性研究报告的原则、权限、内容、顺序和程序，符合投资法的规定。公私合作模式，国家重大项目除外。

5. 投资准备和计划任务的成本估算的拟定、评估和批准的顺序规定如下：

a）根据主管部门决定的投资准备任务和计划任务，分配投资准备任务和计划任务的机构和组织对投资准备任务进行估算，将计划任务提交各部委、中央机构和人民委员会主席决定；

b）各级部委、中央机构负责人和人民委员会主席应设立评估委员会或指派专门的公共投资管理机构组织对投资准备工作的评估、规划任务；

c）评估委员会或负责公共投资管理的专门机构，根据投资准备工作和计划工作的标准和成本规范法，对成本估算内容进行评估；

d）根据评估意见，投资者应完成投资准备任务和计划任务的估计，以便各级部委、中央机构和人民委员会主席批准该估计。

6. 在国外对公共投资项目进行投资、评估和决定的原则、权限、内容、顺序和程序均符合政府的规定。

第 41 条　官方发展援助和外国捐助者优惠贷款对计划和项目投资的制定、评估和决定程序

1. 管理机构在获得投资政策决定后，应对投资人作出决定，指派投资人与捐赠人协调，以拟定提交给该投资人的计划或项目的可行性研究报告，决定对计划和项目投资的能力。

2. 对于根据本法第 35 条第 1 款第 c）项规定，属于总理决定权限的计划和项目：

a）国家目标计划和重大国家项目的投资制定、评估和决定的顺序，应当符合本法第 37 条和第 40 条第 1 款的规定；

b）规划和投资部评估其他计划和项目的可行性研究报告，并提交总理考虑和决定。

3. 理事机构负责人负责根据其决策权限组织对计划或项目的评估和投资决策。

4. 对于使用官方发展援助资本和外国捐助者的优惠贷款的方案和项目，采用国内金融机制，以转贷形式进行方案和项目的制定和评估。根据该法律，必须根据公共债务管理法和其他相关法律评估投资者计划、项目、财务能力的财务计划。

5. 评估机构或评估单位必须咨询有关机构，考虑捐赠者的命令、程序、进度和意见。

第 42 条　为紧急公共投资项目作出投资决定的命令和程序

1. 各级部委负责人、中央机构和人民委员会主席有权决定并负责实施其管理下的紧急公共投资项目。

2. 各级部委、中央机构负责人和人民委员会主席根据下列顺序和程序决定投资：

a）指派具有组织调查和撰写项目建议书报告功能的专业机构或单位；

b)指派一个公共投资管理机构或项目评估单位;

c)指示本条款第a)项所指定的机构和单位完成项目建议书的报告,并根据本法第35条的规定将其提交主管当局进行审议和决定。

3. 部委和中央机构负责人应向政府报告紧急公共投资项目的执行情况。人民委员会主席应当在最近的一次会议上向同级人民委员会报告紧急公共投资项目的执行情况。

第43条　方案或项目的调整

1. 在以下情况下可以进行程序调整:

a)根据规划法的规定调整战略、社会经济发展计划及相关计划的执行目标和条件时;

b)在调整或停止主管部门的投资政策时;

c)由于不可抗力的原因,目标,投资规模,成本和计划实施期限发生变化时。

2. 在下列情况下应进行项目调整:

a)调整或停止主管部门的投资政策时;

b)调整计划时,将直接影响到项目;

c)由于不可抗力事件,目标、投资规模、成本和项目实施时间的变化;

d)当项目保险期届满时,由于自然灾害、火灾或其他不可抗力因素的影响;

đ)由于主管机构进行的项目调整和评估而产生可带来更大财务和社会经济效益的因素;

e)项目执行期间的价格指数大于主管当局确定的项目总投资中用于计算价格应急准备金的价格指数。

3. 对一个方案或项目进行投资的决策水平,有权决定对该方案或项目的调整,并对其决策负责。

4. 主管当局只有在按照本法对该计划或项目进行评估、检查之后,才能对这些计划或项目进行调整。

5. 如果一项调整使一个项目的总投资资本大于主管当局已经决定的总投资额,则该项目必须遵守调整投资政策的命令和程序,在主管部门决定调整项目之后进行投资。

6. 拟订和评价方案或项目的调整的内容、命令和程序符合政府的规定。

第44条　方案或项目可行性研究报告的内容

1. 公共投资计划的可行性研究报告包含以下主要内容:

a)投资的必要性;

b)根据计划的目标和范围评估各部门和领域的现状,该计划需要解决的紧急问题;

c）每个时期的总体目标、具体目标、结果和关键指标；

d）计划的范围和规模；

đ）为实现计划目标、优先顺序和实施期限而需要实施的计划下的组成项目；

e）实施方案，根据目标、组成项目和实施时间、资金来源和资金筹集计划分配资金的估计总资金；

g）计划执行的估计时间和进度；

h）实施方案的解决方案，适用于该计划的机制和政策，与其他计划整合和协调的能力；

i）请求国际合作（如果有）；

k）组织计划的实施；

l）评估计划的整体社会经济效率。

2. 不包含建设项目的项目的可行性研究报告包括以下主要内容：

a）投资的必要性；

b）根据法律对规划的规定，评估是否符合有关规划；

c）分析、确定项目的目标、任务和产出，分析并选择合适的量表，确定投资差异，选择投资形式；

d）分析自然条件、经济和技术条件，选择投资地点；

đ）组织项目管理、开发和使用的计划；

e）环境影响评估和环境保护解决方案；

g）补偿、场地清理和安置的总体计划；

h）项目的估计进度，主要投资执行时间表；

i）确定总投资、资本结构、筹资计划；

k）确定项目运营期内主要运营、维护、保养和大修的费用；

l）项目管理组织，包括识别投资者，分析和选择项目管理组织形式，参与项目实施过程的实体的关系和职责项目，项目开发管理的组织结构；

m）分析投资效率，包括效率和社会经济影响、国防和安全，收回投资资本（如果有）的能力。

3. 具有建设成分的项目可行性研究报告的内容符合建设法和其他有关法律的规定。

第 45 条　对方案和项目的档案、内容、评估时间和决定时间

1. 一个方案或项目的评价档案包括：

a）对计划 / 项目评估的描述；

b)计划或项目的可行性研究报告;

c)其他相关文件。

2. 符合政府规定的方案;项目、内容、评估时间和决定时间。

第三章　制定、评估、批准和分配公共投资计划

第一节　共同规定

第 46 条　公共投资计划的分类

1. 根据计划期限对公共投资计划进行分类,包括:

a)根据五年社会经济发展计划,制定为期五年的中期公共投资计划;

b)实施年度公共投资计划的年度公共投资计划,与年度社会经济发展计划的目标和年度公共投资资本结余相一致。

2. 按管理级别对公共投资计划进行分类,包括:

a)国家公共投资计划;

b)部委和中央机构的公共投资计划;

c)地方政府的公共投资计划。

3. 根据投资资金来源对公共投资计划进行分类,包括:

a)中央预算资本投资计划,包括按部门、领域、公共投资计划和国家投资资本的投资,以实施根据该计划的公私合营项目有关国家预算的法律规定;

b)关于地方预算资金的投资计划,包括按部门、领域、公共投资计划和参与实施公私伙伴关系项目的国家投资资本部分进行的投资有关国家预算的法律规定;

c)来自合法的国家机构和为投资预留的公共非商业单位的资本投资计划。

第 47 条　制定年度和中期公共投资计划的依据

1. 制定中期公共投资计划的依据包括:

a)上一期五年经济社会发展计划和中期公共投资计划的执行情况和结果。

b)社会经济发展战略;国家、行业、领域和地区的五年社会经济发展计划;五年财务计划;五年公共借贷和还款计划;国家五年计划,部门、领域和地方的投资优先目标。

c)根据法律规定制定有关计划。

d)调动投资资金来源以建立社会经济基础设施的能力的需求和预测,以及平衡国家预算资金的能力。

đ)预测世界和国内状况对发展和动员投资资金来源的能力的影响。

e）吸引所有经济部门的投资资本来源以建设社会经济基础设施的机制和政策。

2. 制定年度公共投资计划的依据包括：

a）国家、部门和地方社会经济发展计划的执行情况和结果，去年公共投资计划的执行结果；

b）年度社会经济发展计划；

c）中期公共投资计划；

d）在计划年度内需求和平衡资源以投资于社会经济基础设施建设的能力。

第48条　规划中期和年度公共投资计划的原则

1. 符合五年和年度社会经济发展战略，以及五年财务计划，五年公共债务借贷和还款计划。

2. 具有平衡公共投资资本和吸引其他经济部门投资资本来源的能力；确保宏观经济平衡，优先考虑公共债务的安全。

3. 公共投资资金的分配必须遵守主管部门批准的每个时期分配公共投资资金的原则、标准和规范。

4. 根据每个时期的发展目标和方向，将资金优先分配给地区和分支机构。

5. 确保宣传透明和公平。

6. 确保对目标、机制和政策进行集中和统一的管理；分散投资管理，依法建立部委、中央机构和地方自治权，提高投资效率。

7. 年度公共投资计划必须与批准的中期公共投资计划一致。

第49条　中期公共投资计划报告的内容应当报主管部门批准

1. 上期中期公共投资计划的执行情况和执行结果。

2. 社会经济发展目标；中期按部门和领域划分的目标，投资结构。根据分支机构和领域进行分类应符合国家预算法的规定。

3. 调动和平衡资金来源的能力；用于执行中期社会经济发展目标和任务的估计总投资资本，包括用于执行计划任务、投资准备任务和实时任务的投资资本。项目执行，预付款的偿还，其他地方预算投资资金的偿还。

4. 国家预算来源的中期公共投资计划总资金，包括中央预算资金、地方预算资金；按分支机构或领域划分的中央预算总资金，每个部委、中央机构的估计拨款以及中央预算中每个地方预算的目标额外资本向国民议会报告。分配了公共投资资金计划的每个机构或组织的总资本，使用每个分支机构，领域详细说明的本地预算资源，并为报告的次等预算分配了目标额外资金提交各级人民议会。

5. 中期公共投资计划资金分配的原则和标准。

6. 为了确定优先次序，根据平衡公共投资的能力和动员其他资本来源的能力，在中期选择项目清单和每个项目的特定资本分配。落实五年社会经济发展计划的目标、任务和方向。

7. 实施解决方案和预期结果。

第 50 条　提交主管部门批准的年度公共投资计划报告的内容

1. 上年公共投资计划执行情况。

2. 计划年度的公共投资方向。

3. 能够动员和平衡计划年度实施的资金来源。

4. 根据中期公共投资计划下的项目清单以及平衡年度计划资金的能力，为每个项目选择项目组合和特定的资本分配。

5. 行政解决方案，实施的组织和预期成果。

第 51 条　将年度和中期公共投资计划的资金分配给方案和项目的原则

1. 为了在核定的社会经济发展战略和计划中实现发展目标和方向。

2. 遵守主管部门决定的原则、标准和资本分配规范。

3. 专注于分配公共投资资本，以完成和加速国家目标计划，重要的国家项目，关键计划和对经济发展具有重大意义的项目。

4. 在每个分支机构或领域，资本安排应遵守以下优先顺序：

a）该项目已经完成并移交使用，但尚未分配足够的资金；

b）使用官方发展援助资金和外国捐助者优惠贷款的项目的对等资本；

c）以公私伙伴关系的形式参与项目实施的国家的投资资金；

d）根据批准的时间表执行的过渡项目；

đ）预计在规划期内完成的项目；

e）符合本条第 5 款规定要求的新开工项目。

5. 新启动的方案和项目的计划资本安排必须满足以下要求：

a）必要的计划和项目符合本法第 52 条和第 53 条规定的计划资本分配的条件；

b）根据本法第 101 条第 4 款的规定，将资金分配到未偿还的债务中用于基本建设的；

c）确保按照批准的投资时间表，充分分配资金以完成计划或项目。

6. 国民议会决定国家中期公共投资计划的一般中央预算储备金的资本水平、用途和使用时间。各级人民委员会应当根据其管理水平的预算，确定资本金，中期公共投资计划的一般规定的用途和使用时间。

第52条　其他公共投资计划、项目、任务和主题应列入中期公共投资计划的条件

中期公共投资计划中包括的计划、项目、任务和其他公共投资主题必须确保遵守有关公共投资资本分配原则和标准的法律，并符合以下条件之一：

1. 上期中期公共投资计划清单上的过渡项目。

2. 由主管部门根据投资政策决定的计划和项目，新项目必须确保为实施A组项目分配资金的期限不得超过6年，B组不得超过4年，C组不得超过3年。

未能达到上述期限的，由总理决定使用中央预算资金的项目实施资金的分配时间，省级人民委员会决定资金的分配时间，使用地方预算资金进行项目的项目实施。

3. 本法第18条第6款规定的任务和项目。

4. 本法第5条、第4条和第6条定义的主题。

第53条　其他公共投资计划、项目、任务和主体分配年度公共投资计划资本的条件

1. 中期公共投资计划中必须包括其他公共投资计划、项目、任务和主题，紧急的公共投资项目除外。

2. 主管部门决定的其他公共投资计划、项目、任务和主题。

第54条　年度和中期公共投资计划中的投资准备资金，计划任务资金和项目实施资金

1. 投资准备资金用于项目的投资政策的制定，评估和决策，项目投资的准备、评估和决定。

2. 根据规划法的规定，分配用于执行规划任务的资金来制定、评估、决定或批准、公布和调整规划。

3. 项目执行资金分配给地面清理、技术设计、施工图设计、项目或项目的估算、施工组织和工程，其他事项根据项目审批决定。

第55条　中期公共投资计划的编制和评估的提交过程

1. 在上一个中期公共投资计划的第四年6月30日之前，计划投资部应制定各部委、中央机构和地方的中期公共投资资金的方向和标准，并向总理报批分配。

2. 总理应在上一个中期公共投资计划的第四年7月31日之前发布一项指示，以制定下一阶段的中期公共投资计划，并在此期间内将公共投资总额根据上期中期公共投资计划的公共投资总资金估算，将各部委、中央机构和地方政府公布的公共投资总资金用作决策依据后期对计划和项目的投资。

3. 在上一个中期公共投资计划的第四年8月15日之前，计划投资部应指导各部委、中央机构和地方政府制定目标、要求、内容，规划中期公共投资的时间和进度。

4. 各部委和中央机构应根据总理的规定和计划投资部的指导：

a）指派公共投资管理专门机构指导中期公共投资计划。

b）指派机构或下属单位在分配任务的后期使用公共投资资金制定中期公共投资计划，并根据计划的时间表，按时间表向上级机构报告，以供审议。总理兼计划投资部指导。

c）指派公共投资管理专门机构，根据总理规定的时间表和计划投资部的指导，在稍后阶段组织对中期公共投资计划的评估。

d）指派公共投资管理机构制定中期公共投资计划，并根据总理规定的时间表提交给主管部门考虑，完成并发送给计划投资部和财政部。

5. 省级人民委员会根据总理的规定和计划投资部的指导，应：

a）指导地方机构和单位在以后阶段制定中期公共投资计划；

b）在其管理的已分配任务和资金来源的范围内，分配机构或单位使用公共投资资金来组织中期公共投资计划的拟定和评估，并在随后阶段向其报告上级负责人考虑并送省级公共投资管理机构；

c）组织考核或指派省级公共投资管理机构对省级部门、董事会和分支机构的中期公共投资计划进行评估；

d）指派省级公共投资管理机构制定省级公共投资中期计划，并提交省人民委员会审议；

đ）向省人民委员会提交有关后期公共投资中期计划的意见；

e）在随后的时期完成公共投资的中期计划，并将其发送给计划投资部和财政部。

6. 区、县人民委员会应当制定、评估或者指派专门机构管理公共投资，并在其下一级评估公共投资中期计划，并将其提交人民委员会。同级人民委员会应当按照本条第 5 款第 a）项的规定发表意见，并送上级人民委员会。

7. 在上一个中期公共投资计划的第五年 1 月 31 日之前，政府设想有能力在下一个时期平衡国家预算用于发展投资。

8. 从上一中期公共投资计划的第五年 2 月 1 日至 4 月 30 日，计划投资部将负责评估计划和公共投资计划的资本配置计划。各部委、中央机构和地方的中期中央预算资金。

9. 部委和中央机构在获得计划投资部的评估意见后，应确定随后期间的中期公共投资计划，并于 30 日前送交计划投资部和财政部。中期公共投资计划的第五年 6 月。

10. 省级人民委员会在征得计划投资部的鉴定意见后，应当：

a）指派区级和社区级人民委员会完成其中期公共投资计划，在同年 5 月 31 日之前向同级人民委员会报告以征求意见，然后将其发送给省级人民委员会。前期中期公共投资计划的五分之一。

b）指派省级公共投资管理机构完成其中期公共投资计划，并在6月15日之前将报告提交给省级人民委员会，并提交同级人民委员会征求意见。上一个中期公共投资计划的第五年。

c）在后期完成中期公共投资计划，并在上一个中期公共投资计划第五年的6月30日之前将其发送给计划投资部和财政部。

11. 在上一个中期公共投资计划的第五年7月31日之前，计划投资部应总结该国的中期公共投资计划，并向政府报告。

第56条　制定和评估年度公共投资计划的命令

1. 总理应在每年的5月15日之前发布有关制定第二年社会经济发展计划和国家预算的法规，包括主要目标和方向以及分配执行下一年公共投资计划的任务。

2. 计划投资部应在每年的6月15日之前指导各部委、中央机构和地方制定社会经济发展计划、目标、要求、内容、时间，明年公共投资计划的进展。

3. 每年的6月30日前，各部委、中央机构和地方政府应当指导下属机构和单位制定下一年的公共投资计划。

4. 公共投资管理专门机构应在每年的7月20日之前，根据其分配的任务和资金来源，组织制定、评估和编制下一年的公共投资计划，并报同级人民委员会。

5. 每年的7月25日前，人民委员会应当向同级人民委员会报告，批准下一年的公共投资计划。

6. 每年的7月31日之前，各部委、中央机构和地方政府应完成下一年的公共投资计划，并将其发送给计划投资部和财政部。

7. 财政部应在每年的8月15日之前承担主要责任，并与计划投资部协调，以估算当年计划的国家预算收支和国家预算中的发展投资资本的可能性。之后，计划投资部将中央预算发展投资资金分配给下一年计划的各部委、中央机构和地方。

8. 每年8月25日之前，各部委、中央机构和地方政府将敲定下一年的公共投资计划，并将其发送给计划投资部和财政部。

9. 每年的8月31日前，计划和投资部应总结下一年的国家公共投资计划，并向政府报告。

第二节　公共投资计划的建立、评估、批准和分配

第 57 条　在国家预算中公共投资的中期和年度计划中选择项目清单和分配给每个项目的预计资本额的原则

1. 遵守本法第 51 条、第 52 条、第 53 条和第 54 条的规定。

2. 根据在中期和年度公共投资计划中平衡国家预算资金的能力，预计将为使用多种投资资金来源的项目动员其他投资资金来源。

3. 参与国家预算批准的投资计划和发展投资任务。

4. 符合规划期内国家预算来源发展投资资金分配的原则、标准和规范。

5. 为每个计划或项目分配的资金不得超过批准的计划或项目的总资金。

第 58 条　在地方预算的年度和中期公共投资计划中选择项目清单和每个项目的预计资本分配的原则

1. 遵守本法第 51 条、第 52 条、第 53 条、第 54 条、第 55 条、第 56 条和第 57 条。

2. 根据平衡地方预算收入和支出的能力，年度和中期公共投资计划的能力，以及为使用许多投资资本来源的项目动员其他投资资本来源的能力。

3. 在批准的计划中，用于开发当地预算来源的投资支出任务。

第 59 条　从国家机构和公共非经营性单位的合法收入来源制定、评估，批准和分配年度和中期资本计划

1. 国家机关和非经营性公共事业单位必须利用合法收入来源的资金进行投资，必须制定年度和中期投资计划，并提交给各部委、中央机构和人民委员会。直接管理级别。

2. 各部委、中央机构和各级人民委员会应当评估、批准和分配年度资本计划，并批准来自机构合法收入来源的资本来源年度计划。国家机关和公共非经营单位应当依照有关法律的实际发展投资能力预留投资。

3. 来自国家机构和预留投资的公共非商业单位合法收入来源的资本中期和年度投资计划不包括年度公共投资计划中国家预算资金。

4. 各部委、中央机构和省级人民委员会应当汇总国家机构和为投资预留的公共非经营性单位的合法收入来源的年度和中期计划。计划投资部和财政部应汇总并向政府和国民议会报告。

5. 政府应详细说明本条。

第 60 条　中期公共投资计划的提交，批准和分配给国家预算资金

1. 在国民议会任期第五年的年终会议上，政府应在稍后阶段向国民议会提交中期公

共投资计划，以便国民议会可以对本法第49条规定的内容发表评论；特别是对于下一个第一年的公共投资计划，根据第一年国家发展投资的预算支出估算，政府应在本届会议上提交国民议会审议并作出决定。

2. 政府根据上届国民议会的意见，向新一届国民议会提交本法第49条规定的内容。国民议会应审议并决定涵盖以下内容的中期公共投资计划：

a）全国国家预算资金中期公共投资的目标和方向；

b）国家预算来源的中期公共投资计划总资金，包括中央预算资金、地方预算资金；

c）中央预算中期投资计划的总资本，按每个分支机构或领域详细列出，估计分配给各部委、中央机构，以及地方；

d）国家重要项目、国家目标计划的清单和资本水平；

đ）实施中期公共投资计划的主要解决方案和政策。

3. 总理向各部委、中央机构和地方政府分配中期公共投资计划，包括总资本和国家预算的资本结构清单，公共投资计划和项目的资本水平，计划任务，投资准备任务和其他具有中央预算资本的公共投资主体的资本水平。

第61条　国家预算资金对公共投资年度计划的提交、批准和分配

1. 政府在每年的9月20日之前，向国民议会常务委员会提交关于国家预算资本年度公共投资计划的意见。

2. 政府应在每年的10月20日之前向国民议会提交明年国家预算中的公共投资计划。

3. 国民议会应在每年的11月15日之前决定明年的国家预算中的公共投资计划。

4. 总理在每年的11月30日之前，根据国民议会向各部委、中央机构和地方政府决定的总资本和资本结构，在明年的国家预算中分配公共投资计划。

5. 每年的12月31日前，各部委、中央机构和地方应当在第二年的中央预算中详细分配计划投资的资金数额，清单和分配给每个项目的资金。机构、附属单位和下属的人民委员会，将详细的分配计划发送给计划和投资部，以进行汇总，向政府报告并监督实施情况。

第62条　地方预算资金的提交，批准和分配中期公共投资计划

1. 在上一次中期公共投资计划的第五年12月5日之前，人民委员会应当依照本法第49条的规定，向同级人民委员会征求意见；特别是对于下半年第一年的公共投资计划，根据当地发展投资的预算支出概算，人民委员会应当报同级人民委员会审议。

2. 根据国民议会关于新的中期公共投资计划的决议和省人民委员会关于五年社会经济发展计划的决定，由省人民委员会决定。当地的中期公共投资计划，包括中期公共投资计划的总资本，清单，使用省级预算分配给每个项目的资本额和额外资本支出下级预算，将报告发送给计划和投资部以及财政部，以进行综合和报告给政府。

3. 区级人民议会根据省级人民委员会关于中期公共投资计划的决议，决定其中期公共投资计划，包括投资计划的总资本，每个项目的中期公共预算、投资组合、地方预算拨款以及下级预算的目标额外资金。

4. 区级人民议会根据区级人民委员会关于中期公共投资计划的决议，决定其中期公共投资计划，包括投资计划总资金额，每个项目的中期公共预算、项目组合和地方预算分配。

5. 各级人民委员会发布中期公共投资计划决议之日起 30 日内，同级人民委员会应当将中期公共投资计划分配给实施单位，包括总资本、计划和项目清单以及每个项目的分配资本。

第 63 条　地方预算资金的提交，批准和分配年度公共投资计划

1. 每年 12 月 5 日之前，人民委员会应将同年的公共投资计划提交同级人民委员会，其中包括每个项目的清单和分配的资本额。

2. 每年 12 月 10 日之前，省级人民议会决定其下一年的公共投资计划，包括每个项目的清单和分配资金。

3. 每年 12 月 20 日之前，区、市人民委员会应当决定其下一年的公共投资计划，包括每个项目的清单和分配资金。

4. 每年 12 月 31 日之前，各级人民委员会将下一年的公共投资计划分配给实施单位。

第四章　公共计划、计划和项目的实施和跟踪、检查、评价、审查、监督

第一节　公共投资计划的实施

第 64 条　公共投资计划的管理组织

1. 政府应根据国民议会关于中期和年度公共投资计划的决议，规定组织和实施的解决方案。

2. 根据国民议会的决议，主管当局关于计划分配的决定，各级人民委员会关于年度和中期公共投资计划，部委、中央机构和地方的决议使用公共投资资金的地方、区、市人民委员会和机构、单位，应当根据其管理的资金来源，决定组织和管理公共投资计划的解

决方案。

3. 总理应协调、整合资金来源，以执行由政府预算部门、中央和地方机构、机构和单位使用投资资金资助的投资计划，但不要更改计划 / 项目的目标。

4. 省级人民委员会主席决定由地方预算资金和地方预算其他借款资金资助的计划和项目的实施，资金来源的协调和整合，但不要更改计划 / 项目的目标。

第 65 条 遵守公共投资计划

1. 部委、中央和地方机构、区人民公社和人民委员会应当：

a）通知或决定使用公共投资资金向机构和单位分配公共投资计划；

b）向主管部门报告公共投资计划的分配。

2. 使用公共投资资金的机构和单位应按照政府的规定向主管部门报告计划的执行情况。

3. 规划和投资部和公共投资管理专门机构应审查并敦促确保根据主管当局的决定分配和执行公共投资计划。

第 66 条 公共投资计划的执行

1. 利用公共投资资金的部委、中央和地方机构、区人民公社、机构和单位：

a）根据主管部门确定的目标，组织实施公共投资计划；

b）按照主管当局决定的时间表和基本计划实施项目；

c）根据主管部门已经决定的公共投资计划，计划并组织选择承包人来竞标由资金资助的项目；

d）根据已完成并交付使用的招标文件的合同，组织承兑、付款和结算；

đ）根据本法第 101 条第 4 款，平衡资金来源以偿还未付的建设债务；

e）确保每个项目的投资范围和规模均符合批准的目标、领域和计划，并符合分配的资本计划；

g）监督、检查和评估公共投资计划的执行情况。

2. 计划投资部指导、监督、检查和检查各部委、中央机构和省级人民委员会年度和中期公共投资计划的执行情况。

3. 财政部确保根据主管部门已经决定的公共投资计划全额支付中央预算资金。

4. 政府应详细说明公共投资计划的执行情况。

第 67 条 调整公共投资计划

1. 国民议会在下列情况下，决定对国家预算资金中公共投资的中期和年度计划进行总体调整：

a）由于调整了国家社会经济发展战略的目标；

b）由于国家预算余额的突然变化或动员资金来源的能力。

2. 国民议会常务委员会决定调整各部、中央机构和地方之间对中央预算资金的公共投资的中期和年度计划，以免改变中期资金和预算的总额。每年由国民议会决定。

3. 总理应根据计划期内的具体情况，决定根据本条款规定分配的部委、中央机构和地方中央预算资金的中期公共投资计划的调整中央机构和地方的总资本之内。

4. 规划和投资部应：

a）主持对各部委、中央机构和地方之间调整中央预算资金的中期公共投资计划的评估，并向政府报告并提交国民议会常务委员会的审议和决定。

b）负责评估中央预算内各部、中央机构和地方的部门，领域和计划之间的中期公共投资调整计划，并向总理报告。由总理考虑并作出决定。

5. 部委和中央机构负责人具有以下权力和职责：

a）在主管部门决定的清单项目中调整中央预算公共投资年度计划，但不得超过主管部门分配的总资本；

b）向计划投资部和财政部发送报告，以综合和监测中央预算资金。

6. 省级人民委员会具有下列职权：

a）调整目标属于其管理但不超过主管当局分配的资本总额的补充中央预算资金的年度公共投资计划；

b）将报告发送给计划和投资部和财政部，以汇总和监测目标额外中央预算。

7. 下列情况，各级人民委员会应当调整公共投资的年度和中期计划：

a）由于地方社会经济发展计划目标的调整；

b）由于地方预算收入余额的突然变化或动员地方资本来源的能力；

c）由于使用需求的变化或地方机构和单位之间实施年度计划资本的能力。

8. 各级人民委员会决定用地方预算资金调整年度、中期公共投资计划，调整分支机构、领域和计划之间以及分支机构、领域和章节之内的投资。使用这些资金提交单位并在最近的一次会议上向同级人民委员会报告。

9. 政府应在国家预算中规定调整公共投资的中期和年度计划的顺序和程序。

第 68 条　年度和中期公共投资计划的执行和支付时间

1. 中期公共投资计划的第一年 1 月 31 日结束之前，应执行和支付中期公共投资计划的时间。

2. 实施和拨付年度公共投资计划的资金的时间至次年 1 月 31 日。不可抗力的时候，由总理决定中央预算资金，省级人民委员会应当决定地方预算资金，以允许执行期限，但不得超过当年的12月31日。

3. 对于使用尚未退还的官方发展援助资金而尚未估计或超出分配的估计数的方案和项目，政府应在执行前向国民议会常务委员会报告以征求意见，并向国民议会报告在最近的会议上开会。

第二节　公共计划，计划和项目的监测、检查、评估、监察、监督

第69条　公共投资计划的监督检查

1. 公共投资管理专业机构应当组织本机构或单位对公共投资计划进行监督检查。

2. 公共投资计划的监督检查内容包括：

a）关于公共投资的法律规定的执行情况；

b）制定、评估、批准和分配公共投资计划；

c）计划和项目的制定、评估、批准和实施已纳入公共投资计划；

d）实施公共投资计划；

đ）未清工程债务，浪费和公共投资损失的情况。

第70条　对公共投资计划的评估

1. 中期公共投资计划在中期和计划结束时进行评估。

2. 定期和季度评估年度公共投资计划。

3. 公共投资计划的评估内容包括：

a）与主管当局批准的计划相比的成就水平；

b）公共投资计划对从其他资本来源吸引投资的影响以及社会经济发展的结果；

c）公共投资计划的可行性；

d）公共投资管理状况；

đ）存在与限制；存在的原因，执行公共投资计划和处理解决方案的局限性。

第71条　方案和项目的监督和检查

1. 管理机构、计划所有者和投资者有权决定对计划、项目的投资人员以及负责公共投资的国家管理机构监督和检查整个过程。根据批准的内容和目标对计划和项目进行投资，以确保投资目标和效率。

2. 对方案或项目的检查如下：

a）计划所有者和投资者检查分配给他们的计划和项目以进行管理；

b）管理机构和决定投资的人员应至少组织一次对实施期超过12个月的计划和项目

的检查；

c）在调整计划或项目以改变地点、目标和规模，增加总投资额和其他必要情况时，理事机构和决定投资的主管人员应组织检查；

d）国家公共投资管理机构决定按计划或突然组织方案或项目检查。

第 72 条　方案和项目的评价

1. 方案和项目的评价包括初步评价、中期或阶段评价、最终评价、影响评价和不定期评价。

2. 对于公共投资计划，应进行中期或阶段评估、最终评估和影响评估。

3. 对于国家重点项目，A 组项目必须进行初步评估、中期评估、最终评估和影响评估。

4. 对于 B 组和 C 组项目，必须进行最终评估和影响评估。

5. 除本条第 2 条、第 3 条、第 4 条规定外，理事机构、决定投资的人员和国家公共投资管理机构应当决定进行本条规定的其他评估。

第 73 条　方案或项目评价的内容

1. 初步评估的内容包括：

a）为执行计划或项目而进行的准备、组织和筹集资源，确保目标和进度得到批准；

b）与批准计划或项目的时间相比存在新的问题和紧急情况；

c）提出解决因实际情况引起的问题的措施。

2. 中期或阶段评估的内容包括：

a）方案 / 项目执行结果与投资目标的符合性；

b）与批准的计划相比，截至评估之时工作量的完成程度；

c）建议必要的解决方案，包括调整计划和项目。

3. 评估结束的内容包括：

a）实施方案和项目的过程；管理方案和项目的执行活动；方案和项目目标的执行结果；调动资源；该计划或项目向受益人提供的利益；方案和项目的影响和可持续性。

b）实施方案、项目和建议后的经验教训，必要的建议；咨询组织、管理机构、计划所有者、投资者有权决定投资政策、投资决定的人员以及有关机构、组织和个人的职责。

4. 方案或项目影响评估的内容包括：

a）实际经济技术状况；

b）社会经济影响；

c）环境和生态影响；

d)项目的可持续性；

đ)从投资政策，投资决策、方案和项目的执行和运作中吸取的教训；咨询组织、管理机构、计划所有者、投资者有权决定投资政策、投资决定的人员以及有关机构、组织和个人的职责。

5. 不定期评价的内容包括：

a)根据投资目标进行评估时，方案 / 项目执行结果的符合性；

b)与批准的计划相比，截至评估之时工作量的完成程度；

c)确定有关机构、组织和个人的突发事件(如有)，突发原因和责任；

d)对计划或项目的实施产生的非项目影响和影响程度，实现计划或项目目标的能力；

đ)必要解决方案的建议。

6. 政府应规定评估公共投资计划和项目投资效率的方法和标准。

第 74 条　对社区投资的监督

1. 计划和项目应接受社区监督。越南祖国阵线各级领导组织对社区投资和社会批评的监督。

2. 管理机构应就执行重要国家项目、A 组项目、人员、移民、大型定居点、可能对环境产生重大影响的项目、直接影响实施项目的人口社区的社会经济生活的项目依法制定有关投资、建设、土地、废物处理和环境保护、补偿、选址和安置计划的政策。

3. 社区投资监管的内容包括：

a)遵守有关投资、建设、土地、废物处理和环境保护的法律规定；

b)补偿、选址和安置计划，应确保人民的利益；

c)使用部分人民出资的计划和项目；

d)方案和项目的执行情况和执行进度；

đ)按照本法第 14 条的规定，公开透明地实施公共投资；

e)发现危害社区利益的事物；在项目投资和运营过程中，项目对社区生活环境的负面影响；在该项目下造成资本和资产浪费的工作。

第 75 条　社区投资监督的命令、程序

1. 越南祖国阵线应承担主要责任，并与社会政治组织和有关机构协调执行以下内容：

a)按照本法第 74 条第 3 款的规定，每年对该地区的计划 / 项目进行年度投资监督计划；

b)为每个计划或项目建立一个社区投资监督委员会；

c）至少在实施日期前45天，将社区监督和投资监督计划通知计划所有者、投资者和计划/项目管理部门。

2. 计划所有者、投资者以及计划或项目管理部门的责任：

a）向社区投资监督委员会提供与本法第74条第2款规定的计划和项目的实施有关的充分、真实和及时的文件；

b）为社区投资监督委员会依法进行监督创造有利条件；

c）掌握监督思路，加强项目实施措施。

第76条　组织对计划、方案和项目的监测、审查和评价

1. 计划所有者和投资者应组织对计划和项目的初期、中期监控、检查和评估。

2. 负责公共投资的管理机构、投资决策者和国家管理机构，应当组织监督、检查和影响评估以及对已分配计划和项目的意外评估、原因。

3. 进行自我评估或雇用专家和顾问组织的机构和组织具有足够的条件和能力进行评估。

4. 政府应详细监测、检查和评估社区计划、方案、项目以及对投资的监督。

第77条　对公共投资的检查

1. 检查公共投资资金的管理和使用的活动符合本法和其他有关法律的规定。

2. 公共投资活动的检查必须与检查机构和组织的检查职能和任务的执行相关联，并且必须遵守检查法的检查顺序和程序。

3. 依照法律规定公布有关公共投资活动的检查结论。侦查机关发现违反公共投资法的行为，应当根据其权限或者将档案移交给国家主管机关处理。

第五章　公共投资活动中机构、组织和个人的任务、权力和责任

第78条　国民议会的任务和权力

1. 颁布有关公共投资的法律和决议。

2. 决定由公共投资资助的国家目标计划和国家重要项目的投资政策。

3. 决定和调整中期和年度公共投资计划。

4. 调整国家重大项目分类标准。

5. 监督公共投资计划、国家目标计划和重要国家项目的执行，监督公共投资法的执行。

第79条　政府的任务和权力

1. 统一国家公共投资管理。

2. 提交国民议会颁布法律和决议，向国民议会常务委员会提交关于公共投资的颁布法令和决议。

3. 颁布有关公共投资管理的法律文件。

4. 将国民目标计划和国家重要项目的投资政策提交国民议会决定。

5. 根据本法第 17 条第 2 款的规定，决定投资公共投资计划的指导方针。

6. 制定并提交国民议会决定，调整中期和年度公共投资计划。

7. 组织实施中期和年度公共投资计划。

8. 向国民议会报告年度和中期公共投资计划、国家目标计划和重要的国家项目的执行情况。

9. 组织对中期和年度公共投资计划执行情况的检查；检查由中央预算资金、国家机构和公共非商业单位合法收入来源的资金进行投资的计划和项目的执行情况，并检查目标的执行情况、地方公共投资政策。

第 80 条　计划投资部的任务和权力

计划投资部是协助政府进行国家公共投资管理的联络点，并具有以下任务和权力：

1. 颁布或向主管部门颁布与公共投资有关的法律文件、原则、标准、分配和使用公共投资资本的规范；

2. 承担财政部的主要责任，并与财政部进行协调，向政府报告年度和中期公共投资计划中各分支机构和领域对国家发展投资的国家预算投资资本的确定情况；

3. 总结并向政府和总理提交国家中期和年度公共投资计划；

4. 总结并提交政府和总理审议，并向国民议会和国民议会常务委员会报告，以调整该国的年度中期公共投资计划；

5. 根据本法第 33 条的规定，承担评估资金来源和平衡资金能力的主要责任，并与有关机构进行协调；

6. 负责政府对国家目标计划进行统一的国家管理；

7. 组织计划、方案、项目和其他国家公共投资管理任务的实施、监督、检查、评估和检查。

第 81 条　财政部的任务和权力

1. 与计划投资部协调制定中期和年度公共投资计划。

2. 与计划和投资部协调，根据中期和固定公共投资计划中的每个分支或领域，向政府报告确定用于国家发展投资的国家预算投资资金。

3. 承担计划投资部的主要责任并与之协调，指导地方金融机构平衡经常资金，以支付制定、评估和决定投资政策以及批准决定的费用。

4. 承担向主管部门颁布或按照其关于管理、支付和结算以公共投资资金资助的项目的权限规定颁布的主要责任。

5. 向政府报告计划、方案和项目的支出和结清情况。

第 82 条　部委和中央机构的任务和权力

1. 依法履行国家对公共投资的管理职能。

2. 颁布、指导、检查和监督经济技术标准、规范和规范的执行。

3. 承担评估本法律第 33 条规定的资金来源和平衡资金项目的能力的主要责任，并与有关机构进行协调。

4. 依照本法第 17 条第 5 款决定项目的投资方针，依照本法第 35 条第 2 款的规定决定项目的投资。

5. 组织公共投资计划。

6. 监测、评估、监督、检查和检查其管理下的计划、方案和项目的执行情况。

7. 报告计划、方案和项目的执行情况和结果。

8. 与各部委、中央机构和地方进行协调，根据其分配的职能和任务执行计划、方案和项目。

第 83 条　各级人民委员会的任务和权力

1. 根据本法第 17 条第 6 款和第 7 款，决定对计划和项目的投资政策。

2. 审查并评论地方中期和年度公共投资计划，包括使用补充中央预算的每个项目的清单和分配的资本水平。

3. 决定地方公共投资的年度和中期计划，包括整个清单和使用地方预算分配给每个项目的资金。

4. 利用分配给地方的公共投资资金对项目进行监督，包括中央预算资金、地方预算资金和国家机构和单位合法收入来源的资金，致力于本地管理投资的公共事业。

第 84 条　省级人民委员会的职权

1. 依法执行国家对地方公共投资的管理。

2. 向省人民委员会提交以下内容：

a）决定由地方预算资助的公共投资计划或项目的投资政策；

b）根据本法第 17 条第 4 条规定的总理关于投资政策的决定，审议并评论项目投资政策；

c）根据清单和当地管理的每个项目的分配资金，审查并决定中期和年度公共投资计划。

3. 省级人民委员会主席可以授权代表或专业机构负责人决定对省级管理的B组和C组项目的投资，但在本法第35条第1款第c)项指出的项目除外。

4. 组织实施、监督和评估由各级管理的公共投资资金出资的公共投资计划。

5. 与各部委和中央机构协调、组织实施、监测、审查和评估该省计划和项目。

第85条 区、县人民委员会的职权

1. 组织在其管理下的公共投资中期和年度计划。

2. 组织对所管理计划和项目的评估。

3. 向同级人民委员会提交下列内容：

a)决定由地方预算资助的对公共投资计划和项目的投资政策，包括上级预算中有针对性的额外资本；

b)根据本法第17条第4款第a)项规定的总理关于投资政策的决定和上级人民委员会，就项目投资政策发表意见；

c)在其主管部门管理的地方预算中确定公共和公共投资的年度和中期计划。

4. 区级人民政府或者人民公社的负责人应当依照本法第35条第4款的规定，决定对计划和项目进行投资。

5. 根据管理权下放，组织实施、监督、评估和检查公共投资计划、方案、项目和其他国家管理任务。

6. 与有关机构和组织协调，在当地实施、监测、检查和评估方案和项目。

第86条 国家审计署的职权

1. 决定关于计划、方案、项目的年度审计计划，并在执行之前向国民议会报告。

2. 应国会、国会常务委员会、政府总理的要求，组织实施年度审计计划，主题审计以及对计划、方案和项目的审计。

3. 向国会、国会常务委员会报告年度审计结果、主题审计以及对计划、方案和项目的审计建议的执行结果。

4. 依照法律规定，组织出版计划、方案和项目审计报告。

第87条 越南祖国阵线的任务和权力

1. 依照本法第1条第3款、第74条和其他有关法律的规定，主持组织社区投资和社会对项目的批评监督。

2. 依照本法第74条第2款的规定，以及关于在公社和区级行使民主的法律规定，就地方计划和项目的投资政策收集民意。

第 88 条　机构、组织和个人在提出投资政策时的权利和责任

1. 根据每个时期的规划法律规定，提出适合社会经济发展战略和计划及有关规划的方案和项目。

2. 确保调动和平衡资源，以执行在预定时限内按时完成的方案和项目。

3. 提议主管当局在计划与其他计划不重叠且根据分配的职能和任务与常规任务不重叠时考虑并决定投资政策。

4. 负责与拟议的计划或项目相关的信息和数据。

第 89 条　机构、组织和个人与投资政策决定有关的权利和责任

1. 决定方案和项目投资政策的机构、组织、个人和组织负责人应符合本法第 18 条的规定。

2. 决定实施计划的项目或项目的投资政策的机构、组织、个人和组织负责人，在连续 2 个中期公共投资计划中要有实施时间，必须确保总价。随后的中期公共投资计划中要实施的计划和项目的总投资价值，不得超出各部委和机构上一时期的中期公共投资计划的总资本的 20%。

第 90 条　与计划或项目的规划有关的计划所有者和投资者的权利和责任

1. 对提交给主管当局进行评估、验证或决定的卷宗内容承担法律责任。

2. 向评估和审查计划和项目的机构提供必要的文件。

3. 提出解决方案，以根据设定的时间表和时间动员资金来实施计划或项目。

4. 依法承担对节目和项目进行编程的责任。

第 91 条　决定投资方案或项目的机构、组织和个人的权利和责任

1. 严格按照主管部门已经制定的投资政策，根据其负责人的标准和规定，根据主管部门已决定的投资政策，决定是否适合于所管理资金来源的资本平衡能力和评估结果。

2. 在批准计划和项目之前组织评估，包括评估资金来源和平衡资金的能力。

3. 平衡资金以支付拟定和评估其管理的计划和项目的费用。

4. 指导计划所有者和投资者按计划实施计划和项目，并确保质量在批准的投资计划范围内。

5. 决定调整、暂停或取消程序或项目。

6. 组织对计划和项目以及计划所有者和投资者在执行计划或活动期间的活动进行监督、检查和评估。

7. 在选择程序所有者和投资者的过程中，对违反权限规定的行为承担法律责任。

第92条　与方案或项目设计咨询有关的机构、组织和个人的权利和责任

1. 设计咨询组织可以要求计划所有者和投资者提供与计划或项目设计有关的信息和文件。

2. 严格按照法规、标准、规范和技术方案设计方案和项目，确保质量；禁止超出规定的标准和规范进行设计。

3. 负责设计程序和项目。

第93条　机构、组织和个人与计划、方案和项目评估有关的权利和责任

1. 参与依法进行评估的计划、方案和项目的评估的机构、组织和个人，应对评估结果及其建议负责。

2. 评估应确保独立、诚实、客观和遵守本法规定以及有关法律的其他规定。

第94条　计划所有者和投资者在管理和执行计划和项目中的权利和责任

1. 组织计划和项目的管理和实施，确保计划和项目的正确目标、进度、质量和效率。

2. 根据本法和其他有关法律规定，向各级管理机构和越南祖国阵线机构报告计划和项目的执行情况，并向其提供信息。

第95条　计划或项目管理单位的权利和责任

1. 提出计划、解决方案并组织计划和项目的管理和实施，以确保计划所有者或投资者授权的正确目标、进度和质量。

2. 向计划所有者和投资者报告计划或项目的执行情况。

第96条　监督、评估和检查计划、方案和项目的机构、组织和个人的权利和责任

1. 各部委负责人、中央和地方机构的负责人、地区和公社级人民委员会的主席、项目负责人和投资者应对因未能组织监督和战斗而造成的后果负责。价格、检查计划、程序、项目或未按规定报告。

2. 负责监督、检查和评估计划、方案和项目的机构、组织和个人应对其报告的内容负责。

3. 计划所有者和投资者应对报告的内容负责，并按法律规定负责报告，并在其管理层内提供有关投资实施情况的不准确信息。

第97条　国家公共投资信息系统和数据库

1. 在全国范围内建立和部署国家公共投资信息和数据库系统，以服务于公共投资的国家管理，包括一般性报告，分配和调整中期和年度公共投资计划；监督和评估公共投资计划和项目；按规定管理、存储和公布数据。

2. 规定建立、管理、部署和应用国家公共投资信息系统和数据库的责任如下：

a）规划和投资部应组织国家公共投资信息系统和数据库的开发、管理和实施；

b）各部委、中央机构和地方当局应在其管理范围内应用有关公共投资的国家信息系统和数据库。

3. 属于国家公共投资信息系统和数据库的信息和数据是公共投资计划，项目和计划的原始信息和数据。

4. 政府应详细说明本条。

第 98 条　违规行为的处理

违反本法规定的行为的机关、组织和个人，应根据其违法行为的性质和严重性受到纪律处分、行政处分或刑事责任审查；造成损害的，必须依法赔偿损失。

第六章　实施条款

第 99 条　第 55/2014 / QH13 号环境保护法的第 25 条第 2 款第 a）项的修正案，已根据第 35/2018 / QH14 号法律进行了修订和补充

将《环境保护法》第 25 条第 2 款第 a 点修改如下：

“a）在法律要求项目决定投资政策的情况下，决定本法第 18 条规定的实体项目的投资政策。

对于公共投资项目，主管部门应根据对环境影响的初步评估来决定投资政策；环境影响评价的依据，以为本法第 18 条规定的主题作出投资决定。政府应指定环境影响初步评估的主题和内容。”

第 100 条　效力

1. 该法律于 2020 年 1 月 1 日生效。

2. 第 49/2014 / QH13 号《公共投资法》已经过修订并补充了第 28/2018 / QH14 号法中的一些条款，该条款自本法生效之日起生效，但在本法第 101 条第 3 款和第 5 款。

第 101 条　过渡性规定

1. 在 2015 年 1 月 1 日之前已由主管当局批准的投资计划中已分配资金的计划和项目，不得在此期间在中期公共投资计划中分配资金。在 2016 年至 2020 年期间，对计划和项目投资决策的调整符合该法律。

2. 对于根据《公共投资法》第 49/2014 / QH13 号的规定决定投资政策或投资决定的计划和项目，已根据第 28 号法令进行了修订和补充 / 2018 / QH14，但尚未在主管当局决定的公共投资计划中进行，投资政策决定的调整，计划或项目的投资决定应符合本法的规定。

3. 在本法生效日期之前已完成拟定和评估程序的计划和项目，应继续按照第49/2014号《公共投资法》的规定，提交主管当局考虑和决定的程序。/ QH13已根据第28/2018 / QH14号法律以及详细说明和指导实施的文件进行了修订和补充。

4. 仅分配公共投资计划的资金以偿还2015年1月1日之前产生的基本建设债务。

5. 关于2019年和2020年的公共投资计划，允许部委、中央机构和地方政府根据经修订的第49/2014 / QH13号公共投资法实施和支出根据第28/2018 / QH14号法律修改和补充了许多条款，并详细说明了文件并指导其实施。

该法律于2019年6月13日在越南社会主义共和国会第十四届会议第七届会议上通过。

国会主席：阮氏金银（已签署）

柬埔寨王国教育法*

2007 年 10 月 19 日，经第三届国会第 7 次会议通过。2007 年 11 月 21 日，经第二届参议院第 4 次全体会上审核通过，无须内容修改。同意发布《柬埔寨王国教育法》，全文如下：

第一章　总则

第 1 条　目标

本法致力于在国家层面规范措施与条件，以构建一个完善而一致的教育系统，确保教育管理遵守自由原则，并符合《柬埔寨王国宪法》精神。

第 2 条　目的

本法旨在向全体公民提供终身教育，发展人力资源，赋予学习者知识、技术、能力、尊严和品格，促使学习者认同和热爱国家身份、国家文化和国家语言，为保护国家身份、国家文化和国家语言作出贡献。

第 3 条　适用范围

本法适用范围涵盖全部由教育机构和教育工作者施行的教育项目、教育研究项目、职业技术培训项目、教育系统内公共和私人各层次各类教育项目，以及各级教育行政和管理机构。宗教典籍教育、军事战略技术和国防安全教育、领土行政管理教育、王家行政学院提供之教育，以及由专业法律和法院培训机构提供的司法职业技术教育，不适用于本法范畴。

本法适用于个人及相关人员，如学龄儿童、学生、父母或监护人、学习团体和教育工作者、教育资质持有者和教育资质受益人。与宗教教育、军事战略技术和国防安全教育、领土行政管理教育、王家行政教育和法院教育相关的个人及相关人员，不适用于本法范畴。

---

* 译者简介：[柬]陈皓，北京外国语大学博士研究生；顾佳赟，北京外国语大学亚洲学院副院长、副教授；陈浩，北京外国语大学博士生。

第 4 条　教育的含义及重要术语解释

本法所论之教育是指学习和培训生理、意识、智慧和品格发展的全过程，即通过各类能力教育使得学习者获得知识、技术、能力，培养人格，成为对个人、家庭、社区、国家和世界有用的人。

重要术语解释详见本法附件。

第二章　国家最高教育咨询委员会

第 5 条　国家最高教育咨询委员会的组建

应组建具备以下职能的国家最高教育咨询委员会：

1. 向王国政府提出长期教育政策建议和战略规划，以满足国家社会经济发展需要；
2. 依照王国政府要求，按时开展教育和职业技术培训评估；
3. 汇集各方资源，为教育事业服务。

第 6 条　国家最高教育咨询委员会成员、组织与执行

国家最高教育咨询委员会由首相领导。

国家最高教育咨询委员会成员应为在教育、政治、经济、科学、技术和文化领域具有丰富经验的知名人士。

国家最高教育咨询委员会成员由国王颁布谕令予以任命。

国家最高教育咨询委员会的组织与执行应由政府行政命令予以规定。

国家最高教育咨询委员会以教育主管部委和教育质量评估机构为工作抓手。

第三章　教育行政管理

第 7 条　教育行政管理层级

教育领域的行政管理共分四个层级，即国家级或中央级、省级和市级、县级和区级、教育机构级。

教育行政管理层级的具体构成规定另行制定。

第 8 条　教育层次和学习种类

教育层次共三层，即初级教育、中级教育和高等教育。

学习种类共两种，即普通教育和职业技术教育。

第 9 条　监督和评估体系

教育领域的监督和评估体系包括对教育工作履职的监督、指导和内部审计。

教育主管部委负责制定具体监督和评估机制。

第 10 条　教育机构

国家组建公共和私人教育机构。

教育机构管理规定另行制定。

第 11 条　教育机构成立

公共法人、私人法人和（或）自然人均有权申请成立教育机构。

教育主管部委应依照教育机构的类型制定成立和管理公共和私人教育机构的规定和原则。

教育机构的关闭、合并、专业新设、拆分和变更的相关规定另行制定。

各类教育机构和培训机构在运营前均须持有教育资质。

第 12 条　教育机构的类型

教育机构的类型应按照机构的教育任务划分。

教育主管部委应就教育机构的类型划分出台相关规定和指导原则。

第 13 条　教育机构自主权

高等教育机构应被赋予机构管理自主权。

高等教育机构管理应以权责明确、信息公开和注重公共利益为原则。

教育主管部委应就赋予机构自主管理权出台指导原则。

第 14 条　颁发证书和授予学位

完成教育机构规定的学业要求的学习者应被颁发证书或授予学位。

若发现学习者在学业修习过程中存在过失，或向学习者颁发证书或授予学位的决定有误，教育主管部委或颁发证书、授予学位的教育机构应撤销或拒绝颁发证书或授予学位。

教育主管部委应制定向学习者颁发、授予、撤销或拒绝颁发证书、授予学位的指导原则。

第四章　教育系统

第 15 条　完善而一致的教育系统

国家应建立完善而一致的教育系统，应包括系统教育、非系统教育和非正式教育。教育系统中，婴幼儿教育是教育的入门阶段。

柬埔寨的教育系统应包括公共教育和私人教育。教育主管部委另行出台规定，明确规定教育系统内涵。

第 16 条　婴幼儿照顾和教育

国家照顾和教育年龄为零岁至幼儿园入学前的婴幼儿，照顾和教育工作总体上在社区托儿所或家庭中完成。

幼儿园教育应设于入学初级教育之前，作为初级教育的准备阶段。

教育主管部委和相关部委应就婴幼儿照顾和教育制定具体规定。

第 17 条　普通教育

普通教育是使学习者增长知识，构建良好品格、人格，提升心理、智力和生理能力的必要手段，从而确保学习者学会运用知识和基本技能。

普通教育是学习者继续从事学业和接受其他训练的基础。

普通教育包括：

1. 初级教育，或称第一级教育，是系统教育或同等学力教育 1 年级至 6 年级的教育。

初级教育应在生理、智力、品格、价值观和基本技能方面进行培养，养成最初、必要而健全的人格，使学习者能够继续参与中级教育。

2. 中级教育，或称第二级教育，是自 7 年级至 12 年级的教育。中级教育分为两个阶段。初中教育为第一阶段，自 7 年级至 9 年级。高中教育为第二阶段，自 10 年级至 12 年级。

中级教育应在拓展知识学习、技能训练、职业教育、品格教育的基础上，培养学习者更为健全的人格，让学习者能够对经济、社会发展有所贡献。学习者应具备升入高等教育阶段学习的条件，或者具备职业技能，或者直接参加社会生活。

基础教育阶段共 9 年，即自普通教育 1 年级开始至 9 年级结束，既包含系统教育，也包含同等学力教育。

第 18 条　高等教育

高等教育，或称第三级教育，是中级教育后在高等教育机构施行的教育形式。

高等教育应继续构建学习者人格，推动学习者在科学、技术、文化和社会领域开展研究，在知识积累，专业养成，品格提升，创新思维、创造思维和创业精神培养等方面达到较高层次，为国家发展服务。

教育主管部委应制定学位和证书授予的框架规定。高等教育机构共有两种，即大学和学院。

高等教育机构类型划分和高等教育入学条件，应由教育主管部委作出规定。

第 19 条　职业技术培训

职业技术培训涵盖各类专业、职业和技术培训。培训由公共或私人职业技术教育机构、企业、社区、家庭提供，或由职业技术教育机构联合企业和（或）社区、家庭共同提供。

第 20 条　教育工作者培训教育

国家应在教育工作者就职前和（或）履职中对其进行培训教育。

培训教育应采用教育主管部委认可的师范培训教育形式，在高等教育机构履职的教授和教育工作者不在培训范围内。

教育主管部委应出台规定，明确教育工作者培训教育的主旨要义。从身体素质、职业生涯方面，明确从公共和私人教育工作者中遴选接受培训人员的条件。

第五章　教育质量和效率

第 21 条　教育质量和效率

国家致力于提升教育质量，满足基础教育和技能教育的需求，使学习者具备有效参与国家发展建设的能力和可能。

国家重视在教学过程中配备相应的现代化技术器材，确保教育的高质量和高效率。

国家教育质量标准、国家培训质量标准和（或）国家能力培养质量标准应由教育主管部委依据国家最高教育委员会政策另行制定。

第 22 条　教育质量评价机制

教育机构提供的教育内容应符合国家教育质量标准、国家培训质量标准和（或）国家能力培养质量标准，确保教育高质量。

公共和私人教育机构应制定内部质量评价机制，监控、追踪和评价教育质量，并提出改进建议。内部质量评价机制的制定应面向公众，并获得广泛参与。

教育主管部委应制定有关监控、追踪和评价机制，监督国家教育质量标准在各教育机构的执行。

教育主管部委和相关单位应依据国家最高教育委员会政策要求，制定相应机制，监控、追踪国家能力培养质量标准在教育机构中的执行，对教育质量进行评估。

教育主管部委应就监控和评估机制的运行程序，另行出台指导原则。

第 23 条　课程体系

教育主管部委应出台规定，明确普通教育的核心课程，作为王国各教育机构必须讲授的课程。

品格与公民知识教育、人际交往教育、和平理念教育、可持续发展教育，以及尊重其他文化和传统价值观教育，应作为设置核心课程的重要内容。

教育主管部委应制定课程体系细则，供教育系统的各教育层次使用。

第 24 条　教学语言

高棉语是公共普通教育学校核心课程的授课语言，并独立成为一门专业课程。

在私人普通教育学校中，应将高棉语作为课程体系中的一门专业课程。

具有柬埔寨国籍的少数民族学习者使用的学习语言由教育主管部委另行制定规定。

依照学习者的需要，国际性语言应明确作为普通教育核心课程体系中一门独立的专业课程。

第 25 条　同等学力水平评价

同等学力水平评价是指等同于普通教育水平、职业技术教育水平和高等教育水平的能力评价。

依据国家最高教育咨询委员会的政策要求，开展同等学力水平评价是教育主管部委的职能之一。评价的手续和具体程序另行制定。

第 26 条　考试

应在考试公正、公平的基础上，确保教育质量和效率。禁止一切替考或作弊行为。

教育主管部委负责制定相应规则。

第六章　教育政策、原则、规划和战略

第 27 条　教育政策、原则、规划和战略制定

教育主管部委应依据国家最高教育咨询委员会的政策要求，制定教育发展规划，并对教育发展负责。应及时对教育政策、原则、规划和战略进行修缮，以适应王国政府的政策要求和发展战略。

第 28 条　教育科学技术

国家鼓励和支持在教育领域发展与科学技术相关的研发、创新和生产，以满足劳动力市场和全球化需要，提升人力资源水平，促进国家发展。

教育主管部委应按照王国政府的政策要求，制定指导原则，在各层次系统教育中提升科学技术水平。

第 29 条　教育合作伙伴

国家鼓励来自公共领域、私人领域、国内组织、国际组织、非政府组织和社区等的相关者广泛参与教育全过程，包括教育发展、教育执行、教育追踪评估，以及国家教育政策、原则、规划、战略的审议和修缮。

在各教育类型和教育层次中，国家鼓励和支持私人单位成为教育合作伙伴，提供教育服务。

第 30 条　奖学金和助学金

国家制定政策，向学习者提供奖学金、助学金和助学贷款。

国家鼓励法人或自然人向学习者提供奖学金或助学金。

第七章　教育权利和义务

第 31 条　受教育权

每一位公民均享有在公共学校享受九年制义务教育的权利。教育主管部门应制定政策、战略规划和实施步骤，保障每一位公民都能够依照本法条款，享受有质量教育。

第 32 条　注册入学普通教育 1 年级的权利

年满 6 岁或至少年满 70 个月的儿童，享有按照学校规定的入学时间，注册入学系统普通教育 1 年级的权利。

第 33 条　教育中的宗教自由权

国家尊重宗教自由权。

教育主管部委应注重国教上座部佛教。禁止任何强迫学习者或教育相关者参加某种宗教活动和（或）宗教组织。无论该强迫行为是直接实施的行为，还是间接实施的行为。

允许在教育项目中设置宗教学习内容，讲授一般性的宗教知识。

第 34 条　教育单位和研究机构的政治活动

教育单位和研究机构应遵循中立原则。

禁止任何在教育单位和研究机构开展政党政治活动和（或）政党宣传的行为。

第 35 条　学习者的权利和义务

学习者具有如下权利：

1. 有权自由发表学习观点；

2. 有权自由学习；

3. 有权获得有质量教育；

4. 有权组织教育社团或俱乐部；

5. 在教育过程中，本人有权进行复核，有权复制和记录资料；

6. 有权由本人或委托代表，积极、充分参与开发教育机构或国家教育质量标准。

7. 有被尊重、被关注人权的权利，包括人格权，以及免受刑罚，免受生理、心理惩戒的权利。

学习者具有如下义务：

1. 遵守教育机构的规章制度，遵重性别平等。秉持负责任的态度，行使自己权利的同时，尊重他人权利；

2. 尽可能地努力学习，增长知识、技术、能力、智慧，培养人格。

第36条　父母或监护人的权利与义务

在教育领域，父母或监护人享有如下权利：

1. 有权为学习者入学选择教育项目和教育机构；

2. 有权获得学习者所在教育机构的信息和报告；

3. 有权由本人或委托代表，积极、充分参与开发学校教学质量标准和国家教育质量标准。

父母或监护人应履行如下义务：

1. 带领6岁或至少70个月的儿童前往具有教育资质的学校，注册入学普通教育1年级；

2. 尽可能地支持学习者学习，尤其是基础阶段教育；

3. 注重联系学校、家庭和社区，协助参与对学习者的培养，帮助改善教育环境。

第37条　教育工作者的权利和义务

教育工作者具有如下权利：

1. 有权在职业价值、人格尊严和关心关注方面获得高度社会认可；

2. 有权发展职业生涯；

3. 有权依据现行法律规定，建立或参与教育工作者协会，或其他职业生涯协会；

4. 有权公开组织教育工作会议；

5. 有权依据法律规定，参加政治活动；

6. 有权由本人或委托代表，积极、充分参与开发基础教学阶段质量标准和国家教育质量标准；

7. 有公平获得其他教育服务的权利，具有其他符合现行法律规定的权利。

教育工作者具有如下义务：

1. 遵守职业道德；

2. 履行现行法律规定的各项义务；

3. 认真负责地从事和发展本职工作。

私人教育工作者的其他权利和义务参照现行《劳工法》之规定执行。

第38条　特殊教育

国家鼓励和推动面向残障学习者、天赋异禀学习者和（或）高智商学习者的特殊教育。

特殊教育依照天赋异禀学习者和高智商学习者的具体天赋和智商情况提供教育，并向残障学习者提供机会，使他们获得适当的学习。

特殊教育具体方案由教育主管部委制定发布。

第 39 条　残障学习者的权利

残障学习者与普通学习者具有同样的教育权利，并具有如下特殊权利：

1. 若残障学习者能够适应学习进度，完成教育机构的学习项目，则无论残障学习者性别如何，均可与普通学生一同参与教学活动。

2. 不能与普通学生一同学习的残障学习者，有权在另外设置的特殊班级接受特殊教育。残障学习者可以在自己的基层社区入学。

第 40 条　建议权、投诉权、诉讼权和解决权

父母或监护人、学习者及教育工作者的如上权利若受到侵犯，有权向各级教育行政部门提出建议或投诉，有权向法院提起诉讼。

教育主管部委应就建议、投诉的流程和解决纠纷的程序制定相应标准。

第 41 条　学习者和教育工作者接受体检的权利

具有正规资质教育机构的学习者和教育工作者有权接受体检。

有关体检的指导原则应由教育主管部委和卫生主管部委联合制定发布。

第 42 条　传播和宣传教育信息的权利

所有用于传播和宣传的教育信息之内容，须经教育主管部委批准，禁止任何欺诈行为。

教育主管部委和其他相关部委应就传播和宣传教育信息事宜，联合制定相应法规和指导原则。

第 43 条　获取教育信息的权利

除教育信息关涉自然人的情况外，所有教育单位、教育机构的教育信息均为公共信息。教育单位和教育机构应依据利益相关人的申请，提供相应的教育信息。

提供教育信息的手续应由教育主管部委制定发布。

第八章　教育资源

第 44 条　教育资源参与、募集和管理

国家应通过合适的、必要的方式，鼓励慈善人士将教育认同为最优投资领域。

个人、宗教人士、家庭、社区、国内组织、国际组织、非政府组织、国家单位和私人单位，为了支持和发展教育事业，均有权参与提供充分的教育资源。这其中既包括人力资源，也包括物质和资金资源。

在法律允许的范围内，教育机构管理者有权募集各类教育资源，以帮助该教育机构发展，提供教育资源应遵循自愿、无条件原则。

对于教育事业的资金支持，教育主管部委应在管理过程中，确保透明、负责原则。

第 45 条　公共教育机构管理者协议签署和责任承担

公共法人、私人法人和自然人均有权与公共教育机构管理者签署协议或协定，以参与教育事业发展。协议或协定内容均须符合法律规定，服务教育机构利益。

为符合教育机构利益，教育机构管理者应对管理和使用全部资源负责。

签署协议或协定的手续和程序应由教育主管部委制定发布。

第九章　处罚条款

第 46 条　组建无教育资质教育机构

违反本法第 11 条，组建或开办无教育资质的教育机构、培训班的，应视情节轻重处罚金 2000000 至 10000000 瑞尔。

屡教不改者，处双倍罚金。

第 47 条　不正确使用教育机构类型

违反本法第 12 条的规定，错误使用教育机构类型从事教育经营的，应视情节轻重处罚金 1000000 至 5000000 瑞尔。

屡教不改者，视轻重处双倍罚金，并处临时吊销或永久撤销教育资质。

第 48 条　颁发证书和授予学位违法

违反本法第 14 条，错误颁发证书和授予学位的，应视情节轻重处罚金 2000000 至 6000000 瑞尔，并处 1 至 3 年监禁。

第 49 条　考试作弊

替考当事人或同犯，以及本法第 26 条规定的所有作弊行为，应视情节轻重处罚金 1000000 至 5000000 瑞尔。

屡教不改者，视情节轻重处双倍罚金，并取消 2 年考试资格或永久禁止参加考试。替考者或作弊者依照现行《刑法》予以处分。

第 50 条　考试过程违法

在考试过程中，教育工作者存在违反本法第 26 条行为的，应视情节轻重处罚金 2000000 至 10000000 瑞尔。公共教育工作者应被处第一级纪律处分。

屡教不改者，处双倍罚金。公共教育工作者应被附加处以第二级纪律处分。私人教育工作者应被相关现行法律追责。

第 51 条　违反宗教自由原则

在教育工作中，违反本法第 33 条宗教自由原则的一切行为，应视情节轻重处罚金 100000 至 2000000 瑞尔，并处 1 个月至 1 年监禁。

第 52 条　教育单位和教育机构违反中立原则

在教育单位或教育机构中进行政党政治活动或政党政治宣传，违反本法第 34 条规定的，应视情节轻重处罚金 1000000 至 5000000 瑞尔。

屡教不改者，处双倍罚金。

法人机构应视情节处罚金 10000000 至 20000000 瑞尔。

屡教不改者，处双倍罚金。

若存在本条第 1 款行为的是教育单位或教育机构法人，且屡教不改，应处临时吊销或永久撤销教育资质。

第 53 条　教育信息传播和宣传违法

未按照本法第 42 条之规定，擅自传播和宣传教育信息的，或实施欺诈行为的，应视情节轻重处罚金 2000000 至 10000000 瑞尔。

屡教不改者，处双倍罚金。教育单位或教育机构法人，应处临时吊销或永久撤销教育资质。

第十章　过渡条款

第 54 条　过渡时限规定

自本法颁布实施后，运营行为存在与本法规定相抵的教育单位和教育机构应于最晚 2 年内完成更正，并办理相关手续。

第十一章　最终条款

第 55 条　废除条款

凡与本法相抵之规定，均予废除。

2007 年 12 月 8 日，金边

代理国家元首　谢辛　亲王

以国王及圣谕的名义

附件：重要术语解释*

1. 义务：指法律规定必须履行的事项。

2. 教育主管部委：指负责教育领域工作的公共单位，尽管该机构也负责其他领域工作。该术语旨在明确负责教育工作的唯一机构。使用该术语的原因在于每届王国政府可能对该唯一机构的名称进行调整。

3. 职责：指法律强制规定、必须履行的任务。

4. 系统教育：指系统、严谨的教育过程，有明确的教育结构和教育层次。提供系统教育的教育机构应有合法教育资质，或具有法律承认的教育质量认可。

5. 非系统教育：指在教育系统框架外实施的有组织的教育活动。这类教育活动具有可选择性。非系统教育涵盖多种教育项目，如互动教育、生活教育、职业教育，以及向未参与系统教育学习者提供的基础教育、继续教育、进入系统教育前的同等学力教育，或终身教育。非系统教育学习者有权依照本法，申请和接受教育行政部门组织的同等学力测试和评估。

6. 非正式教育：指自动学习或自主学习，是关注自身发展潜力的一种终身学习教育。学习者从日常工作、演出和生活中，接受和增长知识、技能、举止调试和思维训练，是一种在系统教育和非系统教育之外的学习模式。这种学习的实现是通过人与人、人与社会的交互，基层社会对新闻系统的推动，以及知识源或某时某地信息源。非正式教育学习者有权依照本法，申请和接受教育行政部门组织的同等学力测试和评估。

7.全员教育：指关涉全社会的教育活动。这种教育活动使全部婴幼儿、青少年和成年人都有权充分享受有质量教育。

8. 有质量教育：指能够满足学习者基础学习、继续终身学习要求的一种教育形式。

9. 课程体系：指依照本法，能够使学习者获得理论知识、实践知识，能够培养品格和继续终身学习能力的专业设置。

10. 核心课程：指教育行政部门规定教育机构必须讲授的课程。

11. 特殊教育：指为有特殊需要的人群提供的培训教育。这类人群包括残障人士、天赋异禀人士和高智商人士。

12. 教育欺诈：指教育过程中各类索贿、受贿、造假行为，如买卖国家考试或同等学力测试的证书或学位，以及替考行为。

13. 教育机构：指提供自幼儿园层次至高等教育层次教育的教育培训单位，包括各类

* 译者简介：顾佳赟，北京外国语大学亚非学院副院长、柬埔寨研究中心主任、东南亚研究中心研究员。

学校、学院、大学和各层次职业技术教育培训中心。

14. 高等教育机构：指提供中级教育以后的专业教育培训的教育单位。

15. 生活教育：指传授健康、预防、营养、公民意识，以及环境、社会技能和交际能力等方面知识的教育。

16. 教育工作者：指已通过教育主管部委认可的师范教育培训并在教育领域供职的官员，以及在高等教育领域供职的教师。教育工作者包括公务员体系内和公务员体系外的授课或非授课人员、在各级私人教育机构供职的服务人员。在教育主管部委领导教育工作的政治官员除外。

17. 国际性语言：指在国际社会普遍使用的外语。

18. 学院[①]：指设置一个或多个专业、提供教育培训的高等教育机构。

19. 公共教育机构：指由特定部门或机构主管的教育单位。这些部门或机构包括公共教育行政单位、国家主管的教育机构、大部分成员由行政部门任命或由选举产生的行政咨询委员会或学校咨询委员会。

20. 私人教育机构：指由个人、私人行政咨询委员会、私人学校咨询委员会主办的教育单位。

21. 大学：指具备培养本科层次及以上人才职能的高等教育机构。大学由各学院组成，应至少设置 3 个主体学院，即人文与语言学院、数学与科学学院、社会科学学院。在此基础上，应至少再设置 2 个其他学院。

22. 教育资质受益人：指通过权利的转移、出售或继承等获得教育资质相关权益的人。

23. 教育单位：指提供教育服务的单位。教育单位包括公共教育单位和私人教育单位。

24. 公共教育单位：指由公共教育行政部门或教育主管部委主管的教育单位。

25. 私人教育单位：指由个人、私人协会或非政府组织负责运营的教育单位。

26. 国家教育质量标准：指评估教育系统质量的最低标准。

27. 国家培训质量标准：指评估职业技术培训质量的最低标准。

28.国家能力培养质量标准：指评估学习者在职业技术教育培训中所获能力培养的最低标准。

29. 教育资质：指由公共教育行政部门颁发的经营许可。该许可向管理教育机构的或拥有教育机构的自然人或法人赋予合法运营和合法开展教育活动的权利。

① 此处的学院为独立行政单位，区别于大学内设置的学院。

30.教育资质持有者：指依照现行法律程序，获得由教育行政部门赋予的运营和开展教育活动许可权的个人。

31.残障学习者：指参与学习活动的残障人士。残障包括单腿残疾、双腿残疾、耳聋、声哑或双目失明，以及精神残疾。

32. 奖学金：指在学习过程中，向学习者提供的、用于学业的资金。

33. 助学金：指在学习过程中，用于贴补学习者某项生活开支的资助金。

34. 助学贷款：指国家允许学习者借用，在学习过程中补贴某项开支的借款。该借款应按照规定时限归还国家。

马来西亚联邦共和国反儿童性侵法（2017）*

本条例旨在对特定的针对儿童的性犯罪作出规定和处罚，补充其他成文法例中规定的针对儿童的性犯罪和相应处罚，并与之联系，为儿童及相关事项在司法领域作出规定。

由马来西亚国会制定如下：

第一章　简介

· 短标题及生效时间

1.（1）本法令可引称为《2017 年儿童性侵法案》。

（2）本法案开始生效日期由当局在公报上确定。

· 应用

2.（1）本法令适用于 18 岁以下儿童。

（2）涉及本法令规定罪行的被告为知道儿童未满 18 岁。

· 境外应用

3. 马来西亚公民在马来西亚境外违反本法令，可按本法令规定判处。

第二章　关于儿童色情物品的罪行

· 儿童色情物品

4. 在本条中——

（a）"儿童色情物品"是指任何展示的部分或全部，无论视频、音频或文字或三者的结合，以任何方式，包括但不限于以电子、机械、数码、光学或磁性方式，或以手工制作的方式，或任何方式的结合——

（i）有儿童参与露骨性行为；

（ii）有看起来像儿童的人参与露骨性行为；

（iii）有写实的或图像形式的儿童参与露骨性行为；或

* 译者简介：沈子楷，北京外国语大学亚洲学院。

（iv）有写实的或图像形式的看起来像儿童的人参与露骨性行为。

（b）“露骨性行为”包含以下实际或模拟的：

（i）性交，或猥亵行为，包括同性或异性之间的，涉及生殖器与生殖器、口部与生殖器、肛门与生殖器，或口部与肛门的生理接触；

（ii）兽交；

（iii）手淫；

（iv）在性的情境中施虐或受虐；

（v）出于性目的进行生殖器、臀部、胸部、阴毛/耻骨或肛门的展示；及

（vi）使用任何物体或器具进行猥亵行为。

· 制作、生产儿童色情物品、指导儿童色情物品的制作、生产等

5. 任何人制作、生产或在以上两个过程中指导任何儿童色情物品，或以任何方式参与、加入或被涉及任何儿童色情物品的制作、生产或以上两个过程的指导中，即属犯罪，一经定罪，应被判处 30 年以下监禁，并应判处不少于 6 下鞭刑。

说明

（a）A 是一名演员，Z 是一名电影制作人，A 为能够在 Z 电影中出演而接近 Z。Z 安排 A 在儿童色情物品中出演，A 同意并出演。A 因参与儿童色情物品的生产而触犯本条法例。

（b）A 是一名儿童色情物品的导演。A 雇佣 Z（一名艺术指导）监督/审查其导演的儿童色情物品中的艺术部分。Z 按照 A 的要求完成。Z 因参与指导儿童色情物品的制作而触犯本条法例。

· 为制作、生产或指导制作或生产儿童色情物品做准备

6. 任何人为制作、生产或指导制作或生产儿童色情物品做任何准备，即属犯罪，一经定罪，应判处 10 年以下监禁，并可处以鞭刑。

· 在制作、生产或指导制作或生产等儿童色情物品中使用儿童

7. 任何人，在制作或生产，或指导制作或生产的准备中；或在制作或生产中；或在指导制作或生产任何儿童色情物品中，使用儿童，即属犯罪，一经定罪，应判处 20 年以下监禁，并应判处不少于 5 下鞭刑。

解释

（a）A 通过虚构的歌唱比赛广告诱使 Z（一名儿童）参与儿童色情物品的制作。A 因在儿童色情物品制作中使用儿童而触犯本条法例。A 同时也因制作儿童色情物品触犯第 5 条法例。

（b）A将他6岁的女儿Z交给B，以使Z在儿童色情物品中参演而获取一定数目金额。Z在B生产的儿童色情物品中出演。A因导致Z，一名儿童，在儿童色情物品的生产中被使用，而触犯本条法例。B因使用Z，一名儿童，在儿童色情物品生产中而触犯本条法例，同时因生产儿童色情物品而触犯第5条法例。

·交易、发行等儿童色情物品

8. 任何人——

（a）以任何方式，交易、发行、出版、复制、售卖、出租、分发、展示、宣传、传播、推广、进口、出口、传输、提供或便利儿童色情物品；

（b）获得、收集、寻找任何儿童色情物品；或

（c）参与或从已知或有理由相信与任何儿童色情物品相关的任何买卖中获利，

即属犯罪，一经定罪，应判处15年以下监禁，并应判处不少于3下鞭刑。

说明

（a）A是一个展示儿童文学物品的网站管理者。A因为线上儿童色情物品提供途径而触犯本条法例。

（b）A为Z公司的出版材料提供运输和储存的物流服务。Z的出版材料中包含儿童色情物品。Z将该信息透露给A，并以A继续提供物流服务为条件，许诺将儿童色情物品售卖所得收益与A分享。A同意。A因从已知或有理由相信与儿童色情物品相关的买卖中获利，而触犯本条法例。

·向儿童售卖等儿童色情物品

9. 任何人，以任何方式售卖、出租、分发、展示、宣传、传播、推广、传输、提供或便利任何儿童色情物品，即属犯罪，一经定罪，应判处15年以下监禁，并应判处不少于5下鞭刑。

·获取儿童色情物品

10. 任何人，获取，或拥有任何儿童色情物品，即属犯罪，一经定罪，可判处5年以下监禁，或可判处不少于1万林吉特的罚金，或二者同时。

解释

（a）A收到一封匿名邮件和附件。A在不知附件中含有儿童色情物品的情况下打开。浏览附件内容后，A迅速将邮件从邮箱中删除。A不属犯罪。

（b）A收到一封匿名邮件和附件。A在不知附件中含有儿童色情物品的情况下打开。浏览附件并知道附件含有儿童色情物品后，A继续浏览。A触犯本条法例。

（c）A用B的电脑并发现一份含有儿童色情物品的文件储存于B的电脑硬盘中。A

将该文件传输到自己的随身存储器并将存储器存放于自己的办公室。A 触犯本条法例。

11. 本法案或任何受害人为儿童的附表中的罪行为儿童性侵犯罪，任何人在犯罪当时为法人团体的董事、经理、秘书或其他类似职员，或以任何此类身份行事，或以任何方式对该法人团体的某一事务经营负责，或正在协助这类经营，应判处有罪，除非证明罪行在他不知情、不同意或不允许的情况下进行，并且他已经尽应尽的一切努力防止该项罪行的发生，已经考虑到他的职能性质和所有情况。

第三章　关于诱奸儿童的罪行

· 与儿童进行性交流

12.（1）除第 3 条规定外，任何人以任何手段，实施以下行为：

（a）与儿童进行性交流；或

（b）唆使儿童进行性交流；

即属实施犯罪，一经定罪，应处以 3 年以下监禁。

（2）就本条而言，性交流意味着——

（a）交流或交流中的某部分与性行为有关；或

（b）任何合理的人认为交流的某部分具有性意味。

（3）以上交流如是出于教育、科研、医疗目的，则不得判定该人士违反本条法例。

· 诱奸儿童

13.（1）任何人以任何方式与儿童交流，企图从事或便利 / 从事或帮助 / 犯下或促成第 5 条、第 6 条、第 7 条、第 8 条、第 14 条或第 15 条或附表中所规定的犯罪行为，一经定罪，应处以 5 年以下监禁，并可判处鞭刑。

（2）在根据本条提起的法律程序中，任何第 5 条、第 6 条、第 7 条、第 8 条、第 14 条、第 15 条或附表中所规定的犯罪事实不需列明详细情况或被证明。

说明

（a）A 与 Z 通过社交媒体进行交流，Z 为一名儿童，A 假扮为青少年，并与 Z 展开恋爱关系，企图在儿童色情物品制作中利用 Z。A 从未与 Z 见面。A 触犯本条法例 /A 属犯罪。

（b）A 与 Z 通过电子邮件进行交流，Z 为一名儿童，A 与 Z 交朋友，企图使 A 的朋友 B 和 C 能够强奸 Z。A 与 Z 从未见面。A 触犯本条法例 /A 属犯罪。

· 诱奸后见面

14.（1）任何人，以任何方式与儿童进行交流后，前往与儿童见面并企图实施第 5 条、

第 6 条、第 7 条、第 8 条、第 14 条、第 15 条或附表中规定的犯罪行为，一经定罪，应判处 10 年以下监禁，并可判处鞭刑。

（2）在根据本条提起的法律程序中，任何第 5 条、第 6 条、第 7 条、第 8 条、第 14 条、第 15 条或附表中所规定的犯罪事实不需列明详细情况或被证明。

说明

（a）A 与 Z 通过社交媒体交流，Z 为一名儿童，A 假装为一名青少年，并与 Z 发展恋爱关系。A 进一步与 Z 见面，并企图在儿童色情物品制作中利用 Z。A 触犯本条法例 /A 属犯罪。

（b）A 与 Z（一名儿童）通过电子邮件交流并成为朋友。A 前往与 Z 见面，并企图使朋友 C 和 B 强奸 A。A 触犯本条法例 /A 属犯罪。

第四章　与性骚扰有关的罪行

· 对儿童的生理性侵犯

15. 任何人，出于性目的——

（a）触摸儿童身体的某一部分；

（b）使儿童触碰他或其他任何人身体的某一部分；

（c）使儿童触碰自己身体的某一部分；

（d）没有性行为，与儿童发生其他任何包含肢体接触的行为，即属实施犯罪，一经定罪，应判处 20 年以下监禁，并可判处鞭刑。

解释 1 触摸行为包括用身体任一部分或用物体进行触碰的行为，并可能穿过任何物体来完成，包括触摸行为实施者或儿童所穿的衣物。

解释 2 为确定是否构成性目的，法庭可以加入考虑，包括但不限于，被触碰的身体部分、触摸行为或身体接触的性质和程度及其他行为实施的周边情况等。

· 对儿童无形的性骚扰

16. 任何人——

（a）出于性目的——

（i）发出任何话语或制造任何声音，或作出任何姿势，或展示任何物品或身体或身体某部分，并企图使以上内容为儿童所接收。

（ii）使儿童展示自己的身体或身体某部分给他或其他人看；或

（iii）重复或持续以任何方式跟踪、监视、接触儿童。

（b）威胁使用全部或部分的展示，无论是视频、音频或书面或三者结合的形式，内容为儿童身体或身体某部分，或儿童参与性行为，通过任何方式，包括但不限于电子、机械、数码、光学或电磁手段，或手工制作，或任何手段的结合。

（c）在儿童在场的情况下进行性行为；

（d）促使儿童观看他或其他人进行的性行为；

（e）导致儿童观看或听到他或其他人进行性行为的全部或部分展示，无论是视频、音频或书面或三者结合的形式，通过任何方式，包括但不限于电子、机械、数码、光学或电磁手段，或手工制作，或任何手段的结合；或

（f）使儿童参与到性行为中，

即属实施犯罪，一经定罪，可判处10年以下监禁，或罚款2万林吉特以下或二者同罚。

解释——为确定是否构成性目的，法庭可以加入考虑其他人说的话语，姿势的性质和程度及其他行为实施的周边情况等。

第五章　有信任关系的人

有信任关系的人

17.（1）如果任何人犯本法案及附表中所列罪行，且与当事儿童具有信赖关系，则除所犯罪行下可判处的外，还应加上判处5年以下监禁，并判处不少于2下鞭刑。

（2）在本条中，与儿童有信任关系的人指儿童处于他的照顾、监督或职权范围下，包括但不限于——

（a）父母、监护人或具有全血亲或半血亲，或通过婚姻或领养关系（包括实际上的收养）；

（b）任何人，出于利益目的，在某段时间内照看一名或多名儿童；

（c）幼儿园、学校、高等公立或私立学习机构的老师、讲师或协管员；

（d）任何人在政府医疗机构或私人医疗机构［符合《1988年私人医疗机构和服务法案》（第586条）第2条法例所规定］提供医疗服务；

（e）教练；及

（f）根据任何有关儿童的成文法，在其职责范围内任何级别的公务员。

第六部分　儿童证人的行为能力和证据

· 儿童证人行为能力的推定

18. 即使其他成文法中有任何对立的规定，犯本法案或任何附表中所列罪行，在涉及受害者为儿童的法律程序中，认定儿童能够提供证据，除非法庭另有打算。

· 儿童证人的证据

19.（1）即使其他成文法中有任何对立的规定，犯本法案或任何附表中所列罪行，在涉及受害者为儿童的法律程序中，法庭可以在宣誓或其他条件下，根据未经证实的儿童证据，对嫌疑人定罪。

（2）法院在（1）的情况下，允许接受未经证实的儿童证据前，必须确定该儿童具有足够的智慧并能够履行说真话的义务。

第七章　其他事项

· 无法提供信息

20. 尽管《第 293 法案刑事诉讼法》（the Criminal Procedure Code [Act 593]）第 13 条的规定，受害者为儿童，任何人就他人犯本法案及附表中的罪行或企图的相关信息，没有提供给最近警察局警察的，即属实施犯罪，一经定罪，可判处 5000 林吉特以下罚金。

· 儿童年龄的推定

21. 受害人为儿童时，犯本法案及附表中所列罪行的被告，不得以以为受害人已成年（18 岁及以上）为理由提出抗辩，除非被告已采取一切合理步骤确定该儿童的年龄。

· 教唆、煽动

22. 任何人教唆、煽动进行本法案中的罪行，如果这一煽动导致罪行的发生（具有因果关系），则同样应处以上述罪行中的惩罚。

· 可接纳的代理人、卧底证据

23.（1）即使其他成文法中有任何对立的规定，法律程序中，在被害人为儿童时，任何违反本法案与附表中所列罪行的卧底，包括企图参与或教唆，或在犯罪团伙中已经教唆或参与到犯罪行为中的，仅当其主要目的在于保护以上罪行证据时，不得推定为失信。

（2）即使其他成文法中有任何对立的规定，对于本法案中或附表中被害人为儿童的犯罪行为的定罪，任何卧底未经证实的证据不可视为非法，而相关定罪不可被忽视，仅仅因为法庭没有提醒自身对于相关证据定罪的危险性。

· 不适用于《刑事诉讼法》第 173A 条、第 293 条和第 294 条的情况

24. 如果犯人 18 岁或 18 岁以上，且受害者为儿童，则《刑事诉讼法》第 173A 条、第 293 条和第 294 条不适用于本法案或其他任何附表中所列罪行。

· 关于鞭刑的规定

25. 犯本法案规定罪行的犯人，若为男性且 50 岁以上，尽管《刑事诉讼法》第 289（c）条有所规定，仍可判处鞭刑。

· 康复咨询

26.（1）拘留期间，法庭可以在犯人原有处罚基础上加上一段时间的康复咨询。

（2）（1）中所提及的康复咨询需在监狱的监管下。

· 警察监管

27.（1）尽管《刑事诉讼法》第 295（1）条中有规定，无论罪犯是否有过犯罪记录，法院应指示他在判处的监禁期满后继续接受警方监督，为期 1 年以上，3 年以下。

（2）任何人根据以上（1）接受警察监管并正在受到监管的情况下，只要在马来西亚境内被判处监禁，则上述监管时间不包括在监狱中的监禁时间。

· 附表

28. 部长可以，在与检察官讨论后，根据《公报》中的要求修订附表，包括根据成文法删去或添加罪行。

附表

英文版和马文版有出入，以马文版为基准。

（第 13 条、第 14 条、第 17 条、第 18 条、第 19 条、第 20 条、第 21 条、第 23 条、第 24 条和第 26 条）

1. 马来西亚《刑事法典》中的第 354 条、第 372 条、第 375 条、第 375B 条、第 376 条、第 376A 条、第 376B 条、第 377A 条、第 377B 条、第 377C 条、第 377D 条、第 377E 条或第 509 条，除了本法案第 24 条中所列情况，其他可在《刑法》下加大处罚。

2.《2007 年反人口贩卖及走私移民法案（第 670 号法令）》第 14 条或第 15 条，与性剥削相关，除本法案第 23 条规定情况外。

3.《2001 年儿童法》第 31 条与性虐待相关情况或第 43 条。

老挝人民民主共和国律师法*

（本法于2016年11月9日第八届老挝国会第二次会议审议通过，2016年11月8日第201号老挝主席令颁布施行。）

第一章 总 则

第一条 目的

本法为律师的申请和律师的工作，制定了相关的原则、规章和标准，旨在帮助律师能正确、公正、有效地开展工作，维护诉讼当事人的合法权益，为诉讼活动提供证据，维护司法活动，打击侵犯人民合法权益的行为，给司法活动的进行创造有利条件，以获得人民与境内外投资者的信任，促进社会经济发展，维护社会安定和谐。

第二条 律师（修订）

本法所称律师是指依法取得执业许可，为个人、法人、组织和社会提供法律服务，依法维护诉讼当事人合法权益的执业人员。

第三条 定义（修订）

本法中的相关名词定义如下：

1. 律师职业道德是指律师在提供法律服务时，应遵守的行为规范和职业道德。

2. 当事人是指与律师有法律服务协议的个人、法人或社会组织。

3. 法律服务协议是指当事人和律师之间签订的进行法律服务工作的书面协议。

4. 法律服务是指律师为当事人提供法律咨询或以当事人代理人身份参加诉讼的活动。

5. 诉讼代理人是指在诉讼或申辩活动中作为当事人的代表。

6. 律师事务所是指为个人或法人提供法律服务活动的组织。

7. 监督委员会是指提议、审议对违反律协规定律师作出处罚的专门委员会。

---

* 译者简介：唐超，云南隆云律师事务所律师，云南省律师协会南亚东南亚法律服务业务研究委员会委员，云南省翻译工作者协会会员。

第四条　律师政策

政府鼓励和支持提高律师、律师事务所的数量及质量，从而提高全社会的法律服务水平。

政府应在律师向社会提供法律服务，提高自身专业素质时，提供有利条件，通过组织研讨会、律师培训等形式提升律师能力，让其充分发挥律师职能，帮助律师履行法律职责，充分维护当事人的合法权益。

第五条　律师活动原则（修订）

律师执业须遵循以下基本原则：

1. 尊重并履行宪法、法律和律师职业道德；
2. 公正且勤勉尽责地为当事人提供法律服务；
3. 独立提供法律服务；
4. 为当事人保密；
5. 在向当事人提供法律服务的过程中，律师要对自己的不当行为负责。

第六条　律师保护

律师在执业活动中，人身安全、健康、自由、名誉、个人财产及家庭财产受到法律保护。

第七条　适用范围

本法适用于在老挝境内提供和使用法律服务的律师协会、律师事务所、律师、个人、法人和其他组织。

第八条　国际合作

政府支持与境外各国、各地区及国际组织就律师经验交流、队伍建设、技能提升、业务协作等问题展开交流与合作，履行老挝参与的律师工作相关的国际条约和协定。

第二章　律　师

第九条　律师条件（修订）

申请律师执业，应当具备下列条件：

1. 具有老挝国籍，年满二十五周岁；
2. 品行良好、诚实公道，忠于国家和人民；
3. 法律专业本科以上学历；
4. 通过律师执业培训；
5. 通过律师实习；

6. 通过律师考试；

7. 知晓一门外语；

8. 未被政府处以纪律处分，未因故意犯罪受过限制人身自由的刑事处罚；

9. 非在职公务员、军人、警察；

10. 身体健康。

离职的国会议员依照本法第 14 条的规定，通过律师执业培训即可成为律师。

第十条　外国人成为老挝律师的条件

外国人成为老挝律师除需符合本法第 9 条第 2 项至第 10 项的规定外，还需满足以下条件：

1. 获得在老挝的工作许可或有老挝永久居留权利；

2. 懂老挝语、了解老挝文化并具老挝法律本科以上学历。

第十一条　律师执业培训

申请律师执业，应参加律师执业培训，全面、合格完成司法部规定的培训科目。

完成律师职业相关培训后，由司法部长颁发律师执业培训证书。

第十二条　律师执业培训免训资格（修订）

下列人员可不参加律师执业培训：

1. 曾担任审判员、检察官并有十年以上工作经验者。

2. 法学教授、副教授。

3. 从事法律或司法工作十年以上并具有本科以上学历。

4. 从事十年以上法律教育的教师。

第十三条　律师实习（修订）

获得律师执业培训证书后，申请律师执业还须参加至少一年的律师实习。

律师协会负责为完成律师实习人员颁发律师实习证书。

律师实习由律师协会章程予以规定。

第十四条　律师实习的免除或期限减少（修订）

符合本法第 12 条第 1 项、第 2 项和第 3 项规定的人员，可免除律师实习。

符合本法第 12 条第 4 项规定的人员，可减少实习期为六个月。

第十五条　律师考试（修订）

除本法第 12 条规定的人员外，申请成为执业律师法人，必须参加律师考试。

律师考试另行规定。

第十六条　律师执业许可(修订)

申请成为执业律师，由司法部长颁发律师执业许可，自收到律师协会提交律师执业申请三十日内完成。

申请人获得律师执业许可后，应到律师协会登记，领取律师执业证书，按规定交纳律师会费。

第十七条　律师资格的终止(修订)

符合以下情况之一的，律师资格将终止：

1. 死亡；

2. 放弃律师资格；

3. 因违反法律法规被注销律师执业证书。

第三章　律师业务、权利义务

第一节　法律服务

第十八条　提供法律服务的条件(新)

律师提供法律服务应具备以下条件：

1. 加入省或区县律师协会组织；

2. 个人或与他人成立律师事务所；

3. 在一家律师事务所执业。

第十九条　刑事辩护(修订)

律师受指定或得到犯罪嫌疑人或其家属以及相关组织的书面委托之后，可以参与刑事诉讼程序。

律师刑事委托应经省或区县律师协会组织证明。

第二十条　刑事辩护中律师的权利义务(修订)

律师在进行刑事辩护时，具有以下权利义务：

1. 会见被告人或犯罪嫌疑人的权利。

2. 了解犯罪嫌疑人涉嫌罪名的权利，听取当事人的诉讼请求的权利。

3. 查阅卷宗、摘抄和复制卷宗的权利。

4. 提供证人、证据的权利。

5. 申请案件有利害关系的审判员、检察官、专家和翻译等诉讼参与人应回避案件的权利。

6. 向出庭的其他人询问、审问案件相关信息的权利。

7. 对有关部门的不当或违法行为提出申诉或控告的权利。

8. 请求撤销公安机关、检察机关或人民法院的决定，并提出上诉的权利。

9. 依法申请犯罪嫌疑人申请取保候审的权利。

10. 协助假释的犯罪嫌疑人回到人民法院或人民检察院。

11. 代为接收犯罪嫌疑人的法律传票，进行审讯。

12. 接受被判处死刑或其他犯罪嫌疑人委托。

13. 向自己所属律协组织报告参与刑事的诉讼活动。

14. 法律规定的其他权利义务。

第二十一条　民事代理

律师作为诉讼当事人的代理人参加诉讼的，法院对律师作出的决定或裁决，等同于对律师当事人所作出的决定或裁决。

第二十二条　民事代理中律师的权利义务（修订）

律师在民事代理中具有以下权利义务：

1. 递交起诉状、答辩状、反诉状或申请书。

2. 对当事人进行调解，申请法院对案件进行调解。

3. 查阅、复制或摘抄卷宗。

4. 收集、提供证据、证人。

5. 参与法庭审理，向法庭上的其他人提出意见、询问的权利。

6. 申请与案件有利害关系的审判员、检察官、专家和翻译等诉讼参与人回避。

7. 对有关部门的不当或违法行为提出申诉、控告。

8. 请求撤销公安机关、检察机关的命令以及人民法庭的裁决，并提出上诉的权利。

9. 向自己所属律协组织报告参与刑事的诉讼活动。

10. 法律规定的其他权利义务。

第二十三条　法律咨询

法律咨询是指以口头或书面形式向当事人提供法律意见或建议，解答当事人法律问题，为当事人起草协议、遗嘱等法律文书。

第二十四条　律师费

律师费是指律师在向当事人提供法律咨询或为当事人提供辩护、代理时，当事人按照法律服务协议规定支付给律师的费用。

第二十五条　指定律师的费用(修订)

人民法院或其他司法机关为可能被判处死刑的犯罪嫌疑人或法律规定的其他违法人员指定律师提供法律服务时,按国家法律法规规定的公职人员待遇向指定的律师支付差旅费、住宿费等费用。

第二十六条　法律援助(修订)

法律援助是指律师协会和律师为经济困难、缺乏享受法律服务机会的人无偿提供法律帮助的法律服务,促进法律实施和司法活动。

第二节　律师执业规范

第二十七条　保密

律师和律师事务所应为在提供法律服务中获悉的当事人信息进行保密。

其他任何机构和个人未征得当事人的同意,不得强迫律师或律师事务所泄露当事人的信息。

第二十八条　遵守职业道德

律师在执业活动或社会生活中应严格遵守律师职业道德。

第二十九条　独立执业

律师独立执业,遵守法律法规的规定和律师职业道德为当事人提供法律服务,任何机构和个人不能对律师的执业活动进行干涉和阻挠。

第四章　律师协会

第三十条　律师协会(修订)

律师协会是非盈利的律师行业社会组织,其可促进律师职业发展,团结律师行业,保障律师荣誉,保证广泛、公正、高效的法律服务,建设法治国家。

律师协会在法律法规的规定下,自由、独立地开展活动。

第三十一条　律师协会组织机构(修订)

律师协会由以下部分组成:

1. 会员;
2. 会员大会;
3. 理事会;
4. 常务理事会;
5. 监督委员会;

6. 办公室；

7. 省、首都律师协会机构；

8. 区、县律师协会组织。

律师协会制定律协章程。

第一节　律师协会会员

第三十二条　律师协会会员（修订）

律师协会会员指称在律师协会注册的律师。

律师协会会员入会二十周年以上且业绩良好，可依照律协章程选为荣誉会员。

第三十三条　律师协会会员的权利义务（修订）

律师协会会员具有以下权利义务：

1. 参加会员大会；

2. 在理事会和监督委员会中有选举和被选举权；

3. 有权对理事会和监督委员会的工作提出质询和发表意见；

4. 对会员大会上讨论的问题拥有表决权；

5. 提高自身专业知识与技能的义务；

6. 参加律协或其他机构组织的律师培训；

7. 宣传法律法规的义务；

8. 依法提供法律援助的义务；

9. 交纳律师协会会员费义务；

10. 按照提供法律服务收取的律师费承担律协预算的义务；

11. 参加律协组织的活动或工作安排的义务；

12. 向律协报告执业活动的义务；

13. 法律、法规规定或律协理事会授予的其他权利义务。

第三十四条　律师协会会员资格的终止

具有本法第 17 条规定情形的，律师协会会员资格即终止。

第二节　会员大会

第三十五条　会员大会（修订）

会员大会是律师协会的最高权力机构，有权决定律师的任命与规定律师执业活动。会员大会由全体会员组成，每年至少召开一次。

特殊或紧急情况下，经律师协会理事会、常务理事会、监督委员会或超过四分之一会员提议，可以召开会员大会。

会员大会的召开应有超过二分之一的会员出席。

第三十六条　会员大会职权（修订）

会员大会具有以下职权：

1. 审议、通过律师协会工作报告、财务总结报告、工作计划以及财务预算；

2. 审议、通过律师职业发展计划、内部规定及其他相关规定；

3. 选任理事会、监督委员会；

4. 审议、研究相关机构立法或法律修改建议；

5. 听取省、区县律协机构以及优秀律所的报告；

6.、决定理事会、监督委员会的待遇和相关政策；

7. 审议其他重要事项。

第三十七条　会议决议（修订）

会员大会决议经参会代表二分之一以上同意即生效。

第三节　理事会

第三十八条　理事会（修订）

理事会在会员大会闭会期间代表会员大会，履行会员大会职权，监督检查常务理事会，办公室，省、区县律协机构以及律师的工作。

理事会由主任、副主任和委员组成。

理事会成员每届任期五年，由会员大会任免。

理事会至少每三个月召开一次会议，研究、审议、决定与律师相关的重要事项。

第三十九条　理事会职权（修订）

理事会具有以下职权：

1. 指导筹备、召集会员大会；

2. 向会员大会作工作报告并报告财务、律师职业发展、内部规章制度情况；

3. 指导、监督律师执业活动；

4. 任免常务理事会；

5. 制定律师执业纪律；

6. 根据监督委员会或纪律委员会的提议，决定奖惩；

7. 颁发或吊销律师证书；

8. 与相关机构讨论律师工作；

9. 按律师协会的规定领取会议补贴或其他待遇；

10. 定期向司法部汇报律师协会、律师的工作；

11. 法律法规规定的其他权利义务。

第四十条　理事会主任、副主任

律师协会理事会主任负责指导、监督协会的日常工作。

副主任负责协助主任完成工作，并完成主任交代的任务。

主任、副主任及理事具体职权，由律师协会具体规定。

第四节　常务理事会

第四十一条　常务理事会（新）

常务理事会是律协的日常工作机构，按照会员大会和理事会的工作计划开展工作。

常务理事会由理事会任免，任期与理事会相同。

常务理事会由从理事会中选举的主任、副主任和委员组成。

第四丨二条　常务理事会的职权（新）

常务理事会具有以下职权：

1. 指导、监督、管理律师执业活动；

2. 筹备、召集会员大会；

3. 向理事会提议制定或修改律协工作和财务计划、律师职业发展计划、律师执业规范、律协章程和律协制度；

4. 任免律协办公室，省、区县律协机构的主任、副主任以及工作人员；

5. 按律师协会的规定领取会议补贴或其他待遇；

6. 与相关机构讨论律师工作；

7. 定期向理事会报告常务理事会以及律师的工作；

8. 法律法规规定的其他权利义务。

第四十三条　常务理事会主任、副主任以及委员（新）

常务理事会主任、副主任以及委员的职权由律协章程规定。

第五节　监督委员会

第四十四条　监督委员会（修订）

监督委员会对理事会、常务理事会以及律师、律协其他专门机构的工作行使监督权。

监督委员会由主任、副主任和委员组成，每届任期五年，由会员大会决定任免。

监督委员会会议每三月至少召开一次，讨论和总结工作。

理事不得担任监督委员会委员。

第四十五条　监督委员会的职权(修订)

监督委员会具有以下职权:

1. 制定不同时期的工作计划;

2. 监督理事会,常务理事会,律协办公室,省、区县律协机构以及律师的工作,包括律师协会的财务和资产情况;

3. 提议理事会审议对律协机构或律师的表彰、处罚或其他措施;

4. 受理和研究对律师协会及律师工作的申诉或建议,并提交理事会解决;

5. 按律师协会的规定领取会议补贴或其他待遇;

6. 向会员大会报告工作,并提出调整和解决存在问题的方案;

7. 法律法规规定的其他权利义务。

第四十六条　监督委员会主任、副主任以及委员的职权(新)

监督委员会主任、副主任以及委员的职权由律协章程规定。

第六节　律协办公室

第四十七条　律师协会办公室(修订)

律师协会办公室属于律师协会的管理机构,协助律师协会理事会工作,负责律师协会的日常工作并管理全国律师执业活动。

律师协会办公室由主任、副主任和工作人员组成。

律师协会办公室主任、副主任和工作人员由理事会任免。

第四十八条　律师协会办公室职权

律师协会办公室的职权由律协章程规定。

第七节　省、首都律师协会机构

第四十九条　省、首都律师协会机构(新)

省、首都律师协会机构是律师协会的组成机构,在有条件的省、首都设立,负责职权范围内的律协机构、律师执业活动的日常管理。

省、首都律师协会机构的主任、副主任由律协常务理事会任免。

省、首都律师协会机构由主任、副主任以及工作人员组成。

第五十条　省、首都律师协会机构的职权以及内设机构

省、首都律师协会机构职权以及内设机构由律师协会章程规定。

第八节　区县律师协会组织

第五十一条　区、县律师协会组织(新)

区、县律师协会组织是律协的基层组织，在有条件的区县设立，负责职权范围内的律协机构、律师执业活动的日常管理。

区、县律师协会组织由主任、副主任以及工作人员组成。

区、县律师协会组织的主任、副主任由律协常务理事会根据省、首都律师协会机构的提议任免。

第五十二条　区县律师协会组织职权(新)

区、县律师协会组织职权由律师协会章程规定。

第五章　律师事务所

第一节　律师事务所的设立

第五十三条　律师事务所的设立(修订)

自然人和法人申请设立律师事务所，应向工贸部门提交设立申请，并获得司法部从事律师事务所执业活动的许可。

律师事务所包括个人企业、合伙企业和有限公司。

设立律师事务所的申请人应具有律师资格或由律师作为合伙人、股东，其他条件应符合企业法、律师法以及相关法律法规的规定。

第五十四条　律师事务所的执业许可

律师事务所的执业许可是指司法部对律师事务所的执业许可以及法律服务范围。

司法部应在收到设立申请之日起十个工作日内，按照法律法规的相关规定进行审查。司法部许可从事律师事务所执业活动的许可是工贸部门进行注册登记的前提条件。

司法部不批准执业许可的，应在本条第2款规定的期限内书面告知申请人并说明理由。

律师事务所执业活动自登记注册之日起开始，直至注销。

第五十五条　律师事务所的执业活动(修订)

律师事务所有权以自己的名义开展本法第19条、第20条、第21条、第22条以及第23条规定的诉讼业务以及其他相关法律规定的法律服务活动。

第五十六条　律师事务所执业许可的吊销(修订)

律师事务所有以下情形，司法部有权吊销律师事务所的执业许可：

1. 未按照执业许可开展法律服务活动；

2. 出售、转让律师事务所注册登记证书予他人使用；

3. 违反本法及相关法律的规定；

4. 吊销律师证。

司法部吊销律师事务所执业许可后应告知工贸部，工贸部依法对律师事务所的注册进行处理。

第二节　外国律师的执业活动

第五十七条　外国律师（修订）

外国律师是指获得国外有权机关许可从事律师执业的律师，并且该许可仍有效力。

外国律师经司法部许可并在律师协会登记注册，有权按照协议在老挝律师事务所提供外国或国际法律咨询顾问事务，但无权从事老挝法律咨询顾问事务，也无权参与老挝法院的诉讼活动。

外国律师自在律师协会登记注册之日起，有权履行本法第 33 条除第 2 款和第 4 款外规定的职权。

第五十八条　外国律师事务所

在老挝登记注册的外国律师事务所有权从事外国和国际法律的咨询顾问事务。

与老挝律师共同投资的外国律师事务所，有权通过老挝律师提供老挝法律的咨询顾问事务以及参与老挝法院的诉讼活动。

第五十九条　外国律师事务所分所

外国律师事务所有权依照企业法、律师法以及其他相关法律在老挝设立分支机构。

第六章　法律援助基金

第六十条　法律援助基金

法律援助基金是用国家资金设立、由司法部管理和监督的专门基金。法律援助基金用于为贫困、无能力进行诉讼但需要法律服务的人员，以及可能被判处死刑的犯罪嫌疑人无偿提供法律援助。

第六十一条　法律援助基金来源

法律援助资金来源于：

1. 国家预算；

2. 个人、法人或其他组织的捐款；

3. 经济活动或其他合法收入。

第六十二条　法律援助基金的管理和使用(修订)

法律援助基金将用于法律援助,包括根据本法第60条规定提供法律援助工作的律师和相关人员差旅费、餐饮费、住宿费等费用。

法律援助基金的管理和使用另行规定。

第七章　禁止事项

第六十三条　律师或律师事务所禁止事项

律师或律师事务所不得有以下行为:

1. 虚假宣传;
2. 同一案件中代理原告及被告;
3. 为本人曾任审判员、检察员或负责侦查案件的当事人提供代理或辩护;
4. 单方无故解除法律服务协议;
5. 在法律服务协议中未明确规定服务费用;
6. 在法律服务协议外收取费用;
7. 承诺案件胜诉;
8. 泄露当事人信息;
9. 为胜诉而收集与案件无关的对方当事人不良信息;
10. 使用污言秽语、恐吓、以武力威胁、蔑视、诽谤他人;
11. 违法使用律师执业证书,或借予他人使用;
12. 不尽职代理案件;
13. 违反律师职业道德规范和法律规定的其他行为。

第六十四条　当事人禁止事项

当事人不得有以下行为:

1. 未按照法律服务协议向律师或律师事务所支付服务费;
2. 强迫、诱导律师或律师事务所进行违法行为;
3. 单方无故解除法律服务合同;
4. 使用污言秽语、恐吓、以武力威胁、蔑视、诽谤律师、律师事务所或律师协会;
5. 其他违法行为。

第六十五条　个人和其他组织的禁止事项

个人和其他组织不得有以下行为:

1. 拒绝或阻挠律师、律师事务所依法履行职责。

2. 挑唆他人不使用律师或律师事务所提供的法律服务。

3. 向律师或律师事务所提供虚假信息。

4. 假冒律师身份、伪造律师执业证书。

5. 其他违反法律的行为。

第八章　律师业务活动的管理

第六十六条　律师的管理（修订）

政府集中、平等地管理全国律师，司法部是律师行政管理的主管机关，由司法部协调其他部门和地方相关部门对律师进行管理。

律师工作管理机构包括：

1. 司法部；

2. 省、首都司法厅；

3. 县、市、区司法局。

第六十七条　司法部职权（修订）

司法部在律师管理活动中，具有以下职权：

1. 与律师协会研究制定与律师相关的战略、政策以及法律法规，并提请上级审议通过；

2. 宣传律师工作相关的战略、政策；

3. 宣传相关的律师工作相关的法律；

4. 与相关部门规定律师培训科目，开展律师培训工作；

5. 任命律师；

6. 按律师协会提议吊销律师资格；

7. 批准或撤销外国律师在老挝开展律师活动；

8. 批准或吊销律师事务所执业许可时，告知工贸部；

9. 根据律师协会的提议，通过律师执业规范相关规定；

10. 根据律师协会的提议，审议、通过律师制服；

11. 监督检查律师协会和律师事务所的活动；

12. 监督检查、解决律师和律师协会之间的纠纷；

13. 与国际、外国或地区开展律师联系和合作；

14. 向政府做律师工作的报告；

15. 法律法规规定的其他职权。

第六十八条　省、首都司法厅的职权(修订)

省、首都司法厅在律师管理活动中,具有以下职权:

1. 宣传、组织实施律师相关战略、政策;

2. 宣传律师相关的法律法规;

3. 监督检查辖区内的律师协会机构和律师事务所的工作;

4. 在授权范围与国际、外国或地区开展的律师合作;

5. 向司法部、省或首都政府做律师工作报告;

6. 法律法规规定的其他职权。

第六十九条　县级司法局的职权(修订)

县级司法局在律师管理活动中,具有以下职权:

1. 组织实施与律师相关的战略、政策;

2. 宣传律师相关的法律法规;

3. 监督检查辖区内的律师工作;

4. 向上级司法厅、县政府作律师工作报告;

5. 法律法规规定的其他职权。

第七十条　律师监督机构(新)

律师监督机构包括:

1. 律师内部监督机构是本法第 66 条规定的律师监督机构;

2. 律师外部监督机构是国会、省级议会、政府监察机构、建国阵线以及社会团体。

第七十一条　律师监督的内容(新)

律师监督的内容包括:

1. 律师工作管理机关的职权行使;

2. 律师工作相关法律法规的实施;

3. 律师协会和律师事务所的组织和工作;

4. 律师执业活动和法律服务工作。

第七十二条　监督方式(新)

律师监督包括以下方式:

1. 日常检查;

2. 事先通知的检查;

3. 紧急检查。

日常检查是固定时间，按计划的经常性检查。

事先通知的检查是检查计划外认为有检查必要而事先通知的检查。

紧急检查是不事先通知的临时性检查。

律师检查工作应严格遵守法律法规的规定。

第九章　纪念日、预算、徽标、制服和印章

第七十三条　纪念日（修订）

将1989年3月30日首都律师委员会组织和活动法令颁布之日，作为律师协会成立的纪念日。

第七十四条　预算（修订）

律师协会有独立的财政预算，其收入来源于：

1. 会员的会费，包括外国律师在律师协会的注册费；
2. 会员捐赠；
3. 培训和服务费；
4. 政府补贴以及个人、法人及国内外组织的捐赠；
5. 其他收入。

第七十五条　预算管理和使用（修订）

律师协会的预算用来进行以下活动：

1. 管理费用支出；
2. 理事会、常务理事会和监督委员会工作经费；
3. 组织召开会员大会支出；
4. 律师职业发展支出；
5. 律师协会会员的社会福利和其他支出；

律师协会预算和使用由律师协会章程规定。

第七十六条　律协徽标

律师协会徽标呈圆形，中间是两架天秤，圆形上方写着"律师协会"，下方为英文"Lao Bar Association"，圆形两侧是稻穗的图案。

第七十七条　律师制服（新）

律师有履行执业活动的制服，制式由司法部制定。

参与法庭活动，律师应着律师制服。

第七十八条　律协印章

律师协会有专属的印章，为日常工作所用。

第十章　奖惩措施

第七十九条　奖励措施（修订）

对实施本法有突出贡献的律师、律师事务所或律师协会，以及个人、法人或其他组织，为法治工作作出突出贡献，无偿提供法律服务的，将按规定获得奖励或其他优惠政策。

第八十条　处罚措施（修订）

律师、律师事务所、个人、法人或者其他机关违反本法规定，造成国家、社会、个人、法人和其他组织损失的，应赔偿损失并按情节轻重依法处罚，如培训、吊销律师证、律师事务所执业证、罚款，或追究法律责任。

第十一章　附则

第八十一条　组织实施

老挝人民民主共和国政府负责本法的组织实施。

第八十二条　效力（修订）

本法自老挝人民民主共和国主席颁发主席令之日起十五日后施行。

本法取代 2011 年 12 月 21 日国会第 010 号老挝人民民主共和国律师法。

与本法相冲突的条例和规定，予以废除。

国会主席

巴妮·亚托杜

老挝人民民主共和国社会保险法（2018年修订）*

第一章　总则

第一条　宗旨

该部法律规定了社会保险工作设立、活动、管理和监督的原则、规章和措施，以使上述工作系统化且强有力，同时提供合资和社会保险补助来有效保护使用劳力者、投保人和家庭成员的权力和利益，旨在保证基本生活，促进团结和睦，并能够与地区和国际互联互通，为国家经济—社会的发展作出贡献。

第二条　社会保险

社会保险指保证使投保人和家庭成员依照已规定的条件获得社会保险金的补助，以保证其在治疗、发生劳动事故或职业病、生育、疾病、失去劳动力、退休、死亡、家庭成员补助和失业时的基本生活。

第三条　解释名词

在本部法律中使用的词汇的意思：

1. 使用劳力者指让劳动者为自己工作，并按劳动法和劳动协议中的规定支付工资或酬劳，以及好处的个人、法人或组织。

2. 劳动单位指已按法律登记的各经济—社会部分的生产、商业、贸易或服务单位。

3. 干部、公务员指经录用、选举或任命，在党组织机构、政府、老挝建国阵线、老挝退役军人联合会和中央及地方群众团体中担任职位的老挝公民，或者是在国外的老挝人民民主共和国代表办事处和国际组织常驻工作并获得工资和国家预算资助金的老挝公民。

4. 劳动者指在使用劳力者的管理和照看下工作，并按照劳动法和劳动协议的规定，通过劳动获得工资或酬劳，以及好处的个人。

5. 个体户指在农业、工业、贸易和服务等各邻域自食其力的人。

6. 自愿者指自愿将保险费投入社会保险资金的个体户和个人。

* 译者简介：杨芳岚，广西民族大学东南亚语言文化学院老挝语教研室教师。

7. 投保人指将保险费投入社会保险资金的干部、公务员、军人、警察、获得工资或酬劳的劳动者和自愿者，以及退休者和获得丧失劳动力的保险者。

8. 担保期指已经将保险费投入社会保险资金的期间，获得医疗保险的期间或获得生育保险的期间，至于干部、公务员，则是从成为干部、公务员开始。

9. 家庭成员指投保人的丈夫、妻子、孩子、父亲和母亲。

10. 照管者（护工）指承担照看、帮助丧失劳动力者（第一类）责任的丈夫、妻子、孩子或其他人。

11. 保险费指政府、使用劳力者、投保人每月按规定比例投入社会保险资金的钱。

12. 丧失劳动力指因遭遇劳动事故或职业病，其他事故或普遍疾病而缺失劳动效能或正常心理状况，丧失某个器官或躯体。

13. 劳动意外事故指在工作地内或之外工作时，在住宿地和工作地往返时和正式活动期间发生的意外事故。

14. 职业疾病指在工作时发生的，对投保人的身体和心理造成短期或长期影响的各种疾病。

15. 有治疗权者指投保人，投保人的丈夫或妻子和孩子，还包括刚获得社会保险金的人。

16. 返还退休金获得者指在 1975 年之前参加了革命，现已退休，具备接受退休金补助条件，但已经接受了一次补助的干部、公务员、军人、警察；或在 1994 年之前，国营企业在预算上自给自足或转变为其他所有权形式的时期，被派去某个国营企业工作，现已退休的党和政府组织的成员。

第四条　国家关于社会保险工作的政策

国家推动和促进社会保险工作的发展，使其与经济的发展共同推行，政府、使用劳力者和投保人将保险费投入社会保险工作，以保证满足国家管理下的已经取消了各种社会保险金税的社会保险补助。

国家鼓励公民加入社会保险，以保证能够在该部法律的规定下获得社会保险补助。

国家鼓励个人、法人和国内与国外组织在资金和技术方面为发展社会保险工作，使其发展壮大作出贡献。

第五条（修订）　社会保险工作的基本原则

社会保险工作必须在以下基本原则下进行：

1. 符合全部法律的政策、战略和管理路线，并在全国范围内达成一致。

2. 保证政府、使用劳力者、劳动者、个体户和自愿者投入社会保险资金的保险费符合该部法律规定的比例。

3. 确保投保人和家庭成员在社会保险补助中的权力和利益。

4. 保证公正、透明、迅速和可核查。

5. 保证筹集资金、平摊风险、相互帮助和可持续。

6. 保证在核算各种社会保险补助金时，将保险费或最低劳动酬劳作为基数。

7. 符合老挝人民民主共和国为参与国的条约和国际协议。

第六条　社会保险工作的义务

社会保险工作的义务如下：

1. 政府有分配国家预算的义务，以将保险费投入社会保险资金，并保证资金的持续。

2. 使用劳力者有参加和将保险费投入社会保险资金的义务。

3. 投保人有注册社会保险和将保险费投入社会保险资金的义务。

第七条（修订）　法律适用范围

该部法律适用于在全国范围内与社会保险工作活动有关联的个人、法人或政府组织、企业和自愿者。

第八条　国际合作

国家鼓励与国外、地区和国际在社会保险工作上的合作，以提升业务水平，交换经验、资料、科学和技术，同时也为了发展社会保险工作，施行老挝人民民主共和国为参与国的条约和国际协议。

第二章　保险类型和社会保险受众

第九条（修订）　社会保险类型

社会保险类型如下：

1. 健康保险；

2. 劳动事故或职业病保险；

3. 生育保险；

4. 医疗保险；

5. 丧失劳动力保险；

6. 退休保险；

7. 死亡保险；

8. 家庭成员保险；

9. 失业保险。

第十条（修订） 健康保险

健康保险指提供保险金，以保证投保人和其孩子、丈夫或妻子，以及获得家庭成员保险者和获得照看保险者得到治疗服务。例如，检查和诊断、医生治疗、恢复身体机能、怀孕和生育时的服务、治疗因劳动事故或职业病造成的伤痛。

第十一条（修订） 劳动事故或职业病保险

劳动事故或职业病保险指在发生劳动事故或职业病时，提供保险金来进行健康治疗补助、医疗保险补助、丧失劳动力补助、死亡补助和家庭成员补助。

第十二条（修订） 生育保险

生育保险指为分娩、流产、胎死腹中或领养3个月以下新生儿的人提供保险金。

根据其他相关法律的规定，生育保险包括生育医疗费用，该费用每次生育时补助一次；以及生育津贴，该费用按月支付，是给在企业工作的投保女性在休假生育期间的收入补偿。

第十三条（修订） 医疗保险

医疗保险指为因遭遇劳动事故或职业病、其他事故或疾病，分娩、流产或胎死腹中，而在治疗和恢复期间被临时停止支付工资的投保人提供收入补偿。

第十四条（新） 丧失劳动力保险

丧失劳动力保险指为因遭遇劳动事故或职业病、其他意外事故或疾病，而缺失劳动效能或正常心理状况，丧失某个器官或躯体的投保人提供保险金。

第十五条（修订） 退休保险

退休保险指给符合各项退休保险条件的投保人按月提供保险金，至于退休保险条件不全者，则只获得一次保险金。

第十六条（修订） 死亡保险

死亡保险指当投保人、获得退休保险者、获得丧失劳动力保险和家庭成员保险者，以及获得家庭成员保险者和获得照看保险者死亡时，提供保险金以减轻举行丧葬仪式的费用负担。

第十七条 家庭成员保险

家庭成员保险指按月为已死亡的投保人的丈夫或妻子、孩子、父亲和母亲提供保险金。

第十八条（修订） 失业保险

失业保险指在投保人失业期间，向其提供保险金，作为其每月收入的补偿。

第十九条（修订） 社会保险受众

各情况下的社会保险受众如下：

1. 干部、公务员、军人、警察根据该部法律第三章的规定获得社会保险补助；

2. 在劳动单位的劳动者根据该部法律第四章的规定获得社会保险补助；

3. 自愿者根据该部法律第四章的规定获得社会保险补助，除劳动事故或职业病和失业之外；

4. 投保人的丈夫或妻子和孩子获得健康治疗保险、死亡保险或家庭成员保险；

5. 投保人的父亲和母亲获得家庭成员保险；

6. 照管者（护工）、丧失劳动力者获得健康保险和死亡保险。

第三章　国家社会保险

第一节　健康保险

第二十条（修订） 获得健康保险补助的条件

获得健康保险补助者有以下条件：

1. 为干部、公务员、军人、警察。

2. 丈夫或妻子，须为非投保人和孩子，孩子须不满 18 岁，或为还没结婚的在校学生或已经结婚，但配偶不是投保人，且年龄不超过 23 岁。

在投保人死亡的情况下，其丈夫或妻子和孩子可以在其死亡后 3 个月内获得健康治疗保险。

第二十一条（修订） 核算健康保险金

根据法律和其他相关法规的规定核算保险金和施行健康保险补助。

第二节　劳动事故或职业病保险

第二十二条（修订） 获得劳动事故或职业病保险补助的条件

获得劳动事故或职业病保险补助者须具备以下条件：

1. 为干部、公务员、军人、警察；

2. 因遭遇劳动事故或职业病而暂停工作以治疗或恢复健康者，缺失劳动效能或正常心理状况者，丧失某个器官或躯体者，或死亡的人。

蓄意导致劳动事故或职业病产生的，将不构成获得劳动事故或职业病保险补助的条件。

第二十三条（新） 劳动事故或职业病保险补助的种类与核算

劳动事故或职业病保险补助的种类与核算根据该部法律第 27 条、第 29 条、第 30 条、第 31 条、第 32 条、第 33 条、第 40 条和第 42 条的规定，按各类，即医疗保险、丧失劳动力保险、死亡保险和家庭成员保险来施行。

第三节 生育保险

第二十四条（修订） 获得生育保险的条件

女性干部、公务员、军人和警察或干部、公务员、军人和警察的妻子，且本人为非投保人，怀孕两个月以上者，且有医生证明的分娩、流产或胎死腹中者，可以获得生育医疗费和正常工资。

至于非法流产或将孩子取出的，将不获得上述保险金。

第二十五条（修订） 核算生育保险金

根据干部、公务员法的规定，因分娩或流产的休假期间，除了获得正常工资外，还可以获得生育医疗费，每个孩子的医疗费保险金按产妇最后一个月月薪的 60% 核算。

第四节 医疗保险

第二十六条（修订） 获得医疗保险的条件

获得医疗保险者须具备以下条件：

1. 有相关组织出具的暂时停止发放工资的证明。至于干部、公务员，还需要国内部门的证明。

2. 有医生出具的证明。

第二十七条（修订） 核算医疗保险金

医疗保险金按相关者最后一个月保险费的 70% 计算，且首阶段不超过 6 个月。如果相关者因治疗或恢复健康继续休假，将按 60% 计算，且最后阶段不超过 6 个月。

在这个情况下，相关者的身体如果还没有恢复，必须在有医生证明的情况下，再次检查和进行认定，以获得丧失劳动力保险。

第五节 丧失劳动力保险

第二十八条（修订） 获得丧失劳动力保险的条件

获得丧失劳动力保险补助者须具备以下条件：

1. 因遭遇劳动事故或职业病、其他事故或疾病而缺失劳动效能或心理正常状态，丧失某个器官或躯体。

2. 根据相关条例具备评估丧失劳动力的种类和等级的证明文件。

至于在成为干部、公务员、军人或警察前丧失躯体的，将不构成获得丧失劳动力保险补助的条件。

第二十九条（修订） 丧失劳动力的种类和等级

丧失劳动力的种类和等级规定如下：

1. 第一类，丧失劳动力的等级为80%～100%；
2. 第二类，丧失劳动力的等级为71%～80%；
3. 第三类，丧失劳动力的等级为61%～70%；
4. 第四类，丧失劳动力的等级为51%～60%；
5. 第五类，丧失劳动力的等级为41%～50%；
6. 第六类，丧失劳动力的等级为15%～40%。

至于丧失劳动力的等级为1%～14%的人，不在获得丧失劳动力保险补助的条件之内。

第一类到第五类丧失劳动力者按月获得丧失劳动力保险补助，第六类获得一次性丧失劳动力保险补助。

种类和丧失劳动力等级的认定根据卫生部规定的病人、残疾人丧失劳动效率分级手册进行。

在有特定原因的情况下，须将种类和丧失劳动力等级认定结果上交给相关部门评定。

第三十条（修订） 按月发放的丧失劳动力保险金的核算

按月发放的丧失劳动力保险金的核算将用相关者丧失劳动力前最后一个月的保险费与丧失劳动力保险金的各种类的百分比相乘来进行，如下：

1. 第一类为80%；
2. 第二类为70%；
3. 第三类为60%；
4. 第四类为50%；
5. 第五类为40%。

丧失劳动力保险金核算时，因劳动事故或职业病丧失劳动力者，按各种类丧失劳动力保险金百分比的100%来核算；因其他事故或疾病丧失劳动力者则按各种类丧失劳动力保险金百分比的80%核算。如果丧失劳动力者仍有工作并领取工资，丧失劳动力保险金将为其丧失劳动力保险金的50%，如果退休，将为其丧失劳动力保险金的25%。

之前已经获得丧失劳动力保险金的投保人，如果已经获得一次性补助金的，将终生获得丧失劳动力保险金，该保险金额按获得退休保险者丧失劳动力保险的百分比来核算。

如果丧失劳动力的情况有所减轻或再次加重，则必须重新进行丧失劳动力种类和等级的认定。

至于在该部法律颁布之前已经使用并执行的每月获得丧失劳动力保险金者的丧失劳动力保险金百分比，将不作更改。

第三十一条（修订） 为获得丧失劳动力保险者配备器具或假肢

获得按月发放的丧失劳动力保险者在工作活动和生活上有行动不便的，将获得国家提供的器具或假肢。器具或假肢的费用由社会保险基金支付。

第三十二条（修订） 照管者（护工）保险

照管者（护工）保险指提供补助金给照看丧失劳动力者（第一类）的人，照管者（护工）将获得相当于一级五层的国家行政工资金额的照看补助金，直到丧失劳动力者死亡。

至于在该部法律颁布前，已经按照管者（护工）保险获得保险金者，将不作更改。

第三十三条（修订） 核算一次性的丧失劳动力保险金

一次性的丧失劳动力保险金按以下方式核算：

1. 因劳动事故或职业病丧失劳动力者，将获得一次性丧失劳动力保险金，保险金额等于丧失劳动力等级乘以12个月再乘以相关者最后一个月的保险费；

2. 因其他事故或疾病丧失劳动力者，将获得一次性丧失劳动力保险金，保险金额等于丧失劳动力等级乘以10个月再乘以相关者最后一个月的保险费。

第六节　退休保险

第三十四条（修订） 获得退休保险的条件

获得退休保险者需具备以下条件：

1. 年满60岁且工龄25年以上，女性则可以自愿提前获得退休保险，但年龄不得低于55岁。工龄30年以上，但年龄不符合条件，差3年及以下的人，或年龄超过60岁，但工龄差2年及以下的人可以获得退休金，但年龄或工龄每少一年，就相应的减少1%的退休金。

至于军人、警察的年龄和工龄规定，参照老挝人民军队法和公安法。

2. 1975年前参加革命者，丧失劳动力者（第一类到第四类），从事与对身体有害的毒剂、化学和有毒物质相关的工作5年以上，且有医生证明的，男性年满55岁及以上，女性年满50岁及以上，工龄20年以上的，归入第三阶段获得退休金者行列。

3. 在1975年前旧体制下工作的，每三年工龄换算为1年，并归入第二阶段行列。

4. 具备相关单位出具的合法退休证明。

第三十五条（修订） 退休金百分比规定

退休金百分比规定有如下四个阶段：

1. 1954年以前参加过革命的人，归入第一阶段，获得80%～100%的退休金；

2. 1955年到1974年参加过革命的人，归入第二阶段，获得75%～90%的退休金；

3. 1975年至今参加过革命的人，归入第三阶段，获得70%～85%的退休金；

4. 从2018年1月1日起纳入政府体系的人，归入第四阶段，获得60%～75%的退休金。

退休金百分比将根据上述四个阶段，以相关者的最低工龄和最低退休金百分比作为起点，工龄每超过1年，将每年增加1%的退休金，但不得超过每个阶段的最高百分比。

第三十六条（新） 核算退休金

退休金的核算为退休金百分比乘以相关者最后一个月的保险费。

第三十七条（修订） 调整退休金

每个阶段退休金的调整根据干部、公务员工资价值指数的调整进行。

第三十八条（修订） 核算一次性补助金

获得退休金条件不全者，将获得一次性补助金，金额为一个半月乘以最后一个月的保险费乘以相关者的工龄。

符合获得退休金条件者，将不允许获得上述补助。

第七节 死亡保险

第三十九条（修订） 获得死亡保险的条件

获得死亡保险者需具备以下条件：

1. 投保人、丈夫或妻子和未满18岁的孩子死亡；

2. 具备合法的死亡证明文件。

至于为了国家而战死和服务于战斗而死亡的，其获得死亡保险的条件在其他条例里已有规定。

第四十条（修订） 死亡保险金的核算

死亡保险金的核算如下：

1. 投保年1个月到1年，因战斗或服务于战斗、遭遇劳动事故或职业病而死亡的人，和投保年3个月到1年，因遭遇其他事故或疾病而死亡的人，按最后一个月的保险费、退休金或丧失劳动力保险金乘以 15 个月为起点进行核算。

2. 投保年超过 1 ～ 6 年的，每超过 1 年（就在 15 个月的基础上）增加 1 个月，投保年 7 年以上的，每超过年（就在 15 个月的基础上）增加半个月。

3. 投保人的丈夫或妻子，获得退休金者和获得丧失劳动力保险者，如果死亡，其死亡保险按 6 个月的保险费、退休金或丧失劳动力保险金进行核算，如果丈夫或妻子都为投保人，当其中一人死亡时，将获得死亡者的死亡保险，但不获得另外一人的死亡保险。

4. 投保人的孩子，获得退休金者或获得丧失劳动力保险者，其年龄不超过 18 岁的，如果死亡，按 3 个月的保险费、退休金或丧失劳动力保险金进行核算，在孩子的父、母亲都为投保人的情况下，如果死亡，将根据父亲或母亲的保险费获得死亡保险金。

5. 获得家庭成员保险金的丈夫或妻子、父亲或母亲和获得照管保险者，如果死亡，将获得相关者 6 个月的补助金，若获得家庭成员保险金的为孩子，则获得相关者 3 个月的补助金。

第八节　家庭成员保险

第四十一条（修订）　获得家庭成员保险的条件

家庭成员在投保人、获得退休金者和获得丧失劳动力保险者死亡，且已缴纳保险费入社会保险基金 5 年以上的，将获得家庭成员保险。

家庭成员需具备以下条件：

1. 投保人死亡时，丈夫年满 60 岁以上，妻子年满 55 岁以上，没有正常收入，没有新建家庭或为丧失劳动力者，且没有获得国家社会保险机构的任何一种补助金。

2. 18 岁以下的亲生孩子、养子或继子，获得父亲或母亲为投保人的家庭成员保险。

孩子为残疾人或心理不健全者，且处于从出生到 18 岁这一阶段，无法工作或无任何收入的，将终生获得按月发放的补助金。当父母双方皆为投保人，死亡时，孩子将获得父亲或母亲的家庭成员保险。

3. 在投保人为独生子，是父母的赡养者的情况下，如果其死亡，且其父亲年满 60 岁以上，母亲年满 55 岁以上，没有正常收入的，也将终生获得按月发放的补助金。

孩子因战争和服务于战争而牺牲的失子父亲或母亲，将根据相关条例获得补助金。

第四十二条　家庭成员保险核算

按月发放的家庭成员保险将按如下规定核算：

1. 丈夫或妻子将获得死亡者最后一个月保险费、退休金或丧失劳动力保险金的 30%。

4. 有医生出具的证明。

第五十一条(修订) 医疗保险的核算

医疗保险将按如下规则核算:

1. 投保人因劳动事故或职业病休假,休假期为6个月之内,首次阶段将获得相关者6个月前平均保险费80%的医疗保险金。如果相关者为了治疗或恢复身体继续休假,将获得70%的保险金,但最后阶段不能超过6个月。

2. 投保人因其他事故或疾病,分娩、流产或胎死腹中而休假,且时间在6个月内的,首次阶段将获得相关者6个月前平均保险费70%的医疗保险金。如果相关者为了治疗或恢复身体继续休假,将获得60%的保险金,但最后阶段不能超过6个月。

医疗保险要根据实际休假天数核算,并以每月平均30天为基数。

若相关者身体仍未恢复,则必须在有医生证明的情况下检查和重新评估,以获得丧失劳动力保险。

第五节 丧失劳动力保险

第五十二条(新) 获得丧失劳动力保险的条件

获得丧失劳动力保险者需具备以下条件:

1. 缴纳保险费1个月以上,且遭遇劳动事故或职业病,缴纳保险费12个月以上,且遭遇其他事故或疾病;

2. 根据相关条例获得丧失劳动力种类和等级认定的。

在投保之前丧失劳动力者,将不构成获得丧失劳动力保险金的条件。

第五十三条(修订) 丧失劳动力的种类和等级

丧失劳动力的种类和等级规定如下:

1. 第一类,丧失劳动力等级为81%~100%;

2. 第二类,丧失劳动力等级为71%~80%;

3. 第三类,丧失劳动力等级为61%~70%;

4. 第四类,丧失劳动力等级为51%~60%;

5. 第五类,丧失劳动力等级为41%~50%;

6. 第六类,丧失劳动力等级为15%~40%。

丧失劳动力等级为1%~14%者,将不在获得丧失劳动力保险条件之内。

丧失劳动力等级的第一类到第五类,将按月获得丧失劳动力保险金,至于第六类,将一次性获得丧失劳动力保险金。

种类和丧失劳动力等级的认定根据卫生部规定的《病人、残疾人丧失劳动效率分级手册》进行。

在有特定原因的情况下，须将种类和丧失劳动力等级认定结果上交给相关部门评定。

第五十四条（修订） 按月发放的丧失劳动力保险金的核算

按月发放的丧失劳动力保险金的核算将用相关者丧失劳动力前6个月的平均保险费与丧失劳动力保险金的各种类的百分比相乘来进行，如下：

1. 第一类为80%；
2. 第二类为70%；
3. 第三类为60%；
4. 第四类为50%；
5. 第五类为40%。

丧失劳动力保险金核算时，因劳动事故或职业病丧失劳动力者，按各种类丧失劳动力保险金百分比的100%来核算；因其他事故或疾病丧失劳动力者则按各种类丧失劳动力保险金百分比的80%核算。如果丧失劳动力者仍有工作并领取工资，丧失劳动力保险金将为其丧失劳动力保险金的50%；如果退休，将为其丧失劳动力保险金的25%。

之前已经获得丧失劳动力保险金的投保人，如果已经获得一次性补助金的，将终生获得丧失劳动力保险金，该保险金额按获得退休保险者丧失劳动力保险的百分比来核算。

至于在该部法律颁布之前，已经使用并执行的获得按月发放的丧失劳动力保险金者的丧失劳动力保险金百分比，将不作更改。

第五十五条（修订） 为获得丧失劳动力保险者配备器具或假肢

获得按月发放的丧失劳动力保险者在工作活动和生活上有行动不便的，将获得国家提供的器具或假肢。器具或假肢的费用由社会保险基金支付。

第五十六条（修订） 照管者（护工）保险

照管者（护工）保险指提供补助金给照看丧失劳动力者（第一类）的人，照管者（护工）将获得与劳动者最低等级酬劳相等的照看补助金，直到丧失劳动力者死亡。

至于在该部法律颁布前，已经按照管者（护工）保险获得保险金者，将不作更改。

第五十七条（修订） 核算一次性的丧失劳动力保险金

第六类一次性的丧失劳动力保险金按以下方式核算：

1. 因劳动事故或职业病丧失劳动力者，将获得一次性丧失劳动力保险金，保险金额等于丧失劳动力等级乘以12个月再乘以相关者丧失劳动力前6个月的平均保险费；

2. 因其他事故或疾病丧失劳动力者，将获得一次性丧失劳动力保险金，保险金额等于丧失劳动力等级乘以 10 个月再乘以相关者丧失劳动力前 6 个月的平均保险费。

第六节 退休保险

第五十八条（修订） 获得退休保险的条件

获得退休保险者需具备以下条件；

1. 年满 60 岁，女性则可以自愿提前获得退休保险，但年龄不得低于 55 岁；

2. 从事与对身体有害的毒剂、化学和有毒物质等相关的工作 5 年以上，且有医生证明的，男性年满 55 岁，女性年满 50 岁；

3. 缴纳保险费 180 个月以上的，至于投保人在 2014 年 10 月 1 日之前缴纳保险费的，其投保年限记为 60 个月以上；

4. 缴纳保险费符合条件，但年龄不符合条件，少 3 年的，也可以获得退休金，年龄每少 1 年，退休保险金就减少 1%；

5. 具备相关单位出具的合法退休证明。

第五十九条（修订） 退休保险金核算

退休保险金核算为将相关者全部退休积分乘以全部投保人的预估平均保险费再乘以 2% 的变量值，核算方法如下：

1. 相关者的全部退休分指缴纳的全部保险费得到的退休分加上暂时停止支付保险费得到的退休分加上政策退休分，有各种类退休分的核算：

1.1. 缴纳保险费得到的退休分指每年相关者缴纳的保险费的平均数额除以同时期全部投保人的平均保险费数额；

1.2. 在获得医疗保险或生育保险期间，暂时停止支付保险费得到的退休分指在获得补助金前 24 个月缴纳保险费得到的平均退休分，除以 30 天，再乘以获得补助金的天数；

1.3. 政策退休分指为年龄超过 30 岁以上、刚开始投保的人核算的分，核算方法为 0.8 分乘以年龄超过的年数，上述政策分的核算最高不超过 12 分。

2. 全部投保人的平均工资保险费指全部投保人 1 年的工资数额除以投保人同年缴纳保险费的全部次数。

全部投保人的预估平均保险费指过去一年全部平均保险费数额加上与前年相比的浮动率。全部投保人的预估平均酬劳将在每年 1 月份进行调整。

3. 2% 的变量值指每年规定的报酬比率数额，使能调整适应于每阶段退休金的核算。

在劳动单位的劳动者或自愿者的工资或全部投保人的预估平均酬劳，将在每年 1 月份进行调整。

在劳动单位的投保人和自愿者的退休金的核算最高不超过相关者保险费的75%。

第六十条（修订） 调整退休金

企业和自愿者的退休金调整根据每年1月份全部投保人预估平均保险费的浮动进行。

第六十一条（修订） 一次性退休金的核算

达到年龄，但缴纳保险费或保险年限不符合条件的劳动者和自愿者或身体抱恙无法工作的人将获得一次性退休金，金额为一个半月乘以前60个月的平均保险费乘以相关者的投保年限。

已经不在劳动单位工作，但仍处于工作年龄，并能继续工作的不符合年龄或投保年限条件的投保人，将不获得一次性退休金，但其保险费将积累，以在年龄符合条件时，进行评估以获得退休金或一次性退休金。

劳动合同结束后回国的外国劳动者将获得一次性退休金，金额为一个半月乘以其前60个月平均保险费乘以其投保年限。

第七节 死亡保险

第六十二条（修订） 获得死亡保险的条件

获得死亡保险者需具备以下条件：

1. 因劳动事故或职业病死亡者，须缴纳保险费1个月以上；
2. 因其他事故或疾病死亡者，须在其死亡前12个月，平均缴纳保险费3个月以上；
3. 投保人的孩子不满18岁；
4. 有合法的死亡证明。

退休或停止缴纳保险费的投保人也将获得死亡保险金，3个月内，若丈夫或妻子和孩子死亡，也将获得死亡保险金。

若获得家庭成员保险者死亡，也将获得死亡保险。

第六十三条（修订） 死亡保险金的核算

死亡保险金的核算如下：

1. 投保年为1个月到1年，因遭遇劳动事故或职业病死亡的人，和投保年为3个月到1年，因遭遇其他事故或疾病死亡的人，将按15个月乘以6个月前平均保险费核算，退休金或丧失劳动力保险金则从最后一个月起。

2. 投保年为1年到6年的人，按超过年限的每1个月增加，至于投保年超过7年以上的，按超过的年限的每半个月增加。

3. 投保人的丈夫或妻子，获得退休金者和获得丧失劳动力保险者，如果死亡，其死亡保险按6个月的保险费、退休金或丧失劳动力保险金进行核算，如果丈夫或妻子都为投保人，当其中一人死亡时，将获得死亡者的死亡保险，但不获得另外一人的死亡保险。

4. 投保人的孩子，获得退休金者或获得丧失劳动力保险者，其年龄不超过18岁的，如果死亡，按3个月的保险费、退休金或丧失劳动力保险金进行核算，在孩子的父、母亲都为投保人的情况下，如果死亡，将根据父亲或母亲的保险费获得死亡保险金。

5. 获得家庭成员保险金的丈夫或妻子、父亲或母亲和获得照管保险者，如果死亡，将获得相关者6个月的补助金，若获得家庭成员保险金的为孩子，则获得相关者3个月的补助金。

第八节　家庭成员保险

第六十四条（修订）　获得家庭成员保险的条件

投保人缴纳保险费5年以上，其丈夫或妻子和不满18岁的孩子在其死亡时，将获得家庭成员保险。

家庭成员需具备以下条件：

1. 投保人死亡时，丈夫年满60岁以上，妻子年满55岁以上，没有正常收入，没有新建家庭或为丧失劳动力者，且没有获得国家社会保险机构的任何一种补助金。

2. 18岁以下的亲生孩子、养子或继子，为残疾人或心理不健全，且处于从出生到18岁这一阶段，无法工作或无任何收入的孩子，将终生获得按月发放的补助金。父母双方皆为投保人，若死亡，孩子将获得父亲或母亲的家庭成员保险。

3. 在投保人为独生子，是父母的赡养者的情况下，如果其死亡，且其父亲年满60岁以上，母亲年满55岁以上，没有正常收入的，也将终生获得按月发放的补助金。

第六十五条（修订）　家庭成员保险核算

按月发放的家庭成员保险将按如下规定核算：

1. 丈夫或妻子将获得死亡者最后一个月保险费、退休金或丧失劳动力保险金的30%。

2. 孩子每人将获得死亡者最后一个月保险费、退休金或丧失劳动力保险金的20%。如果有多位孩子未成年的情况下，总补助金不能超过60%。

3. 父亲或母亲将获得死亡者最后一个月保险费、退休金或丧失劳动力保险金的30%。如果父亲和母亲都获得补助金，总数不能超过50%。

丈夫或妻子和孩子的家庭成员保险金最高不能超过死亡者最后一个月保险费、退休金或丧失劳动力保险金的 80%。

第九节　失业保险

第六十六条（修订）　获得失业保险的条件

获得失业保险者需具备以下条件：

1. 在相关者失业前 24 个月的时期，其必须已经缴纳失业保险的保险费，且最少 12 个月以上；
2. 因破产、停工或发展援助项目结束而失业；
3. 因遭遇天灾而暂时停工导致的失业；
4. 因缩减劳动数量的需要或鼓动辞职而失业；
5. 有相关劳动单位的合法证明文件；
6. 失业 30 天以上，有相关部门证明的；
7. 身体健康并能够回到劳动市场。

曾获得过失业保险的人，当其重新获得工作时，必须重新再缴纳保险费 12 个月以上，才能在下次失业时获得失业保险。

第六十七条　失业保险核算

失业保险核算如下：

1. 60% 乘以失业前 6 个月的平均保险费；
2. 获得失业保险的时期：

2.1. 若缴纳保险费 12 个月到 36 个月，则为 3 个月；

2.2. 若缴纳保险费 37 个月到 72 个月，则为 6 个月；

2.3. 若缴纳保险费 73 个月到 144 个月，则为 9 个月；

2.4. 若缴纳保险费 145 个月以上，则为 12 个月。

第六十八条　职业训练指导

处于获得失业保险期间的人，如果有需要，国家社会保险机构将与相关训练基地合作，根据各情况提供职业训练指导。

第六十九条（修订）　职业指导

处于获得失业保险期间的人，将获得职业指导和安排服务中心或首都、省级社会福利和劳动局提供信息。

第七十条　失业保险终止

失业保险终止有以下情况：

1. 失业保险期满；

2. 无理由拒绝获取新工作；

3. 获得新工作；

4. 死亡。

第五章　社会保险基金

第一节　社会保险基金

第七十一条(修订)　社会保险基金

社会保险基金指政府、干部、公务员、军人、警察、使用劳力者、劳动单位的劳动者、自愿者的保险费积累基金，将保险费拿去投资获得的成果和其他合法来源。

第七十二条(修订)　社会保险基金的组成成分

社会保险基金包括：

1. 健康保险基金；

2. 劳动事故或职业病保险基金；

3. 医疗、生育和死亡保险的短期基金；

4. 退休、丧失劳动力和家庭成员保险的长期基金；

5. 失业保险基金。

每种基金都是在条例的规定下，将社会保险基金按比划分，以支持支付、积累和相互帮助产生的。

第二节　社会保险基金收入

第七十三条(修订)　社会保险基金收入

社会保险基金收入如下：

1. 政府、使用劳力者或劳动单位的保险费；

2. 干部、公务员、军人、警察、劳动单位的劳动者和自愿者的保险费；

3. 投资产生的利息或利益；

4. 其他合作收入。

除此之外，还有国家预算中拨付给因战争和服务于战争而失去肢体，并因此获得补助金者，获得返还退休金者和获得退休金者的孩子的帮扶金。

第七十四条（修订） 保险费比率

保险费比率如下：

1. 国家部分的保险费比率：

1.1. 政府保险费为工资库的 8.5%。

1.2. 干部、公务员、军人和警察按月提供金额为投保费的 8% 的保险费，该投保费包括各级别的基本工资、补贴金（每年发放的）、职务补贴和其他职业补贴，如教师补贴、医疗人员补贴、武装力量的义务费和军队鼓励费。

1.3. 派往驻守国外或派去在国内外进行长期学习的干部、公务员、军人和警察，其保险费按去驻守或学习前最后一个月的工资计算。

2. 企业和自愿者的保险费比率

2.1. 使用劳力者或劳动单位按月提供金额为每位劳动者投保费的 6% 的保险费，包括税后的基本工资、生产提成费、加班费和其他费用，按最低等级的酬劳到最高投保工资上限为基数来计算。

2.2. 劳动单位的劳动者按月提供金额为投保费的 5.5% 的保险费，包括税后的基本工资、生产提成费、加班费和其他费用，按最低等级的酬劳到最高投保工资上限为基数来计算。在劳动者按日或按周获得酬劳的情况下，则按月计算相关者的全部收入金额。

2.3. 自愿者按月提供金额为自己投保费的 9% 的保险费，按劳动者最低劳动酬劳到最高投保工资上限为基数进行计算。

获得退休金者、丧失劳动力者、获得家庭成员保险者和获得照管者（护工）保险者提供金额为健康治疗补助基金的比例的一半的保险费，除去照管者（护工）是投保人的家庭成员这一情况。

第七十五条（新） 保险费缴纳

保险费的缴纳如下：

1. 国家部分保险费的缴纳

1.1. 财政部以政府的名义按期缴纳 8.5% 的保险费，进入国家金库里的国家社会保险机构的存款账户；

1.2. 相关组织按月缴纳 8% 的干部、公务员保险费，进入国家金库或省级、首都的国家金库里的国家社会保险机构的存款账户，军人和警察的 8% 的保险费则进入上述两种力量的社会保险账户里。

2. 企业和自愿者保险费的缴纳

2.1. 使用劳力者将劳动者的工资上账，按月核算劳动单位 6% 和劳动者 5.5% 的保险费，然后缴入银行中的国家社会保险机构的存款账户，并向国家社会保险机构详细报告保险费账户。

2.2. 自愿者按月或提前缴纳投保费 9% 的保险费，提前的时间不得超过协议的期限，这些保险费进入银行的存款账户或直接向国家社会保险机构缴纳现金。

2.3. 劳动单位或自愿者能够向国家社会保险机构缴纳现金保险费，但数额不超过 500 万基普，且根据条例有收支记录。

劳动单位在停止事务、破产或受到天灾影响，并有合法证明的情况下，可以停止缴纳保险费。

获得退休金者、获得丧失劳动力保险者、获得照管者（护工）保险者和获得家庭成员保险者的健康治疗保险费，通过国家金库或银行的国家社会保险机构账户系统，直接从相关保险费中减去。

第七十六条（新） 政府为因战争或服务于战争而失去躯体者、获得返还退休金者和获得退休金者的孩子这些目标群体缴纳帮扶金

国家社会保险机构汇总因战争或服务于战争而失去躯体者、获得返还退休金者和获得退休金者的孩子的帮扶金收入预算规划，上交给社会福利和劳动部，以在提供给财政部审查后，转入国家金库中的国家社会保险机构存款账户中。

第七十七条（新） 修改保险费比率和规定最高投保工资上限

修改保险费比率指根据每 5 年保险的计算，重新修订保险费比率，为使其适应于国家经济社会的发展。

规定最高投保工资上限在经济活动和保险计算的必要性的基础上进行。

至于最低投保费基础的规定，则参照国家在各阶段宣布使用的最低等级酬劳。

第三节 社会保险基金的使用

第七十八条（修订） 社会保险基金的使用

社会保险基金使用如下：

1. 社会保险补助；
2. 正常的管理；
3. 基础设施投资项目和社会保险工作的发展。

任一邻域的社会保险补助，则使用该邻域的收入。至于正常管理，基础社会投资项目和社会保险工作发展的支出，则在符合相关法律的情况下，使用基金的投资收入。在基金收入不足的情况下，则计入国家每年预算使用计划中。

社会保险基金管理议会是政府的研究者和建议者，其全部年度收支预算规划上报政府以审查使通过。

每年基金收支的总结必须有国家审计机关的审查和担保，并向社会公布。

社会保险基金投资收入的使用，在不同的条例中已有规定。

第七十九条（新） 预算的开支

预算的开支进行如下：

1. 预算的开支必须在通过了管理议会的审查和社会福利和劳动部部长的批准的预算开支计划的基础上进行。

2. 在国家社会保险基金预算的开支中，社会福利和劳动部部长以下令者的名义，是国家金库中的国家社会保险机构的收支账目的批准人，管理者以被授予权力者的名义，是其他种类社会保险补助、正常的管理和投资项目的支出账目的下令者。

3. 在企业和自愿者社会保险基金预算的开支中，根据管理议会通过的计划，管理者以被授予权力者的名义，是正常管理和投资项目社会保险补助银行存款账目的下令者。

4. 各种开支的核算，在该部法律和其他相关法律的规定下进行。

第八十条（新） 预算账目和年度

国家社会保险机构必须有经过财政部批准的账目体系和专门的预算目录，以管理收支。

国家社会保险机构的全部收支预算必须汇总，并在国家金库，省级、首都的国家金库或老挝人民民主共和国内的银行中设立收入账目和支出账目。

国家社会保险机构的总结汇报和预算年度，在政府预算法的规定下进行。

第四节　资本累积和投资

第八十一条（修订） 资本累积

资本累积指积聚使用国家社会保险机构的各种收入时剩余的钱，将其放入国家金库或银行中，以保证长期社会保险补助金的支出。

第八十二条（新） 投资

根据该部法律第73条的规定，国家社会保险机构为了使基金发展、壮大和可持续，能够使用社会保险基金的保险费进行合理形式的投资。投资必须在管理议会的批准下，保证本金和投资收益的稳定和无风险。

使用社会保险基金进行投资，已在其他条例中有所规定。

第六章　管理议会和国家社会保险机构

第八十三条（新）　管理议会

管理议会为非常设机构，是总理根据社会福利和劳动部部长的提议设立的，充当顾问和管理社会保险基金的建立和实行的功能，并且与各部、地方管理机构和其他相关机构相联合。

管理议会由来自政府、使用劳力者和劳动者三方的代表组成，国家社会保险机构为其秘书处。

第八十四条（修订）　管理议会的结构

管理议会包括：

1. 社会福利和劳动部部长担任主席；

2. 老挝工会联盟副主席担任副主席；

3. 国家工贸会副主席担任副主席；

4. 社会福利和劳动部副部长担任副主席和常任委员；

5. 财政部副部长担任委员；

6. 卫生部副部长担任委员；

7. 国防部军队政治局副局长担任委员；

8. 公安部政治局副局长担任委员；

9. 使用劳力者和劳动者双方最少各两位代表担任委员；

10. 国家社会保险机构管理者担任委员和秘书处秘书长。

管理议会结构的调整需适应每一阶段的实际情况。

第八十五条（修订）　管理议会的权力和义务

管理议会的权力和义务如下：

1. 研究和为社会保险工作的战略草案和工作计划提供意见；

2. 审核和批准国家社会保险机构的内部规章；

3. 指导、鼓励、跟踪和监测国家社会保险机构的工作活动；

4. 研究和审核国家社会保险机构的收入和支出；

5. 审核和批准社会保险基金的投资形式，以保证基金的发展、壮大和可持续；

6. 研究保险费比率、投保费上限、补助等级和社会保险各补助基金划分比例，使其适应于各阶段的需要，之后上报社会福利和劳动部审批；

7. 审核、批准国家社会保险机构各阶段的预算和工作活动计划和总结；

8. 根据法律规定使用其他权力和履行其他义务。

第八十六条（修订） 管理议会会议

管理议会例会每 3 个月举办一次，以讨论和解决社会保险工作的各种重要问题。

在必要和紧急的情况下，也可以在管理议会主席的号召或国家社会保险机构管理者的建议下，召开临时会议。

管理议会例会在管理议会参会成员多于总成员数的一半时，可以召开。

会议决议在投票数超过参会成员半数以上时生效。

在投票数对等的情况下，主席的表决起决定作用。

第八十七条（新） 国家社会保险机构

国家社会保险机构为一个专业机构，从属于社会福利和劳动部，是专门的财政单位，有不同的账目目录，以能够满足每次预算上的自给自足，具备为管理议会和社会福利和劳动部在建立、实现和管理社会保险工作中担任参谋的功能。

国家社会保险机构缩写为“ອປຊ”。

第八十八条（新） 国家社会保险机构的结构

国家社会保险机构从中央到地方都有自己的分支机构。

各级分支机构的建立和活动，在其他条例中已有所规定。

第八十九条（新） 国家社会保险机构的权力和义务

国家社会保险机构有以下权力和义务：

1. 建立和执行政策、战略、法律、条例、计划、规划和项目；

2. 向社会深刻和广泛地宣传关于社会保险工作的政策、法律和条例；

3. 管理和发展社会保险工作，使其走向现代化和持久；

4. 根据法律，管理和施行社会保险工作收支预算规划；

5. 研究社会保险学科，核算和研究保险统计数据；

6. 建议调整保险费比率、投保费上限、补助等级和各补助基金的比例，使其适应于各阶段各类社会保险补助水平；

7. 正确、快速地研究、审核和支付各类补助金；

8. 与其他相关部门联合，鼓励向投保人及其家庭成员提供健康治疗服务；

9. 接手、研究和解决社会保险工作中的矛盾；

10. 收集和汇总数据、记录和数据发展，以服务于社会保险工作；

11. 研究、规定职务和设立各阶段人才发展计划和根据每年职务需要提交新职员数目；

12. 在管理议会的同意和社会福利和劳动部部长的允许下，建立和执行自身的收支预算规划；

13. 向上级提请自身机构的机关、职务的建设、调整或撤销；

14. 呈报自身职员的任命、免除职务、调动、调整、赞扬和处分；

15. 鼓励、跟踪和监察社会保险覆盖比率的发展，使广泛包括各类受众团体；

16. 从其他相关部门汇集受众团体数据和发展社会保险体系的投保人；

17. 召开关于社会保险工作的各级会议；

18. 颁布社会保险工作的通知，调整或废除不符合社会保险工作的各项条例；

19. 根据上级指示，就社会保险工作与国内、国外、地区和国际各部门合作；

20. 向上级总结、评估和汇报社会保险工作的建立和实施；

21. 根据法律规定和委托使用其他权力和履行其他义务。

第七章　社会保险登记和社会保险补助审核

第一节　社会保险登记

第九十条（修订）　社会保险登记

社会保险登记施行如下：

1. 干部、公务员、劳动者（包括外国劳动者）、自愿者、获得退休金者、获得武装力量发放的丧失躯体补助者和获得照管者（护工）保险者必须根据等级划分管理，进行国家社会保险机构的社会保险登记；

2. 有一人以上劳动者的劳动单位，必须根据等级划分管理，进行国家社会保险机构的社会保险登记；

3. 各政府组织和使用劳力者根据规定，有义务提供和紧急汇集各社会保险登记表格，以及呈报各数据的证明文件，使其更全面。

在投保人之前已经进行社会保险登记的情况下，如果其工作地址发生迁移，必须将自己的社会保险证书号上报国家社会保险机构，以蓄积投保时间。

第九十一条（修订）　社会保险登记文件

社会保险登记文件如下：

1. 劳动单位、干部、公务员、劳动者、自愿者、获得退休金者、获得武装力量发放的丧失躯体补助者、获得照管者（护工）保险者，根据已规定的形式形成的私人数据通报单；

2. 使用劳力者根据已规定的形式形成的社会保险登记的劳动者名录；

3. 企业登记副本、赋税登记或营业许可证；

4. 根据已规定的形式形成的各证明文件。

第九十二条（修订） 递交登记文件和发放社会保险证

递交登记文件和发放社会保险证实施如下：

1. 从成为干部、公务员那日或签署劳动合同那日后的 30 天内，组织或使用劳力者必须根据等级划分管理向国家社会保险机构递交干部、公务员、劳动者的社会保险登记文件；

2. 在合适的时间，个体户和自愿者根据等级划分管理需向国家社会保险机构递交社会保险登记文件；

3. 获得退休金者、获得武装力量发放的丧失躯体补助者和获得照管者（护工）保险者在获得上述补助许可后，需递交登记文件；

4. 社会保险登记证明证书或社会保险证如果遗失、被破坏或损坏，根据等级划分管理，可以上报国家社会保险机构，以获得新的证明证书或社会保险证。

在递交登记文件后，国家社会保险机构必须进行审核，并在 30 日内向劳动单位发放登记证明证书和向投保人发放社会保险证。

第二节 蓄积投保时间和社会保险补助审核

第九十三条（新） 蓄积投保时间

投保人已经缴纳保险费入社会保险基金的，若换新的工作地址、不在劳动单位工作或暂时停止支付保险费，也能够继续缴纳保险费以蓄积投保费，获得社会保险补助利益。

投保人获得短期补助的时期，将计入投保时间，至于获得长期补助或获得失业保险的时期，将不计入投保时间。

投保人满足条件但继续工作和缴纳保险费的，将增加其退休金数额，年龄每超过退休年龄一年，退休金就增加 1%，但总数额不能超过规定退休金的最高比例。

投保人在多处缴纳保险费或投保人从政府组织转到劳动单位或从劳动单位转到政府组织，且累积保险费、工龄或投保年份，之前没有获得过一次补助金的，允许其蓄积工龄或投保年份，以根据国家部分或企业和自愿者部分的规定，获得社会保险金。

第九十四条（修订） 社会保险金的申请

A. 社会保险金的申请需具备以下文件：

1. 获取社会保险金的建议书；

2. 社会保险证副本；

3. 各类社会保险金证明文件；

4. 其他相关文件。

B. 获取各类社会保险金的时期如下：

1. 获取短期社会保险金需在90天内，根据等级划分管理，向国家社会保险机构递交文件，在必要的情况下，可根据各情况进行商定，避免出现重复发放保险金的情况；

2. 获取长期社会保险金需在180天内，根据等级划分管理，向国家社会保险机构递交文件；如果超过规定，将从递交申请获取保险金文件之日起进行审核。

有权获得社会保险金者指投保人，投保人的丈夫、妻子和孩子，遗产继承者或获得授权者，保险金将按规定比例发放。

第九十五条（修订） 社会保险金的审核

社会保险金的审核进行如下：

1. 国家社会保险机构必须在获得合法和齐全文件之日起的30天内，审核社会保险金的申请。

2. 就投保人在多地工作而言，短期社会保险金的审核是将投保费加起来，但不超过规定的最高上限；除此之外，还能获得其他地方的补偿金。

获得丧失劳动力保险金的投保人和获得退休金者，可以选择钱最多的一个作为核算死亡保险金时的基数。

3. 获得家庭成员保险金者，如果有正常收入或再婚，将停止发放上述保险金。

如果丧失劳动力者死亡，照管者（护工）将获得一次性照管保险金，金额从5个月的照管保险金算起，如果照管年份超过5年，将每超过两年增加一个月的照管保险金；同时，丧失劳动力者死亡后，按月发放的照管者（护工）保险金将结束。

4. 根据本部法律的规定，还未投保的劳动者则由劳动单位担任社会保险金的负责人。

至于因战争和服务于战争而丧失躯体者的丧失躯体补助和照管者（护工）补助，已在其他条例中有所规定。

第八章 禁令

第九十六条 关于社会保险职员的禁令

社会保险职员禁止有以下行为：

1. 行为不公正，德行有失，偏颇，对投保人的服务不周、不符合规范、不合法；

2. 骗取或盗用各类社会保险金，伪造文件或使用不实文件，牵制、破坏或使得社会保险金申请文件丢失；

3. 利用社会保险工作的职务、权力和职责之便，谋求私人、家庭和朋党的利益，给予、索求或收取贿赂；

4. 传播社会保险机构的机密；

5. 其他违反法律的行为。

第九十七条　关于投保人和家庭成员的禁令

投保人和家庭成员禁止有以下行为：

1. 上交不真实数据；

2. 伪造文件和贿赂社会保险职员；

3. 恶意诽谤社会保险机构或职员；

4. 其他违反法律的行为。

第九十八条　关于个人和其他机构的禁令

个人和其他机构禁止有以下行为：

1. 妨碍社会保险职员的工作；

2. 社会保险工作行贿或受贿的中间方；

3. 宣传、散布和提供关于社会保险工作不正确的言论；

4. 保护和帮助违反关于社会保险工作法律和条例的干部、公务员、劳动者或投保人；

5. 其他违反法律的行为。

第九章　矛盾的解决

第九十九条（修订）　解决矛盾的形式

解决社会保险工作的矛盾可以按以下任一形式进行：

1. 调解或调停；

2. 行政方式解决；

3. 通过经济矛盾解决机构解决；

4. 法院判决；

5. 具有国际性质的解决。

第一百条　调解或调停

在存在关于社会保险工作矛盾的情况下，矛盾双方可以通过协商、谈判、达成一致或调停的方式解决上述矛盾，以达到双赢。

第一百零一条（修订）　行政方式解决

在存在关于社会保险工作矛盾，且矛盾双方有损失的情况下，有权上报社会保险工作管理机构,按法律进行商议和解决。

在投保人、医院和国家社会保险机构间就提供健康治疗服务上存在矛盾的情况下,可以上卫生局进行商议和解决。

第一百零二条　通过经济矛盾解决机构解决

在存在关于社会保险工作矛盾,且矛盾双方有损失的情况下,有权上报经济矛盾解决机构,按法律进行商议和解决。

第一百零三条　法院判决

在存在关于社会保险工作矛盾的情况下,矛盾任何一方都可以向人民法院控诉,并按法律进行商议和判决。

第一百零四条(新)　具有国际性质的解决

在存在国际性质的社会保险工作矛盾的情况下,按老挝人民民主共和国为参与国的协议和国际条例进行。

第十章　社会保险工作的管理和监督

第一节　社会保险工作的管理

第一百零五条(修订)　社会保险工作管理机构

政府是全国范围内统一的社会保险工作总管理机构,其授权社会福利和劳动部为直接负责人和与各相关部门、机构和地方管理机构联合的组织者。

社会保险工作管理机构包括:

1. 社会福利和劳动部;
2. 省级、首都的社会福利和劳动处;
3. 市级、自治市、省会的社会福利和劳动局;

在必要的情况下,可授权村级社会、文化工作组为上述工作管理者。

第一百零六条(修订)　社会福利和劳动部的权力和义务

在社会保险工作的管理中,社会福利和劳动部有以下权力和义务:

1. 研究并建立关于社会保险工作的政策、战略和法律,以递交政府审核;
2. 扩展社会保险工作的政策、战略和法律,使其成为规划、计划、项目,并实施;
3. 在全国范围内,宣传、扩散和教育关于社会保险工作的政策、战略、法律和条例;
4. 跟踪和管理社会保险基金的收入、支出;
5. 在社会保险工作的建立和实施上,指导、跟踪、监督和联合其他单位和地方管理机构，扩展社会保险覆盖率，使其广泛包含各目标群体；

6. 审核和通过各社会保险补助基金的投保费上限、补助等级和比例划分，使其适应于各时期的需求；

7. 研究并向政府提出建议，以整顿保险费比率；

8. 研究和审核个人、法人和机构关于社会保险工作中违反法律的行为或问题决定的建议；

9. 研究和指出解决在社会保险工作实施中的违法行为的方法和措施，使工作透明、合法；

10. 研究和建议设立管理议会，以上报政府审核；

11. 研究和建议国家社会保险机构管理者的任命、调动或撤职；

12. 任命、调动或撤销国家社会保险机构职员的职务；

13. 就社会保险工作，与国外、地区和国际合作；

14. 向政府总结和报告社会保险工作建立和实施的结果；

15. 按法律规定，使用其他权力和履行其他义务。

第一百零七条（修订） 省级、首都的社会福利和劳动处的职权和义务

在社会保险工作管理中，省级、首都的社会福利和劳动处根据自身负责范围，有以下职权和义务：

1. 建立和执行社会保险工作的政策、战略计划和法律，包括宣传、扩散和教育培训上述工作；

2. 在建立和执行社会保险工作上，与其他相关部门联合；

3. 研究和审核个人、法人和机构就社会保险工作中的违法行为和问题决定的建议；

4. 研究和指出解决社会保险工作实施中的违法行为的措施和方法，使工作透明、合法；

5. 促进和扩展社会保险覆盖率，使其广泛包含各目标群体；

6. 根据上级指示，就社会保险工作与国外进行合作；

7. 向上级总结和报告社会保险工作建立和实施的结果；

8. 根据法律规定，使用其他权力和履行其他义务。

第一百零八条（修订） 市级、自治市、省会的社会福利和劳动局的职权和义务

在社会保险工作管理中，市级、自治市、省会的社会福利和劳动局根据自身责任范围，有以下权力和义务：

1. 建立和执行社会保险工作的政策、战略计划和法律，包括上述工作的宣传、扩散和培训教育；

2. 研究和审核个人、法人和机构关于社会保险工作违法行为或问题决定的建议；

3. 研究和指出解决社会保险工作实施中的违法行为的措施和方法，使工作透明、合法；

4. 促进社会保险覆盖率的扩展，使其广泛包含各目标群体；

5. 向上级总结和报告社会保险工作建立和实施的结果；

6. 根据法律规定，使用其他权力和履行其他义务。

第一百零九条（新） 其他相关单位、地方管理机构和部门的职权和义务

在社会保险工作管理中，其他相关单位、地方管理机构和部门根据自己的职能和责任，有权力和义务与社会福利和劳动处联合。

第二节 社会保险工作的监督

第一百一十条（修订） 社会保险工作监督机构

社会保险工作监督机构包括：

1. 根据该部法律第105条的规定，内部监督机构与社会保险工作管理机构为同一个。

2. 外部监督机构有国会、省级人民会议、国家审计机构、国家各级监督机关、建国阵线、退役军人联合会、群众团体、人民和大众传媒。

第一百一十一条（修订） 社会保险工作监督的内容

社会保险工作的监督有以下主要内容：

1. 实施关于社会保险工作的法律；

2. 行使干部、公务员和社会保险职员的职责；

3. 制定和实施社会保险工作的计划。

第一百一十二条 社会保险工作监督的形式

社会保险工作的监督有以下形式：

1. 正常体系下的监督检查，即定期的和有确切规定时间的，按计划进行的监督检查；

2. 提前通知的监督检查，即认为有必要提前明确通知被监督检查者的计划外的监督检查；

3. 紧急的监督检查，即不提前通知被监督检查者的紧急形式下的监督检查。

社会保险工作的监督必须严格按照法律规定施行。

第一百一十三条 监督检查结果的汇报和解决

监督检查组必须设立监督检查备忘录、汇报册，同时就监督检查结果的违规行为提出解决方法，并汇报给有审核权的机构。

监督检查组必须对关于总结汇报监督检查结果的法律和保护受到严格监督检查的社会保险文件机密的法律负责。

第一百一十四条　被监督检查目标的权力和义务

被监督检查目标有以下权力和义务：

1. 要求监督检查组提供关于监督检查的决定和监督检查许可证；

2. 就不符合条例的监督检查向相关机构申诉；

3. 为监督检查组职责的执行提供便利，根据监督检查组的建议，提供有关监督检查内容的文件、数据、证据和问题回答；

4. 根据法律规定，使用其他权力和履行其他义务。

第十一章　对有功绩者的政策和对违规者的措施

第一百一十五条　对有功绩者的政策

个人、法人或机构在建立和实施该部法律时有卓越功绩的，将根据法律获得赞扬或其他。

第一百一十六条　对违规者的措施

违反社会保险法的个人、法人或机构，将按法律规定，根据情节轻重，处以被教育、处分、罚款、民事罚款或刑事处罚。

第一百一十七条（修订）　教育培训措施

违反社会保险法，尤其是禁令的个人、法人或机构，情节轻者和首次违反者，将处以警告和教育培训的处罚。

不履行该部法律规定义务、不参与和不缴纳保险费或参与了但停止缴纳保险费的使用劳力者，将处以警告处罚，同时记录在案，并建议其在 90 天内参与社会保险或缴纳保险费。

第一百一十八条（修订）　处分措施

违反该部法律，尤其是禁令的，失责的干部、公务员，但其行为不触犯刑法的，将按照干部、公务员法的规定施以处分。

国家社会保险机构的职员，按国家社会保险机构内部条例执行。

第一百一十九条（修订）　罚款措施

违反该部法律，尤其是禁令的个人、法人或机构，但不触犯刑法的，将按全部损失的价值进行罚款。

不按警告、书面记录和该部法律第 117 条第 2 款规定的时间执行的使用劳力者，将按使用劳力者每月必须缴纳的保险费数额进行罚款。

第一百二十条　民事罚款措施

因社会保险工作对他人造成损失的个人、法人或机构，将按其造成的损失进行民事罚款。

第一百二十一条　刑事处罚措施

违反社会保险法的个人或法人，触犯刑法的，将按刑法典或其他法律规定的刑罚，并根据情节轻重进行判刑。

第十二章　终章（附则）

第一百二十二条　建立和实施

老挝人民民主共和国政府是该部法律的建立和实施者。

第一百二十三条（修订）　效力

该部法律自老挝人民民主共和国主席颁布实施和政府发布新闻后 15 日起生效。

该部法律替换 2013 年 7 月 26 日颁布的第 34 号社会保险法。

与该部法律相违背的任何规定和条文全部废除。

国会主席

巴妮·雅托杜

老挝人民民主共和国合同和非合同关系法*

（本法于2008年12月8日第七届老挝国会第六次会议审议通过，2008年12月18日第236号老挝主席令颁布施行。）

第一编　总则

第一条　立法目的（新）

为规定合同订立和履行的原则、规则和措施，保障合同或侵权关系中当事人的合法权益，维护法律法规和社会公正，促进社会经济的发展，订立本法。

第二条　合同关系和非合同关系（新）

合同关系是因缔约使合同当事人相互承担民事权利义务的法律关系。

非合同关系是无合同约定，因他人行为或他人管理的物所产生的法律关系。

第三条　定义（新）

本法中下列词语所具备的含义：

1. 担保是指使用动产、不动产或他人保证的方式保证的合同履行。

2. 质押是指债务人将物移交债权人或其他相关权利人占有，作为合同履行的担保。

3. 分期付款买卖是指买卖双方约定分期付款的买卖。

4. 不附条件赠与是指赠与人将个人财产不附条件地赠与他人。

5. 附条件赠与是指赠与人将个人财产附条件地赠与他人。

6. 超越职权是指超越了法律授予的权限对他人造成损失的行为。

7. 履行职责是指在权力或授权范围内，符合专业要求和职业道德开展工作的行为。

8. 补偿费是指侵权人补偿给受害人的资金或物品。

9. 误工费是指侵权人赔偿受害人因侵权而产生的误工损失。

10. 占用费是指义务人未按约定向权利人履行义务，使权利人遭受损失，而补偿给权

* 译者简介：唐超，云南隆云律师事务所律师，云南省翻译工作者协会会员，云南省律协协会南亚东南亚法律服务业务研究委员会委员。

利人的资金。

11. 权利人是指有权要求义务人履行义务的人。

12. 义务人是指应履行赠与、职责、支付等义务或为权利人的利益不得有某种行为的人。

13. 紧急避险是指为了使国家或者他人的权益免受正在发生的危险，不得已采取的损害另一较小合法权益的行为。

14. 无效合同是指无法律效力的合同。

15. 被管理者是指雇员、未成年人、精神病人或学生等。

16. 雇主是指指令他人按照自己的命令和要求履行工作的人。

17. 不可抗力是指不能预见、不能克服，致使义务人不能履行义务的客观情况，如洪水、雷电、地震等。

18. 意外是指突然发生，事先难以预料，致使义务人不能履行义务的客观情况，如突发疾病、伤害、事故等。

第四条　合同关系和非合同关系政策（新）

国家鼓励和促进自然人、法人之间在买卖、借贷、工程承包等各类关系中订立书面合同，对合同全面、正确、公正、诚信、及时地履行。提高对他人、国家以及自有管理物的责任，预防侵权行为。

第五条　合同关系和非合同关系原则（新）

合同关系的基本原则：

1. 自愿原则；

2. 平等原则；

3. 诚实守信、合作原则；

4. 公序良俗、合法原则。

非合同关系的基本原则：

1. 侵权人承担责任原则。

2. 补偿原则，侵权人承担与侵权行为造成的实际损失相当的责任。

第六条　适用范围（新）

在老挝人民民主共和国境内订立、履行合同，或因侵权行为对国家、集体、个人和组织造成损害的适用本法。

第七条　国际合作（新）

国家鼓励与境外国家、地区和国际组织签订协议，汲取经验，交流信息，以提高订立、履行合同以及解决因违约、侵权所产生争议的知识和能力。

第二编　合同关系

第一章　总则

第一节　合同的订立

第八条　合同(修订)

合同是合同主体之间设立、变更、终止民事权利义务关系的决定。

合同可在以下主体之间产生：

1. 国家或集体组织之间；

2. 国家或集体组织与其他法人或自然人之间；

3. 法人或自然人之间；

4. 法人与自然人之间。

第九条　合同的特征(修订)

合同包括单方合同、双方合同或多方合同。

单方合同是指只有合同一方承担义务，合同另一方不承担义务的合同。

双方或多方合同是指双方或多方产生权利义务的合同。

以商业经营为目的的民事合同为商事合同。

合同成立，应满足以下条件：

1. 当事人自愿；

2. 当事人具有行为能力；

3. 合同目的明确、真实、合法；

4. 合同内容合法；

5. 合同形式合法。

第十条　当事人自愿(修订)

自愿原则是指合同当事人对签订合同拥有自愿的自由，避免因误解、欺诈、胁迫或合同一方无收益的原则。

误解是指合同内容与当事人合同目的不一致的行为。

欺诈是指合同一方当事人使用虚假信息使得另一方当事人因信任而签订合同的行为。

胁迫是指合同一方当事人恐吓伤害另一方当事人自身、家庭、亲属为由使得另一方当事人签订合同的行为。

合同当事人一方无益是指合同不公平导致合同一方当事人无利益的行为。

第十一条　当事人具有行为能力（修订）

行为能力是指自然人或组织能够以自己的行为使民事行使权利和义务产生的资格。

18周岁以上且精神正常的自然人具有行为能力。

组织自设立之日，具有行为能力。

第十二条　合同目的

合同目的是指合同当事人形成合同的关系需达到的目标。

合同目的应明确、清楚、合法、可履行，且不得违反公序良俗。

第十三条　合同原因

合同原因是指促使合同当事人形成合同权利义务的事由。

合同原因应明确、合法。

第十四条　合同形式（修订）

合同可以采取书面、口头或其他形式。

除自然人之间形成合同关系外，按照本法第8条形成的合同，应采取书面方式。

书面合同应载明合同签订日期，并经合同当事人的签署，必要时可捺手印。

合同当事人之间形成的书面合同可使用手写、打印或传真形式，必要时可邀请包括村长在内三人以上见证人进行见证。

为保障合同的真实合法，合同可经公证。

第十五条　合同内容（修订）

合同可包含以下主要内容：

1. 合同当事人的名称和住址；

2. 合同目的、价格、履行期限、结算和送达方式；

3. 合同范围、数量、质量；

4. 合同履行地点和通知义务；

5. 违约责任；

6. 争议解决方式；

7. 变更或终止合同的条件。

合同目的、价格、履行期限是合同的必备条款。

第十六条　要约和承诺（修订）

口头合同中，要约人不规定受要约人承诺时间的，受要约人应在收到要约时进行答复，受要约人承诺时合同即成立。

书面合同中，要约人不规定受要约人承诺时间的，受要约人可以在收到要约之日30

日内答复。

要约人规定承诺时间的，受要约人在规定的时间里承诺，合同即成立，要约人无权撤回要约。

受要约人超过规定时间作出承诺的，要约人接受该承诺的，合同成立。

受要约人的承诺增加、减少或改变要约人的要约，要约人接受的，合同按照受要约人承诺的内容成立。

第二节　无效合同

第十七条　无效合同

无效合同是指合同的订立不符合本法第 10 条规定的条件。

无效合同分为效力待定合同、全部无效合同和部分无效合同。

第十八条　效力待定合同（修订）

效力待定合同是指针对个人权利义务产生无效影响的合同。

效力待定合同包括：

1. 因欺诈、胁迫或合同一方无利益的合同；
2. 无行为能力人签订的合同；
3. 精神病人或严重醉酒的人签订的合同；
4. 代理人不良意图而签订的合同；
5. 特殊情况签订的合同。

效力待定合同经利益受损方同意或通过，即有效。

第十九条　无效合同

无效合同是针对国家或社会权利义务而无效的合同。

无效合同包括：

1. 以损害国家或社会利益为目的的合同；
2. 法人违反章程或经营范围签订的合同；
3. 隐瞒的合同；
4. 违反合同形式的合同。

合同当事人不得以任何形式使无效合同生效。

第二十条　全部或部分无效合同

全部无效合同是指合同内容全部无效的合同。

部分无效合同是指合同部分可以适用，部分不可以适用的合同。

第二十一条　无效合同的解除

无效合同可解除。

合同一方知晓合同存在无效情形的，应及时通知合同其他方解除合同。其他方不同意解除合同的，通知方有权向法院起诉要求解除合同。

未成年人、精神病人的父母或其他监护人有权代为解除合同。

未成年人、精神病人有权自成年或恢复行为能力后三年内，解除自己签订的合同。

效力待定合同，仅合同当事人有权解除。无效合同，权益相关的所有人均有权解除。

第二十二条　无效合同的影响

合同无效时，按照以下情况处理：

1. 因不符合条件签订的合同，或因法人违反经营目的或宗旨签订的合同，或因未成年人、精神病人签订的合同，或自然人在丧失神志或严重醉酒状态下签订的合同，或合同一方无利益的合同。合同已履行的，合同当事人应返还已获得的财产。

2. 以欺诈或胁迫方式签订的合同，合同已履行的，应将财产返还给受损方。

3. 以损害国家稳定、安全或社会秩序为目的的合同，将没收履行合同所产生的所有财产归国家所有。

第三节　合同履行

第二十三条　合同履行（修订）

合同当事人应在合同或法律规定的地点，诚信、全面、按时履行合同。

除法律有特别规定外，合同当事人不得拒绝履行合同或单方变更合同。

除合同约定或法律有特别规定外，合同当事人有权拒绝接受未按照合同约定或规定全面、正确履行的行为。

第二十四条　约定不明的合同（新）

合同对标的质量未约定或约定不明的，合同当事人应按照《标准法》或相关法律法规的规定，或按照符合合同目的的交易习惯履行。

合同对价格或报酬约定不明的，按履行时履行地的市场价格或政府规定的价格执行。

第二十五条　合同履行期限

合同应按约定和法律规定的时间履行。

合同没有约定履行时间的，权利人或义务人可随时要求履行合同。权利人要求义务人履行义务的，义务人应在收到权利人要求履行通知之日起 15 日内履行。

义务人未违反合同或法律的规定，经权利人同意，可提前履行义务。

第二十六条　合同履行地

合同应在约定或法律规定的地点履行。合同未约定的，按照以下方式履行：

1. 交付建筑物的，在建筑物所在地履行。

2. 履行债务的，合同履行地为合同订立时债权人所在地。债务人为政府机构、集体或社会组织的除外。

合同履行期间变更地址，并通知债务人的，合同履行地为债权人新的住所地，履行合同的费用由债权人承担。

3. 其他合同义务的履行地为合同订立时债务人所在地。债务人为法人的，在法人所在地履行。

第二十七条　合同履行方式（修订）

经权利人同意，合同可以现金、汇款、支票、实物或提供劳务方式履行。

合同义务履行前，债权人可以先出具收据。

债务人履行义务后，债权人应主动或经债务人要求及时出具收据或其他文件，最迟不得超过 15 日。

债务人使用支票进行支付的，履行日为债权人实际支票款项之日。使用汇款的，款项到达债权人账户之日为履行日。使用邮寄方式的，债务人向邮政机构交付款项或其他财产之日为履行日。

第二十八条　合同履行不能的通知

合同履行过程中，出现合同一方不能履行合同的情形时，不能履行合同的当事人，应在合同终止前将该情形及时通知合同相对方。

履行不能的情形不免除合同当事人的责任。该情形不存在时，合同当事人应继续履行合同。

第二十九条　合同的中止（新）

合同一方出现以下情形时，合同另一方认为继续履行合同会对自己造成损失，经通知对方可中止履行。

1. 被起诉或申请破产；

2. 经营状况恶化，使另一方缺乏信任；

3. 出现不能继续履行合同的情形。

合同一方未出现上述情况，另一方要求中止合同的，对所造成的损失，应承担赔偿责任。

被通知中止履行的一方，能够证明或提供相应担保保证合同履行能力的，双方应继续履行合同。若被通知中止的一方未能证明或不能提供担保，可以解除合同。合同解除后，已履行部分的合同，被通知一方应赔偿给对方。

合同中止适用于所有类型的合同履行过程，但单方合同除外。

第三十条　合同对第三人的影响

债权人有权将债权转让给其他人。

债权人转让债权时，应将债权凭证移交给新的债权人。若转让的债权不真实，应对新债权人承担责任。

债权人死亡的，继承人有权要求债务人履行义务。

经债权人同意，债务人可将债务转移给其他人。

债务人死亡的，债务人在继承财产范围内承担债务偿还义务。

第三十一条　代位权（新）

因债务人怠于行使其到期债权，对债权人造成损害的，债权人可以向人民法院请求以自己的名义代位行使债务人的债权，但该债权专属于债务人自身的除外。

债权人行使代位权的必要费用，由债务人负担。

第三十二条　违约责任

违约是指合同一方全部或部分不履行合同约定，或不适当履行，包括履行质量、履行时间、履行标准不符合合同的规定。

除因不可抗力导致违约外，违约方应赔偿合同对方的损失。

第四节　合同履行的担保

第三十三条　担保履行合同的措施（修订）

为保障合同全面的履行，防止因合同不能履行或履行不合理而造成债权人损失，法律规定可以采取的担保措施有：质押、抵押、担保、违约金。

第三十四条　抵押与担保

抵押与担保按照《合同履行担保法》的规定执行。

第三十五条　违约金

违约金是违约方未履行合同、未全面履行合同或未及时履行合同应承担的责任。

违约金由相关部门予以规定，未有特别规定的，按照合同当事人的约定。

第五节　合同的变更、解除和终止

第三十六条　合同的变更和解除

合同当事人协商一致可以变更或解除合同。

除合同另有规定外，合同一方违约使得另一方无利益时，无利益方有权变更或解除合同。

变更或终止书面合同的，应采取书面形式。

合同被解除的，已经履行的，不予变更。合同当事人一方先履行义务的，其他当事人应予以补偿。双方未履行的，不再履行。

第三十七条　合同终止

有以下情形之一的，合同终止：

1. 合同履行完毕的；

2. 合同当事人合并的；

3. 合同当事人一致同意终止的；

4. 合同不能继续履行的；

5. 合同当事人死亡且未有继承人的；

6. 法人作为合同当事人被注销或破产的。

法人组织被注销或破产的，合同当事人有权要求以法人所有的财产偿还费用和损失。

第二章　分则

第一节　买卖合同

第三十八条　买卖合同

买卖合同是指卖方有义务交付财产标的给买方，买方接收财产并按约定支付对价的合同。

卖方出卖的财产应具有所有权，若卖方出卖的财产被法院或仲裁机构查封，卖方应赔偿买方损失。

签订买卖合同时，卖方应告知买方其他人对财产所拥有的权利，如财产被租赁。卖方不告知的，买方有权解除合同并要求赔偿损失，或要求降低价格。

在财产正式交付前，卖方有义务保障财产不被损害，直到买方接收。

买方按照以下规定拥有财产的所有权：

1. 自卖方交付财产，且买方交付对价时。

2. 若买方支付全部对价时，尽管卖方未交付财产，买方拥有财产所有权；根据合同当事人的约定，尽管买方未按照约定支付全部对价，但卖方交付财产时，买方拥有财产所有权。

第三十九条　买卖标的的质量

买卖标的物的质量应符合合同的规定，若标的物质量不符合合同的规定，卖方应承担责任。

买方知晓买卖标的不符合合同规定的，有权要求卖方更换，或要求卖方降低价格，或主张解除合同并主张赔偿损失。

买方接收标的物时应检验标的物质量，发现质量问题时应及时告知卖方，否则应承担相应损失。

第四十条　分期付款买卖（修订）

卖方可采取分期付款的方式出售标的物，买方自支付全部价款后拥有标的物所有权。

买方未按照合同约定支付全部价款，或连续三次延迟支付价款的。卖方有权解除合同，要求返还标的物，且不退还已支付的价款。

因买方的原因导致标的物损坏的，买方应按照合同的规定支付全部价款。

买方未成为标的物所有权人时，即采取诈骗等方式将标的物转卖的。标的物所有权人和受损害的转买人有权对转卖人提起诉讼。

分期买卖关系应执行出售时合同约定的价格。履行过程中标的物价格发生改变的，不影响分期买卖标的物约定的价格。

第四十一条　非法交易

善意买方是指出于合法的目的，以市场价格购买标的物，且购买和使用该标的物的行为公开、连续且稳定的买方。当标的物的实际所有权人有权要求善意买方返还标的物，善意买方有权要求无处分权的卖方返还购买价款。标的物的实际所有权人有权起诉无处分权的卖方。

恶意买方是指知道或应当知道买卖关系违法的买方，一般表现为购买价格与市场价格不相符，购买行为隐蔽、不连续等。标的物的实际所有权人有权要求恶意买方返还标的物，且不予补偿。恶意买方有权要求无处分权的卖方返还购买价款，但无权向法院提起诉讼。

第四十二条　标的物的运送

卖方应将标的物运送至买方所在地或合同约定的地点。

买方应接收标的物，运送费用的承担由买卖双方约定。

卖方未按照约定的时间运送标的物的，买方有权不接收标的物。

买方主动支付价款、运送费后，有权要求卖方给予补偿。

卖方运送的标的物数量、质量等不符合合同约定的，买方有权不接收标的物、不支付价款。若买方已支付价款的，卖方应予以返还并承担赔偿责任。

第二节　互换合同

第四十三条　互换合同

互换合同是指合同一方决定将自有财物交付合同另一方，合同另一方可以其他财物予以交换的合同。

第四十四条　现金在交换合同中(新)

当一方财物价值高于另一方交付财物价值的，财物价值较低一方可以现金方式补足。

第四十五条　互换合同的规则适用(修订)

互换合同参照买卖合同的规则。

互换合同自合同当事人交付财物时生效。

第三节　赠与合同(新)

第四十六条　赠与合同(新)

赠与合同是指赠与人将自己的财产无偿给予受赠人，受赠人表示接受的合同。

赠与的财产可以是动产，也可以是不动产。

第四十七条　动产赠与(新)

动产赠与自动产交付至受赠人之日起生效。

赠与的动产经注册登记的，自变更登记之日起生效。

第四十八条　不动产赠与(新)

不动产赠与合同中的不动产是取得所有权证书或经有权机关登记的财产。

不动产赠与应以书面合同的形式确定。

不动产赠与以变更登记为生效要件。

第四十九条　附条件赠与合同(新)

附条件赠与合同是指赠与人依法附条件赠与，受赠人应先按条件履行义务，或履行义务后才获得财产所有权的赠与合同。

受赠人履行全部义务后，即成为赠与财产的所有权人。受赠人未完成全部义务或条件的，赠与人有权解除赠与合同。

第五十条　赠与的财产范围(新)

赠与的财产范围适用《继承法》第25条的规定。

第五十一条　赠与财产瑕疵告知义务

赠与人应告知受赠人赠与财产的瑕疵或特点。因赠与人不告知瑕疵或特点，造成受赠人损失的，应当承担损害赔偿责任。

第四节　典当合同

第五十二条　典当合同

典当合同是指卖方将财物出售给买方，卖方在3年内有权按照出售价格赎回财产的合同。

3年期满后，经合同当事人一致同意，卖方赎回的期限可延展1年。

期限届满后，卖方不赎回典当物的，买方即成为典当物的所有权人。

除合同当事人有其他约定的，买方支付全部价款后，典当物产生的孳息归买方所有。买方未支付全部价款的，无权取得典当物的孳息。

第五十三条　典当财产的保管

买方应妥善保管典当物，卖方应承担买方为保管典当物而支出的费用。若上述保管费用低廉，则由买方承担。买方有权使用典当物。若卖方在规定的期限内赎回典当物，买方应将典当物恢复原状。

第五节　借贷合同

第五十四条　借贷合同（修订）

借贷合同是指出借人将货币或实物交付借用人所有，借用人在约定期限内归还同等数量的货币或同质量的实物的合同。

借贷合同未约定期限的，依本法第26条之规定履行。

借贷合同可约定利息。未约定利息但借款人延迟返还的，出借人可要求借款人赔偿损失。

依法向银行或者金融机构借贷的，按银行或金融机构的规定办理。

个人或者组织之间以基普或者外币借贷的，利息按合同当事人的约定履行。已支付的利息，不予返还。但借贷双方因发生争议而诉讼的，未支付的利息按争议发生地国有商业银行同期贷款利息计算，已支付的利息不得计入本金。

合同履行期限届满，出借人拒绝接收债务返还的款项或实物的，不得继续计算利息。

向境外或国际组织的借贷，利息按合同当事人的约定执行。

借贷双方因借款本金或利息发生争议，债务人应同时归还借款本金及利息。

借贷合同应采取书面方式。

第五十五条(修订) 夫妻共同债务

夫妻双方或一方应对以下债务承担责任:

1. 夫妻共同借贷行为;

2. 夫妻一方的借贷行为,但用于夫妻共同生活;

3. 夫妻一方的借贷行为,但未用于夫妻共同生活,另一方以自有财产偿还的,在分割共同财产时,有权获得补偿。

第六节 借用合同

第五十六条 借物合同

借用合同是出借人将出借物无偿交给借用人使用,借用人在一定期限内返还原物给出借人的合同。

第五十七条 借用人的义务

借用物在借用期间发生损失或损坏,借用人应承担赔偿责任,但双方有其他约定的除外。

借用人无法归还借用物,或者借用物不能继续使用的,借用人应根据出借人的同意,按当时的市场价,以现金或其他方式进行赔偿。

借用人无权将借用物转借他人。

第七节 租赁合同

第五十八条 租赁合同(修订)

租赁合同是指出租人将财产租借给承租人使用,承租人按约定使用租赁物,并按期支付租金的合同。

租赁合同未约定期限的,出租人或承租人有权随时解除合同。租赁土地、房屋或其他建筑物等不动产的应提前 3 个月通知对方,租赁车辆、船舶、动物等动产的应提前 1 个月通知对方。

解除种植土地租赁合同的,应在收割季节末或者新开种季节前通知对方。

移交租赁物前,出租人应告知承租人告知租赁物瑕疵或特点。

因出租人未告知租赁物瑕疵或者特点而产生损害或损失的,承租人不承担赔偿责任。

第五十九条 租金的支付

租赁合同中,承租人可按日、周、月、年支付租金,也可预付租金。承租人违约导致租赁合同解除的,承租人有权要求出租人返还剩余租期的租金,但应赔偿出租人由此产生的损失。

出租人违约的，承租人有权要求出租人返还剩余租期的租金，并赔偿由此产生的赔偿损失。

第六十条 租赁物的使用和维修

承租人应按合同约定和租赁物的特性使用租赁物，保管、维护使之处于适当状态。租赁合同终止后，承租人应将租赁物原物返还出租人。他人对租赁物造成损害的，承租人应承担责任。

租赁物使用过程中发生如修锁、补漏、补胎等基本维修由承租人承担。若发生如房屋主体修理、汽车发动机维修等对租赁物大修的，则由出租人承担。

经出租人同意，承租人代为对租赁物进行大修的，有权向出租人要求返还维修费或折抵租金。

承租人提出大修后，出租人有能力而不维修，出租人有权解除合同，并要求返还已支付未使用期间的租金。

第六十一条 租赁物所有权变更（修订）

出租人赠与或出让租赁物的，出租人应告知租赁物的租赁关系的存在。赠与或出让后，租赁合同对新的租赁物所有权人仍有效。

第六十二条 转租（新）

经出租人同意，承租人可在租赁合同规定的期限和条件范围内，将租赁物转租给他人。

第八节 保管合同

第六十三条 保管合同

保管合同是指保管人保管寄存人交付的保管物，合同当事人要求返还时，保管人返还该物的合同。

保管可以付费或不付费，由合同当事人决定或按专门规定执行。

保管合同规定期限的，保管期限届满前，保管人无权退还保管物，但寄存人要求在期满前取回保管物的除外。

保管合同未规定期限的，寄存人有权随时取回保管物。保管人在给予一定时间后，要求寄存人取回保管物。

除保管合同有其他规定外，保管费用按实际保管的时间计算。

第六十四条 保管人的义务（修订）

保管人有义务将保管物原物返还寄存人，保证保管物不受损失、损坏或丧失价值。

除寄存人同意外，保管人无权使用保管物或将保管物交由他人保管。保管物产生的孳息,归寄存人所有。

除不可抗力外,保管物发生损失、损坏或丧失价值的,由保管人承担责任。

发生可能导致保管物损害情形时,保管人应及时通知寄存人。保管人未通知的,将承担由此产生的损失。

第六十五条　寄存人的义务

寄存人应告知保管人保管物存在的瑕疵或特点。交接保管物时,合同当事人应检查保管物。

寄存人未告知保管物瑕疵或特点,使保管人或保管物遭受损失的,由寄存人承担责任。

寄存人应按约定按时取回保管物,并及时支付保管费。

当事人约定保管费支付时间,而寄存人延迟移交保管物的,相关责任由寄存人承担。寄存人延迟取回保管物的,应支付延迟期间的保管费。

保管人为保管保管物而实际支出的必要费用,寄存人应予以补偿。

寄存人不按规定期限提取易变形、失效保管物的,保管人有权出卖保管物。出卖所得扣除保管及出售费用后,应返还给寄存人。保管人非善意出卖保管物的,将承担侵占保管物的法律责任。

第九节　委托合同

第六十六条　委托合同

委托合同是指经当事人协商一致,代理人以委托人的名义,处理委托人事务的合同。委托人应按合同约定或法律规定,向代理人支付报酬。

除重要事项外,代理人可按委托合同开展委托事项。

委托不得超过 3 年。委托合同未规定期限的,自委托之日起 1 年内有效。

未满 18 周岁的未成年人、精神病人的父母或监护人是法定代理人,法定代理人或夫妻间无委托书也可代为行使权利。但上述代理人行使权利时,应提供亲属关系证明。

第六十七条　代理人的义务

代理人应严格按照委托人的委托,诚实信用从事委托事务。紧急状况时,代理人不能履行委托事项,可进行转委托。转委托应及时告知委托人,征得委托人同意。否则,代理人应承担对委托人造成的损失。代理人应及时向委托人报告委托事项,返还根据委托获得的财产或孳息。

代理人未依委托内容或越权委托权限处理委托事务,给委托人造成损失的,应予以赔偿。

第六十八条　委托人的义务

委托人应向代理人提供必要条件，履行委托事项。代理人完成委托事项时，委托人应按合同的约定支付委托报酬。代理人为处理委托事务垫付的必要费用，委托人应当偿还该费用。代理人未按委托内容或超越委托权限的，委托人有权拒绝接受代理人的行为。

委托人拒绝接受代理人按委托合同完成的工作时，应承担包括代理人合理支出的费用以及其他损失。

第十节　服务合同

第六十九条　服务合同（修订）

服务合同是指经当事人协商一致，服务方提供使用、制作、建设或咨询服务，使用方按约定支付服务费的合同。

第七十条　服务合同种类（修订）

服务合同包括：

1. 普通服务合同；

2. 技术服务合同。

普通服务合同是指经当事人约定，服务方提供修理、理发、制衣、餐饮等服务的合同。

技术服务合同是指经当事人约定，服务方提供研究、分析、数据、咨询、软件制作、技术报告等符合专业技术规范服务的合同。

技术服务合同应采用书面形式。

第七十一条　服务方的权利义务（新）

服务方有权按合同约定收取服务费。

服务方有以下义务：

1. 提供符合质量技术规范，满足使用方要求的服务。

2. 维护使用方的物品。

3. 按照约定的时间和质量向使用方交付成果。

4. 保守秘密。

第七十二条　使用方的权利义务（新）

使用方有以下权利：

1. 有权要求服务方返还用于服务的物品。

2. 有权要求服务方修缮或解决服务成果的缺陷。

3. 有权拒绝接受服务方未按约定提供的服务。

4. 有权要求服务方赔偿违约产生的损失。

5. 变更服务方，但应支付原服务方已完成部分的费用。

使用方应履行以下义务：

1. 提供必要的设备、资料；

2. 接受服务方符合合同约定的成果，并支付服务费。

第十一节　建设工程承包合同

第七十三条　建设工程承包合同(修订)

建设工程合同是指经当事人协商一致，承包人使用发包人提供的或自有的材料进行工程建设，发包人接受工程成果并支付价款的合同。

承包人有权拒绝发包人不符合技术标准的要求，也有权拒绝使用发包人提供的不符合技术标准的材料或设备。

发包人在适当期限内不予处理的，承包人有权解除合同并要求赔偿。

承包人应正确合理使用发包人提供的材料和设备，因使用不当造成损失的，应承担责任。发包人提供材料的，承包人应记录使用情况并返回剩余材料。

发包人有权检查建设情况，承包人未按合同约定施工，导致建设工程不符合技术标准或损坏的。发包人有权要求承包人在合理期限内改正或修复。发包人自行修复的，有权要求承包人承担损失。除此之外，发包人还有权解除合同。

发包人提供的材料或设备应满足质量和技术标准，并符合约定的期限。

第七十四条　工程质量的保证

承包人应保证工程符合建设管理规定。

工程质保期内，发包人发现工程存在质量问题，有权要求承包人无偿修复。

第十二节　运输合同

第七十五条　运输合同(修订)

运输合同是指当事人协商一致，承运人将旅客及其随身物品或货物从起运地点运输到约定地点，旅客、托运人或者收货人支付票款或者运输费用的合同。

运输合同自承运人接纳旅客及其随身物品或货物之时生效，直到旅客及其随身物品到达目的地，或货物所有人、收货人收货时终止。

运输合同可采用陆运、水运和空运形式，并符合相关特殊规定。

第七十六条　承运人的义务

承运人有义务把乘客以及其随身物品安全运到目的地，或将运输的货物按承运时的数量、质量运至目的地交付收货人。

除不可抗力外，运输过程发生事故导致旅客受伤、死亡或承运货物的毁损，承运人应承担赔偿责任。

第七十七条　运输费用（修订）

旅客应按照政府指导价或合同双方的约定，在出发前或达到后支付票款。

托运人可按约定，在运输前或运输完成后支付运费。

第十三节　合伙合同

第七十八条　合伙合同（修订）

合伙合同是指两人或多人用现金、资产或劳务作为出资，共同经营、共享成果、共担风险的经营合同。

合伙合同应符合《老挝人民民主共和国企业法》及其他相关法律法规的规定。

第七十九条　合伙合同的终止（修订）

下列情形之一，合伙合同可以终止：

1. 合同目的已实现；
2. 合同期限届满；
3. 双方当事人中一方死亡且无继承人；
4. 经当事人协商一致；
5. 合同当事人合并；
6. 人民法院裁决终止；
7. 合伙人破产或者丧失行为能力，但有其他约定或企业破产规定的其他情形除外。

第八十条　利润分配及债务承担（修订）

合伙合同终止时，合伙合同对债权债务没有约定的，债权债务按持有的合伙份额进行分配和承担。

第三章　非合同关系

第一节　侵权人行为产生的责任

第八十一条　非合同关系的产生（修订）

除自卫、依法履行职责或受害人自身原因外，侵权人给他人造成损失的，应赔偿损失。

第八十二条　损失的特性（修订）

损失应具有必然性，包括已产生的损失或可预期的损失。

可能发生的损失或预期不会发生的损失，不具有损失的必然性。

第八十三条　损失的形式（修订）

损失包括以下三种形式：

1. 财产损害；

2. 生命健康权损害；

3. 精神损害。

第八十四条　过错

过错是指故意或者疏忽大意、违反法律规定损害他人合法权益的行为。

第八十五条　行为和损害结果的因果关系

侵权人的行为违反法律规定满足以下条件，使受损人的损害结果与侵权行为之间存在因果关系，应承担赔偿责任。

1. 行为是发生损害的必要条件；

2. 行为在损害结果发生前；

3. 行为是损害结果发生的直接原因。

第八十六条　超越职权范围的责任

明知超越职权而作出行为导致他人损害的，应承担超越职权部分造成损害的赔偿责任。

第八十七条　紧急避险的责任

行为人紧急避险，应根据实际情况或受益的第三人在受益范围内承担赔偿责任。

第八十八条　共同侵权的责任

共同侵权行为导致他人损害的，应连带承担赔偿责任。人民法院根据查明的事实可以裁决由其中一人或多少承担赔偿责任，承担赔偿责任的人有权对其他人进行追偿。

第八十九条　赔偿责任（修订）

赔偿责任的范围应与侵权人的过错相适应。

赔偿责任的范围除损失外，还应赔偿受损人因侵权行为导致的可得利益、受损人支出的额外费用。

受损人具有过错的，应在过错范围内承担损失或其他赔偿费用。

第二节　因监护下的他人、动物或物产生的侵权责任

第九十条　雇主责任（修订）

雇员在工作范围内对他人造成损害的，由雇主承担赔偿责任。

雇员具有重大过错的，雇主承担赔偿责任后，有权向雇员追偿。

为自身利益雇佣他人的，依照本条规定。

第九十一条　父母、监护人或者监管人责任

未成年人以及精神病人造成的损失，由其父母、监护人，或其他如幼儿园、医院等履行职责的主体承担赔偿责任。

第九十二条　动物监管人的责任

因动物造成的损失，由动物的所有权人或监管人承担赔偿责任。

第九十三条　因物导致的侵权责任

因物的所有权人或监管人过失行为导致的损失，由所有权人或监管人承担赔偿责任。

第三节　无因管理

第九十四条　无因管理

无因管理是指未受他人委托，为避免他人利益受损失而为他人管理事务的行为。如他人不在时，帮他人维修房屋。

第九十五条　无因管理的条件

无因管理的管理人具有为他人管理的意思，目的在于为他人谋利。经物的所有权人或管理权人的同意，无因管理人也可进行管理。

无因管理也可以是法律行为，如代为清偿债务、维修房屋等。

第九十六条　无因管理的结果

无因管理人应履行本法第69条规定代理人同等的义务。无因管理的管理人应告知所有权人管理情况，对管理过程中产生的损失负责。无因管理人应延续管理行为至管理事务完毕或所有权人管理时止。

无因管理的受益人应补偿无因管理人支出的必要费用。无因管理行为经所有权人或管理权人同意的，所有权人或管理权人应履行与委托人同等的义务。

第四节　不当得利

第九十七条　因故意取得不当得利

明知自己没有合法依据而取得他人财产，应将取得的包括孳息在内的不当利益返还他人。

第九十八条　因误解取得不当得利

因误解取得他人财产，应将取得的不当利益返还他人。物的所有人应补偿保管费用。

第四章　争议解决和诉讼时效

第九十九条　解决争议方式（修订）

因履行合同发生的争议或要求赔偿损失，当事人可协商解决。协商不能解决的，可申请调解机构、经济仲裁机构调解或向人民法院诉讼。

第一百条　诉讼时效（修订）

建筑工程合同纠纷的诉讼时效为10年，其他合同纠纷或侵权赔偿的诉讼时效为3年，法律有特别规定的除外。

诉讼时效从合同终止之日或损失发生之日计算。

诉讼时效因不可抗力或意外突发事件导致诉讼不能而中止。

不可抗力消除后，诉讼时效继续计算。

诉讼时效因当事人认可债务等法律行为而中断，诉讼时效自中断之日重新计算。

第五章　禁止条款（新）

第一百零一条　自然人和法人禁止行为（新）

自然人和法人不得有以下行为：

1. 单方变更或终止合同；
2. 伪造文书或合同；
3. 未经许可，擅自买卖国家或公共财产；
4. 行贿；
5. 超越委托权限签订合同；
6. 提供虚假信息；
7. 欺骗、欺诈或胁迫签订合同；
8. 怂恿儿童、精神病人或者处于严重昏迷状态下的人或者失去意识的人签订合同；

9. 未尽监管义务，自有动物或物品致他人损害；

10. 权利人在场并表达意思，未经同意的代理。

第一百零二条　国家公务人员的禁止行为（新）

国家公务人员不得有以下行为：

1. 利用职权为自己、家庭或者团体牟利；

2. 收受他人财物；

3. 未经详细的论证或检查，签署文件证明或合同；

4. 伪造文书；

5. 提供虚假信息。

第六章　奖惩（新）

第一百零三条　奖励政策（新）

在组织实施本法中，成绩突出的个人或者法人，按规定将获得表彰或者其他政策。

第一百零四条　处罚措施（新）

自然人、法人违反本法规定，造成国家、社会或他人损失的，将根据情节轻重予以处罚或追究法律责任。

第七章　附则（新）

第一百零五条　组织实施（新）

老挝人民民主共和国总理府组织本法实施。

第一百零六条（新）　生效

本法自老挝人民民主共和国主席颁布主席令之日起生效。

本法替代1990年6月27号第02/90号《老挝人民民主共和国合同关系法》以及1990年11月29日第08/90号《老挝人民民主共和国非合同关系法》。

与本法相冲突的法律、法规及规定无效。

坦桑尼亚联合共和国桑给巴尔反腐败和经济犯罪法（2012）*

2012 年第 1 条法案
I 同意

签名：ALI MOHAMED SHEIN 博（桑给巴尔总统，革命委员会主席）

2012 年 4 月 12 日

本法案旨在成立桑给巴尔反腐败和经济犯罪公署，

规定其职责、权力和其他相关事宜。

由桑给巴尔众议院审议通过。

第一章　绪则

第一条　简称和生效时间

本法代指桑给巴尔反腐败和经济犯罪法案（2012 年），总统签字同意后即行生效。

第二条　解释说明

（1）除本法另有说明，“代理人” 包括

（a）任何受雇于他人或代理他人行为的个人；

（b）托管人；

（c）管理人或执行人；

（d）公职人员。

“公署” 是指依照本法第 3 条成立的桑给巴尔反腐败和经济犯罪公署。

---

* 译者简介：胡玭玭，北京外国语大学法学院国际法与区域治理专业博士生。

“收益”是指任何礼品、借款、礼金、酬金、约定、服务、偏袒、包庇、允诺或其他形式的报酬或获利。

“宪法”是指桑给巴尔宪法（1984年）。

“腐败”是指：

（a）违反本法第36条至42条，第53条至第58条的行为；

（b）涉嫌欺诈的犯罪行为：

（i）违反任何与税金、利率或征税相关的法案；

（ii）违反任何与公职选举相关的成文法。

“腐败行为”是指：

（a）构成腐败的行为；或

（b）在本法案实施前发生的腐败行为，并在行为时构成犯罪。

“委员会”是指桑给巴尔革命委员会。

“署长”是指依照本法第4条任命的人员。

“副署长”是指依照本法第6条任命的人员。

“经济犯罪”是指违反本法第43条至第52条的行为。

“政府”是指桑给巴尔革命政府。

“调查人员”是指依照本法，经署长授权代表公署进行调查的人员，包括依照本法规定，经检察长授权进行调查的人员。

“部长”是指分管反腐相关事宜的部长。

“官员”是指经雇佣或任命，出任公共或私人团体任职的官员。

“总统”是指桑给巴尔总统，革命委员会主席。

“请托人”包括雇主。

“私营团体”是指任何个人和非公组织，包括志愿组织、慈善机构、公司、合伙企业、社团和其他形式的组织。

“公共团体”是指履行公共机构职责或代表公共机构履行职责的个人或机构。

“来源不明的财产”是指

（a）在实施腐败或经济犯罪当时、前后收受的财产；并且

（b）财产价值明显超过犯罪者实施犯罪时已知的收入水平，且无法做出合理解释。

（2）本法中，任何机构在行使与腐败相关的权力或职能时，这些权力或职能应当包括处理经济犯罪的权力或职能。

第二章　成立公署

第三条　成立公署

（1）特此设立桑给巴尔反腐败和经济犯罪公署。

（2）公署是独立于政府的自治机构，并且：

（a）是一个有公章的永久存续的法人团体；

（b）有权利起诉和被诉；

（c）有权利取得或处置任何动产和不动产。

第四条　署长的任命

（1）公署设有署长一名，由总统直接任命。

（2）署长是公署的首席执行官，负责公署日常工作。

第五条　署长的任期保障

为确保公署廉正独立，依照《宪法》第95条，除经高等法院法官执行相关程序说明理由外，署长不得被调离。

第六条　副署长的任命

（1）总统可以任命一名副署长作为署长的首席助理，执行公署日常工作。

（2）副署长在署长的指令下执行公署的职责。

第七条　署长和副署长的任职条件

（1）担任署长必须具备下列条件：

（a）为桑给巴尔公民，拥有正规院校的法律一级学位；且

（b）在法律领域工作满七年。

（2）担任副署长需具备本条第（1）款（a）项条件，且工作满五年，否则不得任职。

第八条　其他职员

（1）公署可根据日常运转的需求，依照署长决定的条件和要求，雇佣或任命相关职员，聘请咨询服务、专家或独立调查人员。

（2）公署招聘专职人员和后勤人员均需依照《公务员法》及其规定，除非招聘方式可以确保公署获得最合适的人选。

（3）为维护公署的机构独立性和廉洁性，除总统直接任命外，未经署长书面同意，任何个人不可调入或调离公署。

第九条　公署的资金

（1）公署应当有独立的财政预算，公署分配、累积、使用的资金应当从专项基金中

拨付。

（2）财政部主计长应当指定会计师负责公署的拨款预算；总会计师依照本法条款，配备足够职会计师负责预算的会计工作。

（3）公署的资金包括：

（a）众议院每一财政年度拨付给公署的资金；

（b）公署从其他合法渠道接受的补助、捐赠等其他资金。

第十条　账户和审计

（1）公署必须保存或委托他人保存其账户收入、支出、资产和负债的完整账簿和记录。

（2）公署必须提供年度账簿供主计长和审计长，或其他由主计长和审计长认可的审计员审计。

第十一条　预算

署长需在每个财政年结束前，在负责政府预算的部门规定的时间内，准备并向部长提交公署下一财政年的收支预算。

第十二条　年度报告

（1）署长需安排准备每一财政年的年度报告，并在该财政年结束后三个月内向部长提交。

（2）年度报告需包括该财政年的：

（a）公署财务报表；和

（b）公署财务往来明细。

（3）部长依照本条第（1）款收悉报告后，需将报告提交至委员会，并最终提交至众议院。

（4）公署需自行以适当的方式在报纸上刊载年度报告。

第三章　公署的职能

第十三条　公署的职能

（1）公署的职能如下：

（a）接待并调查所有针对公共或私人团体中腐败行为的投诉；

（b）在下列行为已经出现或即将出现时，调查所有署长认为存疑的事件：

（i）构成腐败或经济犯罪的；

（ii）有可能允许、鼓励或构成腐败或经济犯罪的。

（c）调查所有署长认为依照本法会助长腐败或经济犯罪的个人行为，或违背道德的个人行为；

（d）协助政府执法机构调查腐败或经济犯罪；

（e）按照个人或机构的要求，为个人或机构防控腐败行为提供建议和帮助；

（f）检查公共或私人团体的工作和制度，帮助查证腐败行为，并对署长认为容易导致腐败行为的工作或制度进行稳妥整改；

（g）向署长认为有必要降低腐败行为发生可能性的公共或私人团体的负责人提出可有效履行的举措或制度整改建议；

（h）做好腐败和经济犯罪的危害性，以及道德规范的重要性的公众教育；寻求并促进反腐败和经济犯罪的公共支持；

（i）调查损失或破坏公共财产案件的法律责任，并且：

（i）经与司法部长磋商，对个人提起要求恢复财产原状或赔偿的民事诉讼；

（ii）恢复财产原状或下发强制赔偿令，即使该财产位于桑给巴尔领域外或用来执行赔偿令的资产位于桑给巴尔领域外。

（2）署长可将移交至其的涉及本章第一款所述罪行的在查案件提交至检察长。

（3）署长在履行本法所规定的公署的职责时，不应受任何其他个人或机构的干涉。

第十四条　署长的权力

（1）在依照本法履行公署的职责时，署长拥有下列权力：

（a）授权公署任何官员依照本法对任何指控或涉嫌的罪行开展询问或调查；

（b）书面要求任何个人在规定的时间内提供所有可能与腐败行为或经济犯罪相关的书籍、记录、收益、报告、电子数据和其他材料；

（c）署长依照本法授权开展讯问调查时，要求任何个人或机构在规定的时间内提供与讯问调查有必要关联的信息或回答相关问题。

（2）如不能：

（a）依照本条第（1）款（b）项提供所需材料的；或

（b）依照本条第（1）款（c）项提供信息或回答问题，或故意提供虚假信息、发表虚假陈述的；

构成犯罪。一经定罪，将处以一百万先令以上一亿先令以下罚款，并处或者单处两年以上十年以下有期徒刑。

（3）在不妨碍本条第（1）款所述一般权力的前提下，署长或受署长委托的官员，有权力逮捕、进入场所或船只、搜查和留置犯罪嫌疑人，扣押有合理理由认为是该犯罪嫌疑人进行腐败或经济犯罪的场所或即将进行犯罪的场所中的财物。相关程序适用刑事诉讼法（2004年第7号法案）。

（4）对依照本条第（3）款扣押的财物，署长或受署长委托的官员应当当场出具扣押收据，由在场的见证人和被扣押财物的所有人、占有人、现实持有人或其亲属签字。

（5）搜查场地或船只前，署长或受署长委托的官员应当依照桑给巴尔刑事诉讼法执行相关程序。

（6）署长委托的官员，无正当理由下令、委托他人或亲自搜查个人、场所、建筑、船只、车厢或容器，构成犯罪。一经定罪，将处以一百万先令以上三百万先令以下罚款，并处或单处三年以下有期徒刑。

（7）如署长已确知：

（a）可能实施了腐败或经济犯罪的犯罪嫌疑人；或

（b）某股金账户、进货账户、俱乐部账户、投资账户、银行账户或其他种类账户，以及银行簿册、公司簿册、文件或其他信息与署长书面公布或确认的犯罪嫌疑人相关，并且有利于该犯罪行为的调查，则署长可以书面委托公署官员：

（i）查询该账户、簿册、文件或其他与署长公布或确认的犯罪嫌疑人相关的物品；

（ii）以调查和了解相关信息为目的，要求任何其他人员提供该账户、簿册、文件或其他与署长公布或确认的犯罪嫌疑人相关的物品；

（iii）复印该账户、簿册、文件或其中的条目，拍摄相关物品；且

（iv）如有必要保全证据，可扣押原件。

（8）征得检察长同意后，署长或署长委托的官员有权依照本法对腐败或经济犯罪罪行提起公诉。

第十五条　调查特权

（1）署长或署长委托的官员在依照本法就某项罪行开展调查时可以：

（a）命令任何个人就官员认为有助于查明犯罪事实的情况接受署长或署长委托的官员的询问；或

（b）命令任何个人提供可能有助于查明犯罪事实的簿册、文件或经过核证的复印件，以及其他物品；

（c）通过书面通知，要求任何个人经宣誓后做出可能有助于查明犯罪事实的陈述或证言。

（2）任何个人在依照本法调查犯罪事实过程中，故意：

（a）向调查人员提供或指使他人提供与犯罪事实相关的虚假报告或信息；或

（b）误导调查人员，构成犯罪。一经定罪，将处以一百万先令以上罚款，并处或单处三年有期徒刑。

第十六条　与其他机构的合作

（1）公署在履行公职时，可以与任何适当的个人或机构合作，该个人和机构有向公署提供合作的义务。

（2）尽管有本条第（1）款的规定，署长或署长委托的官员在依照本法对犯罪事实或涉嫌的罪行开展调查时，可以要求任何公职人员依照本法在合理行使权力或履行职责的过程中提供帮助。

第十七条　绩效评估

（1）署长应当制定绩效标准，供每一位调查人员或依照本法任命开展调查工作的人员遵照执行。

（2）署长应当至少每两年指定一名合格的专家或公司开展绩效评估，确定绩效标准是否达到，以及标准是否恰当。

（3）开展绩效评估的专家或公司应当向部长提交绩效评估报告，部长应当将绩效评估报告副本提交至总统。

（4）部长应当在将绩效评估报告提交至总统后，尽快提交至众议院。

第十八条　高效宣传

（1）公署是政府宣传与反腐败活动和经济犯罪相关的政策、法律、项目、技巧和公众意识等各方面的卓越中心。署长应当寻求并利用资金和技术资源履行该职责。

（2）在不影响本条第（1）款的一般性原则下，署长尤其应当完成下列全部或任意一项工作，以实现第（1）款的目标：

（a）设计并公开发行与使命和目标相关的出版物；

（b）委托他人或亲自承担调查或研究项目；

（c）组织论坛、议会或研讨会，并参加其他机构组织的论坛；

（d）设计并通过媒体开展腐败和经济犯罪公众意识提升项目。

第四章　调查

第十九条　调查

（1）署长和署长委托的官员可以代表公署开展调查。

（2）为达到调查目的，署长和其委托的官员除享有本章规定的有关署长和调查人员的权力外，还享有警官的权力、特权和豁免。

第二十条　调查人员的身份证明

（1）公署向调查人员颁发身份证件，该身份证件是调查人员的身份证明。

（2）公署颁发的身份证件需署长签名并加盖公署印章。

第二十一条　未调查的投诉

如署长收到个人针对腐败行为或经济犯罪的投诉，拒绝调查或中止调查的，署长应当书面通知投诉人并说明理由。

第二十二条　犯罪嫌疑人的财产声明

（1）公署可书面通知有合理理由认为实施了腐败或经济犯罪的犯罪嫌疑人，要求其在通知列明的合理时间内出具书面声明：

（a）列明该犯罪嫌疑人的财产和取得的时间；

（b）陈述在涉嫌腐败或经济犯罪时间点附近取得的财产来源，如是否通过购买、赠予、继承或其他方式获得，以及是否支付报酬等。

（2）任何不作为或未能按本条要求提供声明的个人构成犯罪。一经定罪，将处以一百万先令以上罚款，并处或单处两年以下有期徒刑。

（3）本条规定的公署权力，只能由署长行使。

第二十三条　提供信息的要求

（1）公署可通过书面通知，要求个人在通知列明的合理时间内提供犯罪嫌疑人的关联人信息和该关联人的书面财产声明。

（2）本条第（1）款“犯罪嫌疑人的关联人”是指调查人员有合理理由认为可能与涉嫌腐败或经济犯罪的嫌疑人有过交易的个人，无论该个人是否涉嫌腐败或经济犯罪。

（3）署长可通过书面通知，要求任何个人在通知列明的合理时间内提供该个人掌握的与腐败或经济犯罪的嫌疑人有关联的任何信息或文件。

（4）任何不作为或未能按本条要求提供信息的个人构成犯罪。一经定罪，将处以一百万先令以下罚款，并处或单处两年以下有期徒刑。

（5）本条不要求个人主动公开任何受成文法保护的信息或秘密。如经署长申请，法院可放弃特权并命令个人提供。

第二十四条　提供记录和财产

（1）公署可通过书面通知，根据调查需要要求个人提供其所掌握的特定记录，无论该个人是否涉嫌腐败或经济犯罪；并要求该个人或其他个人就该记录在其了解范围内提供解释或信息，无论该记录是否由该其他个人提供。

（2）本条第（1）款的要求可能包括个人单独接受询问，提供解释或信息。

（3）本条第（1）款的要求可能包括在不超过六个月的时间内持续提供记录、解释或信息。

（4）本条第（3）款中的六个月的时间期限并不妨碍公署再次提出要求，每次要求的时间期限不超过六个月。

（5）在不影响本法其他条款的前提下，公署可依照本条规定对提供的记录制作副本或摘录。

（6）本条规定中如出现以电子形式提供记录的特定要求，目的是减少硬拷贝的数量。

（7）为本条规定之目的，"记录"包括簿册、收益、银行账户或其他账户、报告、法律或商业文件以及严格的私人性质以外的通信往来。

（8）公署可通过书面通知，要求个人在通知列明的合理时间内，提供属于腐败或经济犯罪的犯罪嫌疑人，但由该个人实际占有的财产接受检查。

（9）任何不作为或未能按本条要求提供信息的个人构成犯罪。一经定罪，将处于一百万先令以上罚款，并处或单处两年以上有期徒刑。

第二十五条　搜查场所

署长或其委托的官员，无论有无搜查证，均可进入场所并搜查场所中的任何记录、财产或其他有合理理由怀疑会出现在该场所的信息，并且该信息无法从个人依照本章要求提供的信息中获得。

第二十六条　提供或搜查的信息的可采性

公署为达到调查目的，可在合适的时间采纳和保留个人依照本章要求提供的信息或从搜查场所获得的信息，并用作起诉任何个人的证据。起诉对象包括信息提供者或向其取得该信息的个人。

第二十七条　上交旅行证件

（1）如有合理理由怀疑个人实施了腐败或经济犯罪，或有关腐败或经济犯罪的案件正在调查中，经署长单方面申请，法院可下令要求该个人将旅行证件上交公署。

（2）如个人依照本条第（1）款的命令上交旅行证件，公署：

（a）应当在有关腐败或经济犯罪的调查结束后或决定不提起刑事诉讼后归还证件；或

（b）可自行决定提前归还证件，且可决定是否附加需要该个人随时出现的条件。

（3）如不服本条第（1）款命令，可向法院申请撤销或变更命令，或申请法院命令公署返还旅游证件。法院在听取双方意见后，可撤销或变更命令，或命令公署返还旅游证件，或驳回申请。

（4）如个人未能依照本条第（1）款中的命令上交旅行证件，可能会被逮捕并起诉。法院应当在有关腐败或经济犯罪的调查得出结论前拘留该个人，除非法院确信该个人名下没有任何旅行证件。

（5）依照本条第（4）款被拘留的个人在下列情形下应当被释放：

（a）将个人旅行证件上交至公署；

（b）使法院确信自己名下没有任何旅行证件；或

（c）有关腐败或经济犯罪的调查已经结束，且法院确信不会就案件提起刑事诉讼。

（6）法院应当至少每周或间隔更短的时间提审依照本条第（4）款拘留的个人，决定该个人是否符合本条第（5）款的释放条件。

第二十八条　逮捕

在不影响本法第 14 条的前提下，署长或调查人员有权力依照本法逮捕并指控任何个人。

第二十九条　可能影响调查的信息泄露

（1）除非经署长许可或有其他合法理由，个人不得泄露依照本法开展的调查细节，包括调查对象的身份。

（2）违反本条规定构成犯罪。一经定罪，将处以一百万先令以下罚款，并处或单处两年以下有期徒刑。

第三十条　冒充

调查人员以外的个人不得冒充调查人员，违反本条规定构成犯罪。一经定罪，将处以五百万先令以下罚款，并处或单处两年以下有期徒刑。

第三十一条　调查报告

（1）调查结束后，公署应当向检察长汇报调查结果。

（2）本条第（1）款所述调查报告应当包括署长对是否就腐败或经济犯罪起诉的建议。

第三十二条　季度报告

（1）公署应当准备季度报告，列明依照本法第 31 条向检察长提交的报告数量，以及其他公署认为有必要汇总的与报告相关的统计信息。

（2）季度报告应当说明公署对个人就腐败或经济犯罪提起公诉的建议是否被采纳。

（3）公署应当向部长提交每份季度报告的副本。

第三十三条　腐败和经济犯罪年度报告

（1）署长应当参照检察长的公诉报告，准备关于腐败和经济犯罪的年度报告。

（2）署长在准备年度报告的过程中，可咨询其他利害相关人以获得必要信息。

（3）年度报告覆盖的年度应当是以 12 月 31 日结束的自然年。

（4）年度报告应当总结该年度为打击腐败和经济犯罪所采取的措施，以及对更有效反腐的必要建议。

（5）年度报告还应当说明法院没有采纳公署就腐败或经济犯罪提起公诉的建议的案件，并简要列明没有采纳的理由。

（6）部长应当在年度报告涉及的年份结束后三个月内向众议院提交年度报告。

（7）本法案生效后的第一份年度报告应当覆盖自本法案生效之日到该年度 12 月 31 日的期间。

第三十四条　善意履职

（1）每位调查人员或依照本法任命开展调查工作的官员应当以正义为目标善意履行被授予的职责和权力。

（2）任何人企图通过腐败手段、胁迫或不正当影响干扰调查人员或受委托的官员开展调查时，该调查人员或官员有责任向署长正式报告相关情况。

第三十五条　提起公诉

出犯本法罪行的诉讼应当通过检察长提起或得到检察长的书面同意后提起。

第五章　违法行为

第三十六条　向代理人行贿

（1）本条适用于作为诱导或报酬的利益，或者因为代理人：

（a）对请托人的事物或业务作为或不作为；或

（b）涉及请托人的事物或业务时，对任何事物，包括个人或请托事项表现或不表现出支持意见。

（2）为本条第（1）款（b）规定之目的，因收受利益或对利益的期待容易影响代理人的意见，所以应当被认为是对代理人表达意见的奖励或报酬。

（3）如个人有以下行为则构成犯罪：

（a）收受或索要，或同意收受或索要本条所述利益；或

（b）给予或提供，或同意给予或提供本条所述利益。

第三十七条　秘密诱导获得的意见

（1）本条适用于为他人提供意见而获得的诱导或报酬性利益。

（2）如个人有以下行为则构成犯罪：

(a)收受或索要，或同意收受或索要本条所述利益，且该个人希望被咨询人隐瞒该收受行为；或

(b)给予或提供，或同意给予或提供本条所述利益，且该个人希望被咨询人隐瞒该收受行为。

(3)本条所述“提供意见”包括提供信息。

第三十八条　欺骗请托人

(1)代理人向请托人故意陈述虚假或误导信息，损害请托人利益的，构成犯罪。

(2)代理人使用或向请托人故意提供包含虚假或误导信息的文件，损害请托人利益的，构成犯罪。

第三十九条　利益冲突

(1)如代理人与请托人即将作出的决策有直接或间接的个人利益关系，且该代理人明知或有理由相信请托人对该利益不知情，代理人未能如实向请托人说明且参与请托人决策的，代理人构成犯罪。

(2)请托人授权代理人参与该私人团体决策，且代理人根据授权参与决策的情形与本条第(1)款所述内容不相悖。

(3)代理人在与公私团体的合同、协议或投资中，以直接或间接的方式，故意取得或保留个人利益的，构成犯罪。

第四十条　为获得任职给予托管人不当利益

(1)本条适用于因任命某人为财产托管人或参与、帮助该任命而获得的诱导或报酬性利益。

(2)受本条第(3)款限制，个人如有以下行为则构成犯罪：

(a)向财产托管人收受或索要，或同意收受或索要本条所述利益；或

(b)给予或提供，或同意给予或提供财产托管人本条所述利益。

(3)本条第(2)款不适用于个人享有该财产收益并知会同意上述行为，或依照法院命令采取行为的情形。

(4)本条所述“财产托管人”包括：

(a)被指定处理财产的执行人或管理人；

(b)根据委托书或任命书，有权管理财产的个人；以及

(c)代表限制或无行为能力人管理或执行财产，或被指定、雇佣管理或执行财产的个人、成员或委员会。

第四十一条　围标

（1）本条适用于因下列行为而获得的诱导或报酬性利益：

（a）限制投标、申请、出价或竞标；

（b）撤回或改变投标、申请、出价或竞标；或

（c）投标、申请、出价或竞标。

（2）个人如直接或间接作出以下行为则构成犯罪：

（a）收受或索要，或同意收受或索要本条所述利益；或

（b）给予或提供，或同意给予或提供本条所述利益。

（3）政府采购和公共财产处置法案（2005 年第 9 号法案）中的相关条款适用于调查和起诉公共机构采购商品、作品和咨询服务中的腐败犯罪行为。

第四十二条　侵占财产和收益

（1）个人如使用欺诈或非法手段作出以下行为则构成犯罪：

（a）获得财产、公共服务或收益；

（b）抵押、索价或处置任何财产；

（c）破坏财物，包括利用电脑或其他电子设备直接或间接导致损失，或对收益、服务产生负面影响；或者

（d）未缴纳税款、酬金、罚款或其他应当支付给公私团体的费用，或者获得减免该笔费用。

（2）负责经营、看护、管理、收取或使用部分公共收益或财产的官员或个人如有下列行为则构成犯罪：

（a）使用欺诈或非法手段从收益中支付下列商品或为下列商品支付过高的费用：

（i）不符合标准的商品或次品；

（ii）未供货的或未完全供货的商品；或

（iii）未提供的或未完全提供的服务；

（b）故意违背有关采购、分配、出售或处置财产、投标合同、基金管理或经费开支的法律法规或适用规定；

（3）本条所述“财产”是指不动产或动产，包括属于公私团体的、公私团体实际控制的或委托公私团体管理的资金。

第四十三条　侵占资产

（1）个人使用非法或不作为的方式获取全部或部分政府的服务、利益、资产或国营公司、私营公司的资产的，无论该个人是否就职于上述机构，依照本法均构成犯罪。

（2）为本条规定之目的，政府包括地方政府、公共团体、国营公司、公共项目和由本国政府或外国政府全资或合资成立的以公共利益为宗旨的非公企业。

第四十四条　逃税

（1）个人以作为或不作为的方式逃税，或通过下列方式帮助逃税的：

（a）伪造账目；或

（b）使用伪造的税务文书；或

（c）对国际货物的数量、质量、价值或其他应当纳税的货物详情虚报或申报不实；或

（d）负责纳税评估的官员低估应缴税款；或

（e）其他逃税的手段、诡计或默许。

依照本法构成经济犯罪。

（2）为本条规定之目的，税金包括各种征收税、手续费，以及众议院、坦桑尼亚联合共和国议会通过的法律中或相关部长、市政府或基层政府制定的规章中涉及的费用。

第四十五条　走私

个人走私任何在众议院通过的法律中，和坦桑尼亚联合共和国议会通过的适用于桑给巴尔的法律以及规章中明确禁止走私的产品、商品的，依照本法构成经济犯罪。

第四十六条　囤积居奇

个人以限制或控制商品供给和流通为目的囤积商品，进而操控该商品价格获取利益或竞争优势的，依照本法构成经济犯罪。

第四十七条　反垄断和财团

个人通过作为或不作为的方式反垄断或形成财团，以不正当或非法手段限制商品、服务市场竞争的，依照本法构成经济犯罪。

第四十八条　不当使用官方信息

（1）受雇于公私机构的个人，将因职务之便获取或接触的有关财产、商品或服务的招标、拍卖、处置、收购的信息用于自己或利害关系人获利的，依照本法构成经济犯罪。

（2）为本条规定之目的，雇佣包括合同聘用，受聘者在提供服务期间获得或接触的上述信息同样适用。

第四十九条　洗钱

依照反洗钱法案（2009年第10号法案）构成洗钱罪的个人，依照本法构成经济犯罪。

第五十条　走私毒品

个人以非法手段进口、出口、制造、买卖、赠送、供给、储存、管理、运输或分发麻醉药品、精神药品的，或提供麻醉药品、精神药品的，依照本法构成经济犯罪。

第五十一条　伪造商品和货币

个人以获取经济利益或经营优势为目的，直接或间接参与伪造商品、货币，或鉴定商品、服务的，依照本法构成经济犯罪。

第五十二条　谋划非法操控汇率

为了使本条所述罪行的犯罪嫌疑人、同伙或商业伙伴获利，通过作为或不作为的方式，直接或间接非法操控桑给巴尔领域内流通的外国货币汇率的，依照本法构成经济犯罪。

第五十三条　滥用职权

故意滥用职权或不履行职责，或在履行职责时违反法律或利用职务之便为自己、他人或其他机构谋取不正当利益的，构成犯罪。

第五十四条　转移腐败收益

（1）个人如有下列行为：

（a）以隐瞒或掩饰财产来源为目的，对明知是腐败或相关犯罪的收益进行变更、转移或处置的，或帮助腐败案件涉案人员逃避法律后果的；或

（b）明知是腐败或相关犯罪的收益而收购、占有或使用的；构成犯罪。

（2）检察长如有理由认为任何个人非法收受财产或非法获利的，可通知该个人或协助该个人转移全部或部分利益、财产、收益、货币价值的接收人或中间人，指示该个人、接收人或中间人停止转移、处置或脱离占有通知中列明的财产或货币价值。

（3）检察长可依照本条第（1）款的规定向本条中其他接收被转移的货币或财产的个人下发通知。

（4）本条第（2）款所述通知自发出之日起六个月内有效，并对通知对象具有约束力。如依照本法或其他成文法就获利或财产起诉该通知对象，则通知在诉讼结束前有效。

（5）本条第（2）（3）款所述通知送达后，通知对象违反通知规定，转移、处置或脱离占有通知列明的同等价值货币或财产的，构成犯罪。

（6）依照本条进行的诉讼中，如法院确信则下列情形可作为被告的答辩：

（a）通知中列明的货币或其他财产已交付至公署官员或通知中指示的其他个人；

（b）通知中列明的货币或其他财产已交付至法院并由法院扣押；或

（c）署长通过书面通知已将前述通知撤回。

第五十五条　处理涉案财产

（1）明知或有理由知道是腐败所得财产而故意按照下列情形处理的，构成犯罪：

（a）持有、接受、隐藏或使用该财产，或造成该财产被使用的；

（b）达成与该财产有关的交易或促使该交易达成。

第五十六条　选举中的腐败行为

（1）故意影响选举进程，收买他人，以达到直接或间接影响他人在选举中投票或放弃投票目的的，构成犯罪。

（2）投票人为了本条第（1）款所述目的接受收买的，构成犯罪。

第五十七条　向外国官员行贿

（1）故意向外国官员或国际组织官员本人、他人或机构直接或间接允诺、提供或赠与不正当利益，以利用外国官员职务便利获得业务、吸引业务或其他与本地或国际经济企业、经济交易相关的不正当利益的，构成犯罪。应当处以一千万先令以下罚款，并处或单处七年以下有期徒刑。

（2）外国官员或国际组织官员为本人、他人或机构故意直接或间接索要、收受不正当利益，并在履行公务时故意作为或不作为的，构成犯罪。一经定罪，将处以一千万先令以下罚款，并处或单处七年以下有期徒刑。

第五十八条　性服务

有职有权的个人在行使权力时，要求或强迫他人提供性服务或其他服务，以作为雇佣、晋升、投票选举、某项权利、特权或其他优待的交换条件的，构成犯罪。一经定罪，将处以五百万先令以下罚款，并处或单处两年以下有期徒刑。

第五十九条　教唆

故意建议、掩饰或协助他人犯本法之罪的，构成犯罪。

第六十条　额外强制性罚款

（1）依照本章规定被宣判有罪的个人，如因犯罪行为获得了可量化的收益或造成其他个人可量化的损失，将被额外处以强制性罚款。

（2）应该按照下列条件确定本条第（1）款所述的强制性罚款：

（a）强制性罚款应为本条第（1）款所述的收益或损失数目的两倍；

（b）如犯罪行为同时造成本条第（1）款所述的收益和损失，强制性罚款应当为收益和损失数目总和的两倍。

第六十一条　一般性惩罚

触犯本法规定但未注明惩罚限度的罪行，将处以一百万先令以上五百万先令以下罚款，并处或单处两年以上五年以下有期徒刑。

第六章　不正当获利的赔偿和没收

第六十二条　赔偿责任

个人因腐败或经济犯罪的行为给他人造成损失的，应全额赔偿他人损失数额。

第六十三条　不正当获利的责任

依照第36条、第37条、第38条、第39条、第40条或第41条，因不正当获利构成犯罪的，应当对下列人员承担与收受的利益等值的赔偿责任：

（a）如收受行为依照本法第36条、第38条、第39条构成犯罪，则需要向代理人的请托人赔偿；

（b）如果收受行为依照本法第37条构成犯罪，则需要向被咨询人赔偿；

（c）如果收受行为依照本法第40条、第41条构成犯罪，则需要向享有财产收益的个人赔偿。

第六十四条　其它责任

（1）依照本法第60条负有赔偿责任的个人，还应当根据规定的利率支付利息。利率由部长磋商财政部长后确定。

（2）依照本法第62条对公共团体负有赔偿责任的，赔偿数额可由该公共团体或公署代替该公共团体没收。

（3）为避免疑义，在此声明本法之规定并不妨碍公署提起民事诉讼追回本条第（2）款所述钱款。

（4）如个人行为已经构成腐败或经济犯罪，则不应依照本法第62条规定，再次要求该个人承担由同一起案件引发的赔偿责任。

第六十五条　定罪后的赔偿令

（1）法院判定个人触犯腐败或经济犯罪后，应当在定罪当时或经申请后，命令该个人：

（a）依照本法第62条或第64条支付应当承担的赔偿数额；或

（b）将因腐败或经济犯罪行为收受的财产物归原主，或支付与该财产等额的资金。

（2）如本条第（1）款（b）所述“原主”不能确定或不存在，法院应当裁定没收该财产或等额资金，上缴国库。

（3）法院在依照本条规定下发命令时，可以量化数额或确定有多少数额需要被量化。

（4）本条所述命令可通过对该个人有利的方式强制执行，该命令定与民事诉讼的命令无异。

第六十六条　没收无法说明来源的资产

（1）如发生下列情形，公署可参照相关法律规定，依照本法对相关个人提起公诉：

（a）公署经过调查确信该个人有无法说明来源的资产；或

（b）署长依职权开展调查时，给予该个人合理机会对超出合法收入的资产作出解释，但公署认为解释不够充分。

（2）依照本条规定提起的诉讼应当在最高院通过传唤令进行。

（3）依照本条规定提起的诉讼中，署长或署长委托的官员应当提交证据证明犯罪嫌疑人有无法说明来源的资产。拥有问题财产的个人应当有机会与证人对质，对署长提交的证据质证，并且可以援用民事诉讼中被告的权利。

（4）署长或署长委托的官员提交了犯罪嫌疑人有无法说明来源的资产的证据后，法院应当要求犯罪嫌疑人提供证据，使法院确信该资产不是通过腐败行为获得。

（5）如法院在听取犯罪嫌疑人解释后，仍无法确信涉案财产不是通过腐败行为获得，可命令该嫌疑人将与无法说明来源的资产等额的资金上缴国库。

（6）为本条所述之诉讼目的，嫌疑人的问题资产还应当包括法院查明的下列他人财产：

（a）嫌疑人托管的或以嫌疑人名义持有的；

（b）未经充分考虑接受嫌疑人赠与的礼物或贷款。

第六十七条　责令保全嫌疑人财产

（1）如有证据证明财产是腐败行为所得，经署长单方面申请，高等法院可下令禁止转移、处分或以其他方式处置财产。

（2）本条所述的责令对象可以是腐败案件的涉案人员，也可以是腐败行为后获得该财产的个人。

（3）本条所述命令有效期为六个月，可经公署申请由法院决定是否延长。

（4）本条所述命令送达后，责令对象可自送达之日起十五日内向法院申请撤销或变更命令。法院在听取双方意见后，可撤销或变更命令，或驳回申请。

（5）法院只有确信命令中所列财产不是腐败行为所得，才可依照本条第（4）款撤销或变更命令。

（6）个人在命令在送达后违反命令的，构成犯罪。一经定罪，将处以两百万先令以上五百万先令以下罚款，并处或单处两年以上五年以下有期徒刑。

第七章　证据

第六十八条　无法说明来源的资产作为确证

（1）法院可将无法说明来源的资产作为被告触犯腐败或经济犯罪、收受财物的确证。

（2）为本条之目的，被告的财产应当包括法院查明的下列他人财产：

（a）被告托管的或以被告名义持有的财产；

（b）未经充分考虑从被告处获得的财产。

第六十九条　财产价值的凭证

（1）在腐败或经济犯罪的公诉案件或依照本法提起的诉讼中，除有相反的证明外，估价员对收益或财产估价后出具的凭证可被采纳为价值证明文件。

（2）本条所述“估价员”是指署长或政府指定、雇佣或委托的评估财产价值的专业人员。署长或政府指定、雇佣或委托估价员应当在报纸上公示。

第七十条　关于共犯的规定

为了达到规则和惯例中对共犯的证据进行确证的要求，有下列行为的个人应当被认为是触犯本法规定的被告的共犯：

（a）从被告处收受、索取或同意收受、索取利益；

（b）向被告赠与、提供或同意赠与、提供利益。

第七十一条　列明职务和获利情况的凭证

在腐败或经济犯罪的公诉案件或依照本法提起的诉讼中，除有相反的证明外，列明某官员单位职务或获利情况的凭证可被采纳为其职位或获利情况的证明文件。

第七十二条　命令调查的权力

如出现下列情形：

（a）公署对依照本法或其他成文法提出的有关腐败或经济犯罪的指控没有兴趣开展调查；或

（b）公署和警署对依照本法或其他成文法提出的有关腐败或经济犯罪的指控，在调查权限上产生冲突；或

（c）依照本法或其他法律提出的有关腐败或经济犯罪的指控是针对公署官员，则检察长有权力命令警员对上述指控开展调查。

第七十三条　可由高等法院审判的罪行

（1）触犯本法的罪行应当提交高等法院审判。

（2）首席大法官可以就涉及本法的案件的诉讼程序作出其认为合适的规定。

第八章　其他规定

第七十四条　被指控触犯腐败或经济犯罪将面临停职

（1）依照本法被指控触犯腐败或经济犯罪的官员应当被停职，保留一半薪水，从被指控当日起生效。

（2）依照本条第（1）款被停职的官员，有权获得其他应有的津贴。

（3）如官员被宣告无罪，则应当停止停职处分。

（4）本条规定应当与雇佣法、劳工关系法和公务员法一并适用，不同法案之间出现不一致，以本法案相关规定为准。

第七十五条　被宣判触犯腐败或经济犯罪将面临停职

（1）依照本法被宣判触犯腐败或经济犯罪的官员应当被停薪停职，从指控当日起，上诉结果出来前生效。

（2）如有罪判决上诉后被推翻，则应当停止对涉案官员依照本条第（1）款作出的停职处分。

（3）涉案官员应当被解雇，如：

（a）针对有罪判决的上诉期限已过；或

（b）上诉结果维持了有罪判决。

第七十六条　被宣判触犯腐败或经济犯罪将被剥夺部分权利

依照本法被宣判触犯腐败或经济犯罪的个人从宣判之日起十年内，将被剥夺被选举权，且不得在政府部门任职。

第七十七条　公布已决犯名单

公署应当在官方报刊上至少每年公布一次依照本法被宣判触犯腐败或经济犯罪的人员名单。

第七十八条　保护控告人

（1）不得对个人的下列行为处分或起诉，包括纪律处分：

（a）为公署或调查人员提供帮助；

（b）向公署或调查人员泄露信息。

（2）本条第（1）款所述规定不适用于故意陈述不真实信息的个人。

（3）在腐败或经济犯罪的公诉案件或依照本法提起的诉讼中，不得要求证人辨认或提供曾协助公署或调查人员开展工作的个人的身份信息。

（4）在腐败或经济犯罪的公诉案件或依照本法提起的诉讼中，法院应当确保曾协助公署或调查人员开展工作的个人的身份信息从所有与诉讼有关的文件中移除或隐藏。

（5）为确保正义得到伸张，法院可根据需要，决定本条第（3）款和第（4）款所述规定的执行程度。

第七十九条　妨碍公务的个人

（1）个人不得有下列行为：

（a）无正当或合法理由，阻扰、妨碍、袭击或威胁依照本法执行公务的个人；

（b）欺骗或故意误导依照本法执行公务的署长或其他个人；

（c）损毁、篡改、隐藏或删除其认为，或有理由认为可能与依照本法开展的调查或诉讼有关的文件、记录或证据；或

（d）诬告依照本法执行公务的署长或其他个人；

（e）威胁依照本法规定开展工作的署长或其他个人。

（2）违反本条第（1）款规定构成犯罪。一经定罪，将处以一百万先令以上三百万先令以下罚款，并处或单处六个月以上两年以下有期徒刑。

第八十条　官员的一般豁免

公署官员个人无须对依照本法善意履行公务的作为或不作为承担责任。

第八十一条　关于共犯的规定

（1）尽管成文法、法律规则或实践中有相反的规定，但在依照本法提起的诉讼中，不得仅因为被告获利的款项、物品是由证人或以证人名义接收、支付、交付，或在具体情况中，仅因为证人的款项、物品是由被告或以被告名义接收、支付、交付，就认为该证人是共犯。

（2）个人向警官揭露涉嫌腐败的个人、公职人员、法人团体、公共团体时，有充分理由确信其揭露的信息可能真实，且依照本法具有调查价值，则该个人不得因为该揭露行为承担民事或刑事责任。

（3）故意伤害本条第（2）款所述揭露罪行的个人，构成犯罪。一经定罪，将处以两百万先令以上五百万先令以下罚款，并处或单处一年以下有期徒刑。

（4）本章所述“伤害”是指下列行为：

（a）造成人身伤害、财产损失或损害后果；

（b）恐吓或骚扰；

（c）在工作中给予歧视、不利或负面待遇；或

（d）威胁报复。

第八十二条　惯例不得作为申辩理由

依照本法提起的公诉案件中，收受、索取、赠与或提供利益是地方、交易、企业、办公室或职业惯例的说辞不得作为申辩理由。

第八十三条　没有可能或没有企图不得作为申辩理由

依照本法提起的公诉案件中，如涉及因作为或不作为而获得的诱导或报酬性利益，下列说辞不得作为申辩理由：

（a）作为或不作为不在被告的职权范围内，或被告没有作为或不作为的故意；或

（b）没有出现作为或不作为。

第八十四条　与其他官方机构的合作

公署应当与执法机构，以及其他位于桑给巴尔领域内和坦桑尼亚联合共和国领域内参与调查、起诉的国家机构建立并维持合作磋商。为达到此目的：

（a）对协助本法所述罪行开展调查和起诉工作的个人给予检控豁免权；

（b）有合理理由确认有本法所述罪行发生时，应主动告知执法机构；

（c）根据要求为执法机构提供所有必要信息。

第八十五条　与私营部门的合作

公署应当与私营部门，尤其是与触犯本法所述罪行有关联的金融机构，建立并维持合作关系，鼓励私营机构向公署报告触犯本法所述的罪行。

第八十六条　外国援助

（1）应当依照刑事互助法案开展腐败、经济犯罪和其他相关罪行的法律互助。

（2）在不影响本章其他条款的前提下，外国政府可披露可能会对公署启动或执行调查、提起诉讼、进行诉讼程序或获取犯罪收益情况有帮助的信息。

第八十七条　引渡

应当依照引渡法案相关规定处理关于腐败、经济犯罪和其他相关罪行的引渡问题。

第八十八条　桑给巴尔领域外的犯罪行为

在桑给巴尔领域外犯本法规定之罪的，如果该行为发生在桑给巴尔仍然构成本法规定之罪，则该行为构成犯罪。

第八十九条　制定规定

（1）为了更好地执行本法之规定，部长可制定一般性规定。

（2）在不影响本条第（1）款的前提下，部长可规定：

（a）公署官员的行为准则；

（b）对依照本法提起的投诉的管理程序和制度；

（c）向公署提供有关腐败案件信息的程序；

（d）诸如此类对防止滥用职权、玩忽职守，以及维护公署高效廉洁形象有利且必要的规定。

第九十条　废除刑事法案（2004年第6号法案）的第十章和第四十一章

刑事法案（2004年第6号法案）的第十章和第四十一章特此废除。

本法于2012年1月24日由众议院审议通过。

（签名）

YAHAYA KH. HAMAD

桑给巴尔众议院书记员

南非共和国网络犯罪和网络安全法*

（根据国民议会的介绍（拟议的第 75 条）；于 2016 年 12 月 9 日
第 40487 号政府公报上公布的法案）
（英文本为法案的正式文本）

（司法和惩教部）

法　案

制定与网络犯罪有关的犯罪并处以罚款；将分发有害的数据消息定为犯罪，并制定临时保护令；进一步规范网络犯罪的管辖权；进一步规范调查网络犯罪的权力；进一步规范与网络犯罪调查中的互助有关的方面；提供建立 24/7 联络点的规定；通过暂章进一步提供某些事实的证明；赋予电子通信服务提供商和金融机构义务，以协助调查网络犯罪并举报网络犯罪；提供建立促进网络安全和能力建设的结构；规范关键信息基础设施的标识和声明以及保护关键信息基础设施的措施；提供执行人员可以与外国达成协议以促进网络安全的规定。

删除和修改某些法律的规定；并提供与此有关的事项。

南非共和国议会颁布如下：

章节编排

目　录

* 译者简介：安柯颖，北京外国语大学法学院副教授。

搜查、查阅和扣押关于逮捕人的条款

协助执法机构成员或调查员

妨碍或妨碍警察官员或调查员和权威抵抗

赋予警察官员或调查员以体面的方式进行调查的权力

有秩序地对待其他人的权利

错误地搜索、访问或扣押和限制使用仪器、设备、密码或解密密钥或信息以获得访问

宣誓或以肯定的方式提供虚假信息

禁止披露信息

拦截间接通信,获取实时通信相关信息和归档通信相关信息

加快数据保存方向

保存证据方向

口头申请保全证据方向

披露数据方向

在无须授权的情况下搜索、获取和扣押数据

第 6 章　互助

本章规定的适用

自发的信息

外国的援助和合作请求

服从指定法官的命令

第 7 章　24/7 联络点的设立和职能

第 8 章　证据

宣誓书证明某些事实

第 9 章　电子通信服务提供商和金融机构的义务

第 10 章　处理网络安全的结构网络反应委员会

支持网络安全的政府机构

节点和私营部门计算机安全事件应对小组

第 11 章　关键信息基础架构保护,保护关键信息基础设施

审计关键的信息基础设施,以确保遵守

第 12 章　与外国的协议

国家行政机关可签订协议

第1章　定义

第 1 条　定义

在本法中除非上下文另有说明的，就第 5 章而言，"访问" 包括但不限于利用数据、计算机程序、计算机数据存储介质或计算机系统或其附件或组件或其任何部分或任何附属装置或搜查和扣押物品所需的部件。

"物品" 是指任何数据、计算机程序、计算机数据存储介质或计算机系统。

（a）与之有关，或在合理的理由下被认为是与犯罪或涉嫌犯罪有关的；

（b）可提供该项犯罪或涉嫌犯罪的证据；

（c）是打算被使用的，或有合理理由认为是要使用的。

第 2 章或第 16 条、第 17 条或第 18 条所定罪行或任何其他罪行无论是在共和国境内还是在其他地方可能通过使用或通过使用的。

"计算机" 是指使用的任何电子可编程设备，无论其自身或作为计算机系统或任何其他装置或设备或其任何部分的一部分，执行预定的算术、逻辑、路由、处理或存储按照设定的指令进行操作，包括

（a）输入设备；

（b）输出装置；

（c）处理设备；

（d）计算机数据存储介质；

（e）与之有关、连接或使用的其他设备和装置。

"计算机数据存储介质" 是指数据来自任何设备或位置或者一个计算机程序能够被复制，或者数据或计算机程序可以被计算机系统存储，而不管设备是否与计算机物理连接或连接系统。

“计算机程序”是指表示指令或语句的数据，在计算机系统中执行时，使计算机系统执行功能。

“计算机系统”是指

（a）一台计算机；

（b）两台或多台相互连接或相关的计算机，允许这些相互连接或相关的计算机：

（i）相互交换数据或任何其他功能；

（ii）与另一台或一台计算机交换数据或任何其他功能系统。

“刑事诉讼法”是指1977年《刑事诉讼法》（第51号法案）。

“海关法”是指1964年《海关法》（第91号法案）。

“海关管制法”是指2014年《海关管制法》（第31号法令）。

“数据”是指任何形式的信息的电子表示。

“数据电文”是指以电子方式生成、发送、接收或存储的数据，指数据的任何输出是可理解的形式。

“指定法官”是指2002年《通信拦截和通信相关信息规定条例》。

“电子通信服务提供商”是指提供一种电子通信服务，根据2005年《电子通信法》（2005年第36号法案），或在电子方面被许可或免除被许可2005年通信法。

“金融机构”是指《1990年金融服务委员会法》（1990年第97号法案）第1节定义的金融机构。

“外国”是指共和国以外的任何国家。

“情报服务法”是指2002年《情报服务法》（第2002年第65号）。

“情报服务管制法”是指《情报服务管制法》（1994年第40号法令）。

“国际刑事合作法”是指1996年《刑事事项合作法》（1996年第75号法令）。

“调查员”指不是南非警察的任何人：

（a）根据第27（3）条规定的搜查令确定和授权；

（b）警务人员根据第29（2）条、第30（3）条或第31（4）条提出的要求，在警察的指挥和控制下，协助警察搜查、接近或扣押物品。

“治安法官”包括地区法院治安法官。

“治安法院法”是指1944年《治安法院法》（第32号法案）。

“国家专员”是指南方国家专员非洲警察局，由总统根据1996年《南非共和国宪法》设立。

“国家检察机关法”是指国家检察机关1998年法令（1998年第32号法令）。

“计算机程序的输出”是指

（a）数据或数据输出；

（b）计算机程序；或

（c）说明，由计算机程序生成。

“数据输出”是指以任何其他方式显示数据。

“支付系统机构”是指清算系统参与者、结算系统参与者、指定结算系统、指定结算系统操作员、指定结算系统参与者、PCH 系统。

运营商、储备银行结算系统、储备银行结算系统参与者、支付系统、结算系统、结算系统参与者或系统运营商，如 1998 年《国家支付系统法》或受该法案约束的任何其他实体或系统。

“人”是指自然人或法人。

“警官”是指定义为南非警察局的成员，1995 年《南非警察法》（1995 年第 68 号法令）第 1 节。

“预防有组织犯罪法”是指预防有组织犯罪，1998 年法令（1998 年第 121 号法令）。

“保护免受骚扰法”是指免受骚扰法（2011 年第 17 号法令）。

“公共可用数据”是指可在公共领域中访问的数据无限制。

“公共财政管理法”是指 1999 年《公共财政管理法》（1999 年第 1 号法令）。

“公共服务法”是指 1994 年《公共服务法》（1994 年 6 月 3 日第 103 号公告）。

“拦截通信和提供通信的规定”《阳离子相关信息法》是指对 2002 年《通信和通信相关信息规定法》（2002 年第 70 号法令）。

“扣押”包括

（a）移除计算机数据存储介质或计算机系统的任何部分；

（b）呈现不可访问的数据、计算机程序、计算机数据存储器，为保存证据而使用的计算机系统的媒介或任何部分；

（c）制作并保留数据或计算机程序的副本；

（d）制作并保留数据或计算机程序输出的打印件。

“特别指定警官”是指在 1995 年《南非警察局法》（1995 年第 68 号法令）第 33 条中，国家专员以书面形式指定：

（a）口头申请搜查令或修正搜查令，第 28 条所述；

（b）发布第 39 条规定的数据指示的快速保存；

（c）将指定法官的命令送达第 46 条第 10 款所述的个人、电子通信服务提供或金融机构。

“南非储备银行”是指南非储备银行，根据1996年《南非共和国宪法》第223条，1989年《南非储备银行法》第2节。

“南非储备银行法”是指1989年《南非储备银行法》（第90号法令）。

“高等法院法”是指2013年《高等法院法》（2013年第10号法案）。

“税务管理法”是指2011年《税务管理法》（2011年第28号法案）。

“交通数据”是指与通信有关的数据，表明通信的来源、目的地、路由、格式、时间、日期、大小、持续时间或类型。

第2章　网络犯罪

非法获取

第2条 （1）任何人非法和故意获取的下列行为之一所犯有的罪行：

（a）数据；

（b）计算机程序；

（c）计算机数据存储介质；

（d）计算机系统。

（2）以为本节的目的，某人访问

（a）当该人所处位置时获取的数据，包括：

（i）更改、修改或删除数据；

（ii）将数据复制或移动到持有数据的计算机数据存储介质中的不同位置或任何其他计算机数据存储介质；

（iii）获取其输出数据；

（iv）否则使用数据。

（b）某计算机程序，当某人处于该位置时：

（i）更改、修改或删除计算机程序；

（ii）将计算机程序复制或移动到持有计算机数据存储介质中的不同位置或任何其他计算机数据存储介质；

（iii）使计算机程序执行任何功能；

（iv）获得其输出；

（v）使用计算机程序。

（c）当某人所处位置时，计算机数据存储介质：

（i）按照本款（a）项的设想访问数据或访问计算机（b）项设想的程序，存储在计算机数据存储介质上；

（ii）将数据或计算机程序存储在计算机数据存储介质上；

（iii）否则使用计算机数据存储介质。

（d）当某人所处位置使用计算机系统：

（i）使用任何资源；

（ii）指示；

（iii）与计算机系统通信，本条第 2 款（a）、（b）、（c）和（d）项所设想的准入未经授权。

（3）就第（2）款而言，“未经授权”是指该人：

（a）本人无权获得安全准入；

（b）没有得到合法有权获得安全准入的另一人的合法同意；

（c）超过他或她的权利或同意，以确保进入，数据、计算机程序、计算机数据存储介质或计算机系统。

非法获取数据

第 3 条 （1）任何非法和故意的人：

（a）克服任何旨在防止数据访问的保护措施；

（b）获取数据，在计算机系统内或从计算机系统传输的数据，属于犯罪。

（2）任何人如果非法和故意拥有数据，但明知这些数据是按照第（1）款的规定非法获取的，即构成犯罪。

（3）任何人如被发现拥有资料，而有理由怀疑该等资料是按第（1）款的规定非法取得的，而不能对该等拥有作出令人满意的开脱罪责的说明，即属犯罪。

（4）为了本节的目的，“获取”的意思是

（a）使用。

（b）检查或捕获数据或其任何输出。

（c）复制数据。

（d）将数据移动到：

（i）持有它的计算机系统中的不同位置；

（ii）任何其他地点。

（e）将数据从其预定目的地转移到任何其他目的地。

软件或硬件工具方面的非法行为

第 4 条 （1）任何人非法和故意拥有、制造、组装、获得、出售、购买、提供或宣传任何软件或者违反第 2 条第（1）款、第 3 条第（1）款、第 5 条第（1）款、第 6 条第（1）款或

第7条第(1)款第(a)、(d)项的规定而使用的硬件工具属于犯罪。

(2)任何人非法和故意使用任何软件或硬件工具，以违反第2条第(1)款、第3条第(1)款、第5条第(1)款、第6条第(1)款或第7条第(1)款第(a)、(d)项，属犯罪。

(3)为本节的目的，“软件或硬件工具”是指这种设备或计算机程序的任何电子、机械或其他仪器、设备或实质性部件，其设计或改编主要是为了：

(a)确保第2条第(1)款所设想的准入；

(b)获取第3条第(1)款所设想的数据；

(c)干扰数据或计算机程序，如第5条第(1)款所设想的；

(d)干扰第6条第(1)款所设想的计算机数据存储介质或计算机系统；

(e)获取、修改、提供、复制、使用或克隆第7条第(3)款中定义的密码、访问代码或类似数据或设备。

非法干扰数据或计算机程序

第5条 (1)任何人非法和故意干涉下列行为之一的，是犯罪行为。

(a)数据；

(b)一个电脑程序。

(2)为了本节的目的，“对数据或计算机程序的干扰”意味着永久或暂时的，包括：

(a)删除数据或计算机程序；

(b)更改数据或计算机程序；

(c)使数据或计算机程序脆弱、损坏或恶化；

(d)使数据或计算机程序毫无意义、无用或无效；

(e)妨碍、中断或干扰数据或计算机程序的合法使用；

(f)拒绝访问数据或计算机程序。

非法干扰计算机数据存储介质或计算机系统

第6条 (1)非法、故意干扰计算机数据的存储介质或计算机系统，构成犯罪。

(2)为实现本节目的，“干扰计算机数据存储介质或计算机系统”是指永久或暂时针对计算机数据存储介质或计算机系统，有下列行为之一的：

(a)改变任何资源。

(b)中断或损害：

(i)功能性；

(ii)保密性；

(iii)完整性；

（iv）使用性。

非法获取、拥有、提供、接收或使用密码，访问码或类似数据或设备

第7条 （1）任何非法和故意的人：

（a）取得；

（b）拥有；

（c）提供给另一个人；

（d）使用。

为违反第2条第（1）款、第3条第（1）款、第5条第（1）款、第6条第（1）款、第8条或第9条第（1）款的规定而设置的密码、访问代码或类似数据或设备，即属犯罪。

（2）任何拥有密码、访问代码或类似密码的人对其有合理怀疑的数据或设备，实施以下行为之一的：

（a）获得；

（b）被附身；

（c）提供给他人；

（d）已使用或可能使用。

为违反第2条第（1）款、第3条第（1）款、第5条第（1）款、第6条第（1）款、第8条或第9条第（1）款的规定而无法对这种占有作出令人满意的开脱罪责的即属犯罪。

（3）为实现本节目的，"密码、访问代码或类似的数据或设备"，手段不受限制，包括：

（a）密码。

（b）图像。

（c）安全令牌。

（d）访问卡。

（e）任何装置。

（f）生物特征数据。

（g）一个单词或一串字符或数字，用于：

（i）金融交易；

（ii）用户认证为了访问或使用数据、计算机程序、计算机数据存储介质或计算机系统。

网络诈骗

第8条 任何人非法和意图欺诈，作出虚假陈述，并具有下列行为之一的：

（a）通过数据或计算机程序；

（b）通过第5条第（2）款所述造成数据或计算机程序的任何干扰或第6条第（2）款

所述对计算机数据存储介质或计算机系统的任何干扰，有以下行为之一的，对另一个人而言，即犯有网络欺诈罪。

（i）造成实际的偏见；

（ii）有潜在的偏见。

网络伪造和泄露

第9条 （1）任何人，凡非法和意图欺诈者，有以下行为之一的，即认定为伪造，包括：

（a）虚假数据；

（b）一个虚假的电脑程序。

（2）任何人如果非法和意图欺诈，就会被解雇，包括伪造或泄露：

（a）虚假数据；

（b）一个虚假的电脑程序。

网络勒索

第10条 任何人非法或故意实施以下行为的：

（a）威胁实施任何犯罪。

（b）犯下任何罪行，第3条第（1）款、第5条第（1）款、第6条第（1）款或第7条第（1）款第（a）项或（d）项为：

（i）从另一个人获得任何好处；

（ii）强迫他人实施或不实施任何行为，即构成网络敲诈罪。

加重罪行

第11条 （1）（a）任何人犯有第7条第（1）款，就密码、存取码或与之有关的类似数据和装置的，并限制电脑系统的，属严重罪行。

（b）就本款第（a）项而言，“受限制的计算机系统”是指由控制或专门使用的任何数据、计算机程序、计算机数据存储介质或计算机系统：

（i）任何金融机构；

（ii）南非共和国1996年《宪法》第239条规定的国家机关，包括法院；

（iii）第57条第（2）款所设想的关键信息基础设施。

（2）犯下第5条第（1）款、第6条第（1）款或第10条所述罪行的任何人，包括：

（a）危及生命或侵犯身体完整性或身体自由，或对任何人或造成身体伤害；

（b）对公众或公众的任何部分的健康或安全造成严重风险；

（c）对任何财产造成破坏或重大损害；

（d）导致严重干扰或严重破坏必不可少的服务、设施或系统，或提供任何基本服务；

（e）造成任何重大经济损失；

（f）造成严重的公共紧急情况；

（g）损害共和国安全、国防、执法或国际关系的。

（3）根据本法第（1）款或第（2）款提出的起诉必须得到具有管辖权的检察长书面授权。

企图、共谋、协助、教唆、引诱、煽动、教唆、指示、指挥或引诱犯罪

第 12 条 任何非法和故意实施下列行为之一的：

（a）企图；

（b）与任何其他人共谋；或

（c）帮助、教唆、引诱、煽动、教唆、指示、命令或引诱他人。

根据本章的规定实施犯罪，构成犯罪，一经定罪，应受被判定实际实施犯罪的人应受的处罚。

偷窃无形物

第 13 条 普通法的盗窃罪必须解释为不排除盗窃一种无形物。

罚款

第 14 条 （1）任何人如违反第 2 条第（1）款、第 3 条第（3）款或第 7 条第（2）款的规定，一经定罪，可处以罚款或 5 年以下监禁，或罚款和这种监禁。

（2）任何人如违反第 3 条第（1）款或第（2）款、第 4 条第（1）款或第（2）款、第 5 条第（1）款、第 6 条第（1）款或第 7 条第（1）款的规定，一经定罪，可处以罚款或不超过 10 年的监禁，或同时处以罚款和这种监禁。

（3）任何人如违反第 11 条第（1）款的规定，一经定罪，即应承担责任处以罚款或 15 年以下监禁，或同时处以罚款和监禁。

（4）根据《刑事诉讼法》第 8 条、第 9 条第（1）款或第（2）款、第 10 条或第 11 条第（2）款对某人定罪的法院，在任何其他法律未就该罪行规定刑罚的情况下，可根据 1977 年《刑事诉讼法》第 276 条的规定判处刑罚，该法院认为适当，属于该法院的刑罚范围管辖权。

（5）根据本条作出任何判决的法院必须在不排除其他相关因素的情况下，将其视为加重处罚因素，包括：

（a）犯罪是通过电子手段实施的；

（b）申诉人或其他人所遭受的偏见和损失的程度，并因实施此种罪行而犯罪的人；

（c）该人在经济上或从实施犯罪中获得任何好处、奖励、补偿或任何其他好处的程度；

（d）犯罪是与一人或多人一起实施的。

（6）如果某人被判定犯有第 2 条第（1）款、第 3 条第（1）款、第 5 条第（1）款、第 6 条第（1）款、第 7 条第（1）款、第 8 条、第 9 条第（1）款或第（2）款、第 10 条或第 11 条第（1）款或第（2）款所规定的任何罪行，则法院根据罪行发生的那些章节判处任何刑罚：

（a）由一个人；

（b）与他人串通或协助。

作为其职责、职能或合法权力的一部分，负责、控制或获取涉及犯罪的计算机程序、计算机数据存储介质或计算机系统的数据，除非有实质性和令人信服的情况证明有理由判处另一刑罚，否则必须判处、使用或使用没有罚款，直接监禁期不得中止，为 1977 年《刑事诉讼法》第 297 条第（4）款所述。

合格的判决

第 15 条 （1）如果刑事诉讼中的证据不能证明所指控罪行的实施，而是证明违反了第 12 条：

（a）关于被指控的罪行；

（b）就被告人可能因所控罪行而被定罪的任何其他罪行，被告可能被判犯有如此证明的罪行。

（2）如果指控违反第 3（1）条的证据不能证明罪行，而是证明：

（a）违反第 2 条第（1）款；

（b）违反第 3 条第（2）款或第（3）款；

（c）违反第 4 条第（2）款，因为该条涉及为违反第 3 条第（1）款的目的使用软件或硬件工具，被告可能被判犯有如此证明的罪行。

（3）如果指控违反第 5 条第（1）款的证据不能证明罪行，而是证明：

（a）违反第 2 条第（1）款；

（b）违反第 4 条第（2）款，因为该条涉及违反第 5 条第（1）款的目的使用软件或硬件工具；

（c）恶意损害财产罪，被告可能被判犯有如此证明的罪行。

（4）如果指控违反第 6 条第（1）款的证据不能证明犯罪或企图犯罪，而是证明：

（a）违反第 2 条第（1）款；

（b）违反第 4 条第（2）款，因为该款涉及违反第 6 条第（1）款的目的使用软件或硬件工具；

（c）恶意损害财产罪，被告可能被判犯有如此证明的罪行。

（5）（a）指控违反第7条第（1）款第（a）项或第（d）项的证据不能证明罪行，而是证明：

（i）违反第2条第（1）款；

（ii）违反第7条第（2）款；

（iii）违反第4条第（2）款，因为该条涉及为违反第7条第（1）款第（a）项或第（d）项而使用软件或硬件工具，被告可能被判犯有如此证明的罪行。

（b）指控违反第7条第（1）款第（b）项或第（c）项的证据不成立证明罪行，但证明违反第7条第（2）款，被告可被判犯有上述罪行。

（6）如果指控违反第8条的证据不能证明罪行，而是证明：

（a）违反第2条第（1）款。

（b）违反第4条第（2）款，因为它涉及为牟利的目的使用软件或硬件工具：

（i）干扰数据或计算机程序，如第5条第（1）项所设想的；

（ii）干扰计算机数据存储介质或计算机系统第6条第（1）款所设想的；

（iii）获取、修改、提供、复制、使用或克隆第7条第（1）款第（a）项和第（d）项、第（c）项所设想的密码、访问代码或类似数据或设备，违反第9条第（1）款或第（2）款。

（c）普通法欺诈罪或企图实施该罪行。

（d）普通法上的伪造、说出或企图犯下该罪行的罪行。

（e）普通法的盗窃罪或企图实施该罪行，被告可能被判犯有如此证明的罪行。

（7）（a）如果指控违反第9条第（1）款的证据不能证明罪行，而是证明了普通法的伪造罪，则可认定被告犯有所证明的罪行。

（b）如果指控违反第9条第（2）款的证据不能证明罪行，而能证明普通法的罪行，则可判被告有罪。

（8）如果被告被控违反第11条第（1）款所述第3条第（1）款、第5条第（1）款、第6条第（1）款或第7条第（1）款，而指控的证据并不证明违反第11条第（1）款，而是证明违反了：

（a）第2条第（1）款；

（b）第3条第（1）款或第（2）款规定的任何主管裁决；

（c）第5条第（1）款或第（3）款规定的任何主管裁决；

（d）第6条第（1）款或第（4）款规定的任何主管裁决；

（e）第7条第（1）款或第（5）款规定的任何主管裁决，被告可能被判犯有如此证明的罪行。

（9）如果被告被控违反第11条第（2）款所述第5条第（1）款、第6条第（1）款或第10条，而指控的证据并不证明违反第11条第（2）款，而是证明违反了：

（a）第2条第（1）款；

（b）第5条第（1）款或第（3）款规定的任何主管裁决，或第60条；

（c）第6条第（1）款或第（4）款规定的任何主管裁决，被告可被判犯有经证明的罪行。

第3章　恶意通信

引起财产损害或暴力的数据信息

第16条　非法提供、广播或分发的任何人计算机系统的数据消息给特定的人、一群人或意图煽动公众暴力侵害一个人或一群人犯有罪行。

有害信息

第17条　（1）任何人利用计算机系统非法和故意提供、广播或分发有害的数据电文，即属犯罪。

（2）为了第（1）款的目的，数据消息在：

（a）它威胁一个人：

（i）对属于该人的任何财产的损害或对该人的暴力；

（ii）损害属于该人的任何家庭成员或家庭成员或与该人有密切关系的任何其他人的任何财产或暴力。

（b）它威胁一群人，对属于的任何财产造成损害，对构成该群体的一部分或与该群体有关联的人的暴力行为。

（c）它恐吓、鼓励或骚扰一个人伤害自己或她自己或任何其他人。

（d）它本质上是错误的，它的目的是造成心理上的，对特定个人或群体的人身或经济伤害，而一个合理的人拥有相同的信息，并且在所有情况下都会认为数据信息是有害的。

未经同意而分发亲密图像的数据消息

第18条　（1）任何人非法和故意提供、广播或通过计算机系统分发可识别人的亲密形象的数据电文，明知图像中所描绘的人没有同意提供、广播或分发数据电文，即属犯罪。

（2）为了第（1）小节的目的，“亲密形象”是指对视觉描绘以任何方式制造的人：

（a）在产生对隐私的合理期望的情况下；

（b）其中，该人是裸体的，暴露了他或她的生殖器或肛门区域；或在女性的情况下，暴露了她的乳房。

在刑事诉讼终结前保护申诉人的命令

第 19 条 （1）向南非警察署提出指控，指控第 16 条、第 17 条或第 18 条所述犯罪据称对他或她实施，可单方面以规定的形式和方式向治安法庭申请命令，等待刑事诉讼的最后完成：

（a）禁止任何人进一步提供、广播或分发第 16 条、第 17 条或第 18 条所设想的与收费有关的数据电文；

（b）命令电子通信服务提供商或控制计算机系统的人员删除或禁用对有关数据消息的访问。

（2）法院必须尽快合理地考虑提交的申请。

根据第（1）款的规定，并可为此目的考虑其认为合适的任何其他证据，包括口头证据或宣誓证词，这些证据必须构成诉讼记录的一部分。

（3）如果法院确信有初步证据表明所涉数据电文构成第 16 条、第 17 条或第 18 条所设想的犯罪，法院可按规定的形式发布第（1）款所述命令。

（4）该命令必须送达本条第（1）款第（a）项所指的人或电子通信服务提供者或本条第（1）款第（b）项所指的人。

规定的形式和方式：如果法院确信该命令不能以规定的形式和方式送达，法院可以发出命令，允许以该命令规定的方式送达。

（5）第（1）款所述命令自法院发出之日起生效，并已提请第（1）款第（a）项所述人或第（1）款第（b）项所述电子通信服务提供者或人员注意该命令的存在。

（6）第（1）款第（a）项提及的人或第（1）款第（b）项提及的人，或第（1）款第（b）项提及的人，在根据第（4）项向其送达命令后 30 天内，经以规定的形式和方式通知有关治安法官的法院，可向法院申请撤销或修订第（1）款提及的命令。

（7）法院必须尽快合理地审议根据第（6）款向其提交的申请，并可为此目的考虑此种补充申请，它认为合适的证据，包括口头证据或书面证词的证据，应构成诉讼记录的一部分。

（8）为了第（2）款和第（7）款的目的，如果该人或书、文件或对象的证据在法院看来对案件的公正裁决至关重要，法院可按规定方式传唤任何人作为这些诉讼的证人，或提供任何书、文件或对象。

（9）任何人或电子通信服务提供者如不遵守第（5）款所述命令，即属犯罪。

（10）根据第（8）款被传唤出席诉讼的任何人，但未能实施下列行为的，即属犯罪：

（a）出席或继续出席；

（b）在有关诉讼可延期的地点、日期和时间出庭；

（c）在休会后继续出席这些程序；

（d）出示传票所指明的任何书、文件或物件。

（11）1944年《治安法院法》和2013年《高等法院法》中关于上诉和复审的规定适用于本节的诉讼程序。

电子通信服务提供者或控制电脑系统的人士向法庭提供资料

第20条 （1）如果根据第19条第（1）款提出保护令申请，而法院根据第19条第（3）款确信必须发出保护令，而且提供、广播或分发有关数据电文的人的身份或地址不详，法院可实施下列行为：

（a）根据第45条的规定，将诉讼程序推迟到任何时间和日期法院认为适当的。

（b）以规定的形式发出指示，指示电子通信服务提供者或控制计算机系统的人，以规定的方式向法院提供书面证词，以规定的形式：

（i）数据电文来源地的电子通信标识号；

（ii）被分配电子通信身份号码的人的姓名、身份号码和地址；

（iii）表示数据消息是或不是的任何信息，从该人的电子通信身份号码发送到申诉人的电子通信身份号码；和

（iv）电子通信服务提供者或控制计算机系统的人可获得的任何其他信息，可协助法院查明可提供的人、广播或分发有关的数据电文或电子通信服务提供者或计算机系统的控制人员，向提供、广播或分发数据电文的人提供服务。

（2）如果法院根据第（1）款发出指示，法院必须指示以规定的方式送达电子通信服务提供者或控制计算机系统的人员。

（3）（a）第（1）款（b）项（一）、（二）、（三）和（四）点所述资料必须在向电子通信服务提供者或个人送达指示之日起5个普通法院日内提供给法院。

（b）电子通信服务提供者或控制某一计算机系统的人，可以规定的方式，以规定形式的宣誓书向法院提出申请，包括：

（i）本条款（a）项所述延长5个普通法庭日，再延长5个普通法庭日，理由是15天信息不能及时提供。

（ii）取消指示的理由是：

（aa）它不向被申请人或投诉人或有关人士提供电子通信服务；

（bb）电子记录中没有所要求的资料通信服务提供商或控制计算机系统的人员。

（4）在收到本条第（3）款第（b）项的申请后，法院可以实施下列行为：

（a）必须考虑申请；

（b）可以按规定的方式要求提供补充证据，电子通信服务提供者或控制计算机系统的人认为合适的宣誓书；

（c）必须就此作出决定；

（d）必须以规定的形式和规定的方式通知电子通信服务提供商或计算机系统的控制人员。

（5）（a）法院在收到电子通信服务提供者或控制计算机系统的人士的书面陈述，其中载有第（1）款第（b）项（一）和（二）款所述的资料后，可考虑根据第 19 条第（3）款对提供保护的人发出保护令，广播或分发第 16 条、第 17 条或第 18 条设想的数据电文，即程序暂停之日。

（b）根据第（1）款第（b）项向法院椲供的任何资料构成法院可根据第 19 条第（3）款审议的证据的一部分。

（6）负责司法的内阁成员可通过通知在宪报中，订明向电子通信服务提供者或控制电脑系统的人士提供第（1）款第（b）项所指资料而须支付的合理补偿费用。

（7）任何电子通信服务提供者、电子通信服务提供者的雇员或控制计算机系统的人，实施下列行为之一的：

（a）未能在该等电子通信服务提供者或根据第（3）款第（a）项向法院送达指示或根据第（3）款第（b）项由法院准许延长的期限后 5 个普通法院日内提供所需资料；

（b）在第（1）款第（b）项或第（3）款第（b）项所指的誓章上作出虚假陈述，在物质方面，属于犯罪。

刑事诉讼终结令

第 21 条 （1）当出现以下几种情形之一的，可以认定为刑事诉讼终结：

（a）根据第 16 条、第 17 条或第 18 条被定罪；

（b）根据第 16 条、第 17 条或第 18 条被宣告无罪，和证据证明，从事或试图从事 2011 年《免受骚扰法》所设想的骚扰行为的人，审判法院在进行调查后，可发布该法第 9 条第（4）款所设想的保护令。2011 年《免受骚扰法》，第 60 条规定之后，针对个人该法应适用于上下文所需的更改。

（2）审判法院在判定某人犯有第 16 条、第 17 条或第 18 条所述罪行时，必须下令：

(a)该人不得进一步提供、广播或分发第16条、第17条或第18条所设想的与他或她被定罪的指控有关的数据电文,具体包括:

(b)该人或任何其他人销毁所涉数据消息或数据消息的任何副本;

(c)电子通信服务提供商或控制计算机系统的人员,以删除或禁用对有关数据消息的访问。

(3)第(2)款第(b)项所述命令涉及他人,与被告相比,第(2)款第(c)项必须以规定的形式送达,并必须以规定的方式送达。但如果审判法院确信该命令不能以规定的形式和方式送达,法院可以作出允许电子通信服务提供者或控制计算机系统的人,以该命令中规定的方式实施服务的命令。

(4)第(2)款第(a)项或第(b)项所述任何人或电子通信服务提供者或第(2)款第(c)项所述控制计算机系统的人,如不遵守第(2)款所述命令,即属犯罪。

(5)为本节的目的,"审判法庭"是指:

(a)根据1944年《治安法院法》第2条第(1)款第(f)项第(一)点设立的治安法院;

(b)根据1944年《治安法院法》第2条第(1)款第(g)项第(一)点设立的区域分部法院;

(c)2013年《高等法院法》第6条第(1)款提及的高等法院。

惩罚

第22条 (1)任何人如违反第16条、第17条或第18条的规定,一经定罪,可处以罚款或不超过3年的监禁,或同时处以罚款和这种监禁。

(2)任何人或电子通信服务提供者违反第30条、第19条第(9)款或第(10)款、第20条第(7)款或第21条第(4)款的规定,一经定罪,可处以罚款或不超过2年的监禁,或同时处以罚款和这种监禁。

第4章 管辖权

第23条 (1)共和国法院根据第2章或第16条、第17条或第18条审判一项罪行,如果出现以下行为之一的,具有管辖权效力:

(a)犯罪发生在共和国;

(b)为犯罪或犯罪的任何部分作准备的任何行为在共和国境内发生,或犯罪的任何结果在共和国境内产生影响的;

(c)该罪行是南非公民或在共和国有永久居留权的人或在共和国经商的人在共和国境内或境外犯下的;或

（d）犯罪发生在共和国注册的任何船舶或飞机上，或在犯罪发生时往返共和国的航程或航班上。

（2）如果该行为被指控构成第 2 章或第 16 条、第 17 条所述犯罪或第 18 条发生在共和国以外的共和国法院，无论该行为是否在其实施地构成犯罪，如果被指控的人对该犯罪具有管辖权：

（a）是共和国公民；

（b）通常居住在共和国；

（c）在共和国领土、领水或在共和国领土上被捕，犯罪时在共和国注册或要求注册的船舶或飞机上；

（d）是一家公司，根据任何法律在共和国注册或注册；

（e）是共和国境内任何法人或非法人团体。

（3）根据第 2 章或第 16 条、第 17 条或第 18 条被指控构成犯罪的任何行为并且由一个人以外的人在共和国境外实施，第（2）款所设想的，无论该行为是否构成犯罪，若出现以下情形，可被认为是在共和国境内实施犯罪：

（a）行为影响或意图影响公共机构、企业或任何其他人在共和国；

（b）行为人在南非被发现；

（c）人是出于南非未引渡的一个或其他原因，或如果没有引渡该人的申请。

（4）被控企图、共谋、协助、教唆、引诱、煽动、指示、指挥或引诱实施犯罪或作为犯罪后的从犯，不仅在行为发生地被视为犯罪，而且在该人行为的每个地方也被视为犯罪。

（5）（a）按第（2）款和第（3）款起诉的情形：

（a）（i）只有经国家检察长书面许可，方可对某人提起诉讼；

（ii）必须在国家检察长指定的法院开始。

（b）必须向被告送达书面许可和指定的副本，其原件必须送交诉讼所在法院开始。

第 5 章　调查、搜索、访问或扣押的权力

标准操作程序

第 24 条　（1）负责维持治安的内阁成员与国家检察长和负责 30 名警察的内阁成员协商司法行政必须在经过公开协商后，在本章开始后 6 个月内发布标准作业程序，这些程序必须由：

（a）南非警察局；

（b）根据第 35 条获得授权的任何其他人或机构，根据任何法律规定调查任何罪行的

其他法律，在调查第 2 章或第 16 条、第 17 条或第 18 条所述的任何罪行或任何其他罪行时，该罪行是或是通过使用某一条款而实施或便利的。

（2）本章规定的适用第（1）款和任何所指的标准作业程序修正案必须在公报上公布。

第 25 条 1977 年的《刑事诉讼法》除本章规定外，至今仍适用，不与本章规定相抵触。

搜查和获得或扣押某些物品

第 26 条 警察可以根据本章的规定在共和国境内搜查、查阅或扣押任何物品。

被搜查、查阅或者扣押的物品

第 27 条 （1）在不违反本法第 29 条、第 30 条和第 31 条规定的情况下，适用本法第 4 条第（3）款，1964 年税收管理局《海关和货物税法》第 69 条第（2）款第（b）项和 2011 年法令第 71 条和《2014 年海关管制法》第 21 条第（e）款和第（f）款规定，只有通过签发的搜查令，才能搜查、查阅或扣押某物品：

（a）由高等法院的法官，根据警察官员的书面申请，如果法官从宣誓的信息中或通过确认有合理理由相信某一条款是：

（i）在其管辖范围内。

（ii）或被利用或参与犯罪：

（aa）在其管辖范围内；

（bb）或在共和国境内，如果他或她不确定该条在哪个管辖区内被使用或参与犯罪。

（b）或由主持刑事诉讼的裁判官或法官，如果该裁判官或法官认为在这种诉讼中需要一条证据。

（2）根据第（1）款发出的搜查证必须要求在搜查证中指认的警官搜查、查阅和扣押有关条款，并对第 15 条进行搜查。

最后，必须授权警官以下职权：

（a）搜查搜查令中指认的任何人。

（b）进入并搜查搜查令中确定的任何集装箱、房地、车辆、设施、船舶或飞机。

（c）在合理理由存在下可以搜索任何人，并且可以要求当事人提供有关调查事项的任何重要信息，以及在该等货柜附近、在该等处所、车辆、设施、船只或飞机上或在该等处所内找到的人。

（d）搜查任何人，只要有合理理由相信他能够提供相关的任何重要资料：

（i）就在附近；

（ii）使用；

（iii）拥有或直接控制。

任何数据、计算机程序、计算机数据存储介质或计算机，在逮捕令中确定的制度，以逮捕令中规定的程度。

（e）在搜查证所列范围内搜查搜查证所列的任何物品。

（f）在搜查证所列的范围内查阅搜查证所列物品。

（g）在令状所列的范围内扣押令中指明的物品。

（h）使用或获取和使用任何仪器、设备、密码、解密密钥、数据、计算机程序、计算机数据存储介质或计算机系统或其他信息，这些信息在合理的理由下被认为是搜索、访问或扣押搜查令中确定的物品所必需的在搜查令中规定的范围内。

（3）根据第（1）款发出的搜查证，可要求调查员或搜查证中指认的其他人员协助搜查证中指认的警察，在搜查证中规定的范围内搜查、查阅或扣押有关物品。

（4）（a）搜查令可随时执行，除非签发搜查令的人书面搜查令另有规定。

（b）可在任何一天发出有效的搜查令，直至发出搜查令的人执行或取消搜查令为止，如果没有搜查令，则由具有类似权力的人发出。

（5）根据本条执行逮捕令的警官必须向任何人移交第（1）款第（a）项所设想的任何搜查或搜查或扣押物品的权利受到影响的人、逮捕证副本和警察的书面申请。

（6）第（1）款至第（5）款的规定适用于对根据第（1）款签发的逮捕令进行的修订的上下文所要求的更改。

口头申请搜查令或修改搜查令

第28条 （1）第27条第（1）款第（a）项提及的申请，或根据第27条第（1）款第（a）项发出的修订逮捕令的申请，可由特别指定的警察官员口头提出，如果不合理可行，可考虑案件的紧迫性或特殊情况的存在，作出书面说明申请。

（2）第（1）款中提到的口头申请必须做到：

（a）说明案件的紧迫性或警察认为有理由提出口头申请的其他特殊情况；

（b）遵守首席法官根据2013年《高等法院法》第8条第（3）款发布的与口头申请有关的任何补充指令。

（3）高等法院的裁判官或法官可在根据第（1）款向他或她提出口头申请后，在不违反第（4）款的情况下，根据第27条第（1）款第（a）项的规定，发出逮捕证或修改逮捕证。

（4）逮捕令或对逮捕令的任何修改只能根据第10条第（3）款发出，具体情形为：

（a）如果有关高等法院的裁判官或法官对有关口头申请中所指称的事实感到满意，

具体包括:

(i)有合理的理由相信逮捕证或任何修正案可以发出申请的搜查令。

(ii)搜查令或对搜查令的修正是必要的,以便立即搜查、获取或扣押,具体包括:

(aa)在其管辖范围内;

(bb)在共和国境内,如果他或她不确定该条在哪个管辖区内使用或涉及实施犯罪。以及(iii)考虑到案件的紧迫性或存在特殊情况,书面申请签发逮捕证或修改逮捕证是不合理的。

(b)条件是有关警官必须向有关高等法院的裁判官或法官提交书面申请,根据本条第(3)款发出逮捕证或经修订的逮捕证后48小时。

(5)根据第(3)款发出的逮捕令或对逮捕令的任何修改必须做到:

(a)以书面形式;

(b)以电子方式传送给执法机构的成员;

(c)载有所审议的事实和发出逮捕令的理由的摘要。

(6)高等法院的治安法官或法官,已发出命令或修正命令

根据第(3)款发出的逮捕证,或在他或她不在的情况下,高等法院的任何法官在收到根据第(4)款第(b)项向他或她提交的书面申请后,必须重新考虑该申请,他或她可以确认、修改或取消该逮捕证。

(7)第(6)款设想的高等法院法官,修改或取消逮捕令必须作出他或她认为适合的命令,以处理任何受他或她的决定影响的物品。

未经有合法同意权的人同意,在没有搜查令的情况下搜查、获取或扣押物品

第29条 (1)任何警察官员在没有搜查证的情况下,都可以执行所提到的权力。第27条第(2)款规定,在不违反任何其他法律的情况下,如果有合法权力同意搜查、进入或扣押有关物品的人书面同意这种搜查、进入或扣押。

(2)根据第(1)款行事的警务人员,经合法有权同意的人以书面形式合法同意,可要求调查员协助他或她搜查、获取或扣押有关物品。

在没有搜查证的情况下搜查、获取或扣押犯罪所涉物品

第30条 (1)警察在没有第27条第(1)款第(a)项所述搜查证的情况下,可以为行使"扣押"定义第(a)项和第(b)项所述权力而搜查任何人或集装箱或房地,如警察官员基于合理理由认为,"扣押"是指计算机数据存储介质或"物品"定义中所指计算机系统的任何部分:

(a)根据第27条第(1)款第(a)项,如果他或她申请搜查令,将向他或她发出搜

查令；

（b）延迟获得这种逮捕令将击败搜查和扣押的对象。

（2）警察只能行使第5款所述权力

（c）或（d）根据第27条第（1）款第（a）项发出的搜查证，就第（1）款所指的计算机数据储存介质或计算机系统而言。“扣押”的条件是警察官员可以根据合理理由相信：

（a）第27条第（1）款第（a）项规定，如果他或她申请搜查令，将向他或她发出搜查令；

（b）考虑到案件的紧迫性或存在特殊情况，以书面或口头方式申请搜查令是不合理的，他或她可以在没有搜查令的情况下获得和行使第15条“扣押”定义第（c）项或第（d）项所述的权力。

（3）经警官书面授权的调查员可协助警官按第（1）款和第（2）款的设想扣押，并按第（2）款的设想查阅该条。

搜查、查阅和扣押关于逮捕人的条款

第31条 （1）根据1977年《刑事诉讼法》第40条的规定，警官在没有逮捕证的情况下可以逮捕任何人：

（a）在他或她在场的情况下犯下第2章或第16条、第17条或第18条规定的任何罪行。

（b）他或她合理地怀疑他或她犯有任何罪行第2章或第16条、第17条或第18条。

（c）曾就第2章或第16条、第17条或第18条所列罪行或与任何其他罪行有重大类似的罪行有关或已就该罪行提出合理申诉或已收到可信资料或有合理怀疑。一种在共和国境内被承认的罪行，根据与引渡或逃犯有关的任何法律，该罪行是通过使用某一物品在外国境内实施的或曾经实施的，或由该物品提供便利的，可在共和国境内被逮捕或拘留。

（2）关于本条第（1）款或第40条所述逮捕某人的情况或者根据1977年《刑事诉讼法》第43条发出的逮捕令，警察可以搜查和行使第43条所述的权力第（a）项和第（b）项关于“物品”定义中所指的计算机数据存储介质或计算机系统的任何部分的“扣押”定义。在占有、保管或控制下的人。

（3）警察官员只能使用或行使上文各段所述的权力，具体包括：

本款第（c）项或第（d）项根据第27条第（1）款第（a）项发出的搜查证，就第（2）款所指的电脑数据储存媒介或电脑系统而言，但警务人员可在其上使用合理的理由相信：

（a）根据第27条第（1）款第（a）项，如果他或她申请搜查令，将向他或她发出搜查令；

（b）考虑到案件的紧迫性或存在特殊情况，提出书面或口头申请是不合理可行的，他或她可以在没有搜查令的情况下获得和行使第15条“扣押”定义第（c）项或第（d）项中提到的权力。

（4）经警官书面授权的调查员可协助警官按本条第（2）款和第（3）款的设想扣押，并按第（3）款的设想查阅该条。

协助执法机构成员或调查员

第32条 （1）电子通信服务提供者、金融机构或个人，但被怀疑实施了正在调查的犯罪的人以外，控制任何集装箱、房地、车辆、设施、船舶、飞机，数据、计算机程序、计算机数据存储介质或计算机系统，如果需要，必须提供：

（a）技术援助；

（b）可能需要的其他援助，警察官员或调查员，以搜索、访问和扣押物品。

（2）电子通信服务提供者、金融机构或个人如不遵守第（1）款的规定，即属犯罪，一经定罪，可处以罚款或不超过两年的监禁，或同时处以罚款和监禁。

妨碍或妨碍警察官员或调查员和权威抵抗

第33条 （1）非法和故意阻碍或妨碍警官或调查员行使其权力或履行本章规定的职责或职能的人，或拒绝或不遵守的人根据第27条第（1）款发出的搜查令，即属犯罪，应负法律责任。

被判处罚款或不超过两年的监禁，或同时判处这种罚款和这种监禁。

（2）（a）警察可合法执行第27条第（2）款赋予他或她的任何权力，可使用可能的武力，包括：

（i）合理必要的；

（ii）或与所有情况相称，与执行这些权力有关的。

（b）任何警务人员不得进入或搜查任何房地、车辆、设施、船舶或飞机，除非他或她已听到要求进入该房地、车辆、设施、船舶或飞机，并已通知其进入的目的。

本款第（c）项、第（b）项的规定不适用于警察官员基于合理理由认为，如果第（b）项的规定得到遵守，则可销毁、处置或篡改作为搜查对象的物品。

赋予警察官员或调查员以体面的方式进行调查的权力

有秩序地对待其他人的权利

第34条 （1）第27条第（2）款、第29条、第30条或第31条赋予警察官员或调查人员的权力必须进行以下事项：

（a）严格考虑体面和秩序；

（b）适当考虑其他人的权利、责任和合法利益，与罪行严重程度成比例。

（2）如果需要根据第 27 条第（2）款第（a）、（c）或（d）项或第 31 条对女性进行身体搜查，这种搜查必须由同时也是女性的警官进行；如果没有女性警官，则必须由任何女性进行搜查，由一名警官为此目的指定。

错误地搜索、访问或扣押和限制使用仪器、设备、密码或解密密钥或信息以获得访问

第 35 条 （1）警官或调查员非法或故意的出现以下情形的：

（a）违反权威的行为，具体包括：

（i）根据第 27 条第（1）款发出的搜查令；

（ii）根据第 29 条第（1）款给予的同意。

（b）没有根据本章或任何其他法律的规定授权给警官或调查员的类似权力：

（i）搜索、访问或获取数据、计算机程序、计算机数据存储介质或计算机系统的任何部分或任何其他信息、仪器或设备；

（ii）获取或使用访问数据、计算机程序、计算机数据存储介质或计算机系统任何部分所必需的任何仪器、设备、密码、解密密钥或其他信息，是犯罪的。

（2）获得或使用第 27 条第（2）款第（h）项所述任何仪器、设备、密码、解密密钥、数据或其他信息的警官或调查员：

（a）必须仅在权证规定的范围内使用仪器、设备、密码、解密密钥、数据或信息才能获得访问或使用数据、计算机程序、计算机数据存储介质或计算机系统的任何部分，以有关搜查令所指明的方式和目的。

（b）必须销毁所有密码、解密密钥、数据或其他信息：

（i）合法拥有密码、10 个解密密钥、数据或其他信息的人不需要它；

（ii）1998 年《预防有组织犯罪法》第 5 章或第 6 章所设想的任何刑事或民事诉讼，或为证据目的或为法院命令的目的，均不需要该法；

（iii）1998 年《预防有组织犯罪法》第 5 章或第 6 章所设想的刑事诉讼或民事诉讼不得与这些资料有关。

（3）警察或调查员违反或不遵守第（1）款或第（2）款，一经定罪，可处以罚款或监禁，刑期在一年以上两年以下或同时处以罚款和这种监禁。

（4）如果警察官员或调查员被判定犯有第（1）款或第（2）款所述罪行，判定该人有罪的法院可根据遭受损害的任何人的申请或根据该人的指示行事的检察官的申请，就该损害给予赔偿适用于 1977 年《刑事诉讼法》第 300 条的规定此种裁决的上下文所要求的更改。

宣誓或以肯定的方式提供虚假信息

第 36 条 （1）非法、故意宣誓提供虚假信息的或者通过肯定知道它是假的或不知道它是真的。具体包括以下行为：

（a）发出搜查令；

（b）第 29 节所设想的搜查是根据这些资料进行的；

（c）扣押计算机数据存储介质或计算机系统的任何部分第 30 条的条款；

（d）发布了第 39 节所设想的快速保存数据方向；

（e）发出第 40 条所述证据保全指示；

（f）公布第 42 条所设想的数据方向。

犯有罪行，一经定罪，可处以罚款或两年以下监禁，或同时处以罚款和这种监禁。

（2）如果某人被判定犯有第（1）款所述罪行，判定该人有罪的法院可根据遭受损害的任何人的申请或在检察官根据该人的指示提出申请时作出裁决，对此种损害的赔偿，适用 1977 年《刑事诉讼法》第 300 条的规定与此种裁决，有关的上下文所要求的更改。

禁止披露信息

第 37 条 （1）调查员、警官、电子通信服务提供商或金融机构的提供者、金融机构或雇员可在不违反第（2）款的情况下披露他或她在行使其权力或履行本法第 5 章和第 6 章规定的职责时获得的任何信息，但出现以下情形的除外：

（a）对任何其他必要的人来说，为了履行他的职责而需要他在本法中的职能。

（b）如果他或她是在履行本法规定的职责或职能时提供这类信息的人。

（c）如果是任何法律所要求的信息，或作为任何法院的证据。

（d）如果它构成信息共享：

（i）第 10 章所设想的；

（ii）电子通信服务提供商之间，金融机构：

南非警察局或任何其他旨在预防、调查或减轻网络犯罪的个人或实体，但此种信息共享不得妨碍任何刑事调查或刑事诉讼。

（e）向任何要求其提起刑事诉讼的主管当局提出 10 项诉讼或调查，以便提起刑事诉讼。

（2）第（1）款所设想的禁止披露信息的规定不适用于披露：

（a）受 2000 年《受保护披露法》（第 26 号法）保护或授权。

2008 年《公司法》（2008 年第 71 号）、2004 年《防止和打击腐败活动法》（2004 年

12 月第 15 号法)、1998 年《国家环境管理法》(1998 年第 107 号法令),或 1995 年《劳动关系法》(1995 年第 66 次会议)。

(b)根据本法或任何其他议会法授权。

(c)揭示了一项犯罪活动。

(3)个人、调查员、警察、电子通信服务提供者、金融机构或电子通信服务提供者或金融机构的雇员违反第(1)款的规定,即属犯罪,一经定罪,可处以罚款或不超过 3 年的监禁或者罚款和这种监禁。

拦截间接通信,获取实时通信相关信息和归档通信相关信息

第 38 条 (1)2002 年《截获通信和提供通信相关信息法》第 1 节所界定的间接通信数据的拦截,必须从以下方面进行:

根据该法第 16 条第(4)款或第 18 条第(3)款第(a)项发出的拦截指令,必须在不违反第(4)款的情况下,以该法规定的方式进一步处理。

(2)不断获取 2002 年《截获通信和提供通信相关信息法》第 1 节所界定的实时通信相关信息根据该法第 17 条第(3)款或第 18 条第(3)款第(b)项发布的实时通信指示,必须在不违反第(4)款的情况下,以该法规定的方式进一步处理。

(3)电子通信服务提供商:

(a)根据 2002 年《截获通信和提供通信相关信息法》第 30 条第(1)条第(b)项的规定,需要提供能够存储通信相关信息的电子通信服务。和

(b)不需要根据该法第 30 条第(2)款发布的指令储存与通信有关的信息,除任何法律规定的任何其他义务外,还必须遵守:

(i)第(2)款所述与实时通信有关的指示,其中指示电子通信服务提供者就客户提供与实时通信有关的信息,在持续的基础上,随着它的可用。

(ii)加速保存第 39 节所设想的数据方向,其中指示电子通信服务提供者保存与客户有关的实时通信相关信息或存档通信相关信息。

(iii)第 40 节第 55 条所设想的证据保全方向。

该电子通信服务提供商的目的是保存与客户有关的实时通信相关信息或存档的通信相关信息。

(iv)披露第 42 节所设想的数据方向,其中指示电子通信服务提供商提供存档的由电子通信服务提供商存储的客户的通信相关信息。

(v)指定法官在本条第(1)款或第(2)款或第 46 条第(6)款中的任何命令,电子通信服务提供者被命令:

（aa）获取和保存任何与实时通信有关的信息或存档的与通信有关的信息；

（bb）提供交通数据，只要该数据可能表明外国的电子通信服务提供者参与了通信的传输。

（4）第（1）款所述被截获的任何间接通信或持续获得的任何与实时通信有关的信息，或应在外国行使管辖权的当局、法院或法庭的请求获得和储存的与存档通信有关的信息必须按照第15节所述命令规定的方式进一步处理，由指定法官签发。

加快数据保存方向

第39条 （1）在不违反第38条第（1）款和第（2）款的情况下，特别指定的警察官员，如果他或她基于合理的理由认为任何人是电子通信服务提供者或金融机构拥有、接收或数据控制：

（a）相关的。

（b）用于或可用于。

（c）用于或与之有关的目的。

（d）便利或可能便利的。

（e）可能提供证据、佣金或预期佣金：

（i）第2章或第16条、第17条或第18条规定的罪行。

（ii）共和国法律规定的任何其他罪行通过使用某一物品的方式或便利。

（iii）该罪行包括：

（aa）类似于第2章或第16条、第17条或第18条所设想的；

（bb）与共和国承认的、通过使用某一条款在外国实施或曾经实施或便利实施的犯罪基本相似，在适当考虑到其他人的权利、责任和合法利益与所涉罪行的严重程度成比例的情况下，加快保存向此人、电子通信服务提供者或金融机构提供数据的方向。

（2）第（1）分节也适用于：

（a）由于《截获通信和提供通信相关信息法》第30条第（2）款第（a）项第（三）点所设想的时期，电子通信服务提供者不再需要存储的存档通信相关信息2002年法令即将结束；

（b）根据任何其他法律必须在某一时期内储存的任何其他信息，该期间将结束。

（3）加快数据方向的保存必须以规定的形式进行，并且必须由警察以规定的方式向受影响的个人、电子通信服务提供者或金融机构送达。

（4）快速保存数据方向必须指导受影响的人、电子通信服务提供者或金融机构，从提供数据方向之时起，为期21天：

（a）保持当前的状态；

（b）不以任何方式处理；

（c）以某种方式处理，方向所指的数据，以保持数据的可用性和完整性。

（5）除非按照第 42 条的规定获得授权，否则不得以快速保存数据方向为由向警察官员披露任何数据。

（6）第（4）款所述的 21 天期限只能通过第 40 条所设想的证据保全方向加以延长。

（7）第（1）款所述加快保存数据方向的个人、电子通信服务提供者或金融机构，可以规定的形式和方式向治安法官提出书面申请。

该电子通信服务提供者或者金融机构在其管辖范围内，因其不能及时或以合理方式遵守该指示而修改或者取消有关指示。

（8）根据第（7）款向其提出申请的地方法官必须在收到申请后尽快提出申请：

（a）考虑申请，并可为此目的命令就申请中指称的任何事实提出口头或书面证据；

（b）就申请作出决定；

（c）将申请结果通知中请人及第 15 条第（1）款所述的特别指定警务人员。

（9）第（1）款所述个人、电子通信服务提供者或金融机构：

（a）未能遵守快速保存数据的指示或违反第（5）款的规定；

（b）在第（7）款所述的申请中作出虚假陈述，犯有罪行，一经定罪，可处以罚款或不超过两年的监禁，或同时处以罚款和这种监禁。

保存证据方向

第 40 条 （1）高级法院的治安法官或法官可在警察的书面申请后，如果法官从宣誓的信息中或通过确认有合理理由相信任何人、电子通信服务提供者或金融机构可能收到、拥有或控制某一物品：

（a）相关性。

（b）用于或可用于。

（c）为了或与之有关。

（d）便利或可能便利的。

（e）可能提供证据、佣金或预期佣金：

（i）第 2 章或第 16 条、第 17 条或第 18 条规定的罪行。

（ii）共和国法律规定的以某一物品为手段，或以该物品为手段实施或便利实施的任何其他犯罪。

（iii）一种罪行：

(aa)与第 2 章或第 16 条、第 17 条或第 18 条所设想的类似在外国犯下的;

(bb)与共和国承认的、通过使用某一条款在外国实施或曾经实施或便利实施的犯罪基本相似的任何其他犯罪,适当考虑其他人的权利、责任和合法利益,根据有关罪行的严重程度,发出保存证据的指示。

(2)证据指示的保存必须以规定的形式进行,并必须由警察以规定的方式送达受影响的个人、电子通信服务提供者或金融机构。

(3)证据方向的保存必须指导人、电子通信服务提供者或金融机构,从方向的服务时间起,并在方向规定的时间内,不得超过 90 天。具体包括:

(a)保持当前的状态;

(b)不以任何方式处理;

(c)以某种方式处理。

任何人、电子通信服务提供者或金融机构如不遵守保存证据指示,即属犯罪。一经定罪,可处以罚款或不超过 3 年的监禁,或同时处以罚款和这种监禁。

口头申请保全证据方向

第 41 条 (1)第 40 条第(1)款所述的申请,如警方名官员认为不合理可行,可口头提出对案件的紧迫性或存在的特殊情况,提出书面申请。

(2)第(1)款中提到的口头申请必须:

(a)说明案件的紧迫性或警察认为有理由提出的其他种例外情况的细节口头申请;

(b)遵守首席法官根据 2013 年《高等法院法》第 8 条第(3)款发布的与口头申请有关的任何补充指令。

(3)高等法院的法官在根据第(1)款向他提出人的口头申请时,可根据所涉罪行的严重程度,适当考虑其他人的权利、责任和合法利益,签发所申请的证据保全指示。

(4)保全证据指示只能根据第(3)款发出:

(a)如果有关高等法院的裁判官或法官对有关口头申请中所指称的事实感到满意:

(i)有合理的理由认为,可以发出所申请的证据保全指示;

(ii)为了维护证据的完整性,必须立即保存证据方向;

(iii)考虑到案件的紧迫性或特殊情况的存在,提出书面申请以发出所申请的证据保全指示是不合理可行的。

(b)条件是有关警官必须根据第(3)款发出保全证据指示后 48 小时内向有关高等法院的裁判官或法官提交书面申请。

（5）根据第（3）款发出的证据指示的保存必须是书面的，必须以电子方式传送给警察。

（6）高等法院的法官，根据分款发出指示。

或者，如果他或她不在，高等法院的任何法官必须在收到根据第（4）款第（b）项提交给他或她的书面申请后，重新考虑该申请，他或她可以确认、修改或取消证据方向的保存。

披露数据方向

第42条 （1）披露方向包括：

（a）加快保存数据方向或保存证据方向；

（b）否则，在不签发搜查令的情况下获取数据是权宜之计，第27条第（1）款所设想的，根据1964年《海关和货物税法》第4条第（3）款、2011年《税务管理法》第69条第（2）款第（b）项和第71条以及2014年《海关管制法》第21条第（1）款（e）和（f）项，高级法院的治安法官或法官可根据宣誓或宣誓的资料向治安法官或法官提出书面申请。

确认有合理理由相信某人、电子通信服务提供者或金融机构，但该人、电子通信服务提供者或金融机构以外，涉嫌实施正在调查的犯罪的，可以接受拥有或控制与委员会有关或可能提供证据或打算委托的数据：

（i）第2章或第16条、第17条或第18条规定的罪行；

（ii）共和国法律规定的以某一条款为手段或以该条款为手段实施或便利实施的任何其他犯罪，发布数据方向的披露。

（2）第（1）款所设想的申请必须：

（a）包含申请披露数据方向的警官的身份；

（b）确定客户，如果已知，或服务或通信，为谁提供数据；

（c）确定必须向其披露数据方向的个人、电子通信服务提供商或金融机构；

（d）包含必须提供的数据的描述和必须提供的格式；

（e）包含对已经或正在或将要发生的罪行的描述可能是承诺的；

（f）遵守2013年《高等法院法》第8条第（3）款中关于加快披露首席法官发布的数据的申请的任何补充指示。

（3）在收到第（1）款规定的申请后，治安法官或法官必须满足自己：

（a）有合理的理由相信：

（i）第2章或第16条、第17条或第18条规定的犯罪；

（ii）共和国法律规定的以使用某一物品为手段或便利的手段实施或正在实施的任何

其他犯罪，已实施、正在实施或可能实施，或有必要确定是否实施了此类犯罪

(b)如果公布数据方向，将符合司法利益。

(4)数据方向的披露必须以规定的形式进行，必须送达对个人、电子通信服务提供者或金融机构以警务人员规定的方式受到影响。

(5)数据方向的披露：

(a)必须指示个人、电子通信服务提供商或金融机构在设定的范围内提供方向上确定的数据，向一名已确定的警官方向；

(b)必须列明必须提供前一项所列数据的期限；

(c)可指明与提供其中授权的数据有关的条件或限制。

(6)涉及披露第(5)款所述数据方向的个人、电子通信服务提供者或金融机构，可以规定的形式和方式以书面形式向治安法官或法官申请修订或取消有关方向，理由是他或她不能及时或合理地遵守该方向。

(7)根据第(6)款向其提出申请的治安法官或法官必须在收到申请后尽快：

(a)考虑申请，并可为此目的命令就申请中指称的任何事实提出口头或书面证据；

(b)就申请作出决定；

(c)如果申请成功，请将申请结果通知警官。

(8)在披露数据方向方面提供的任何数据必须是：

(a)提供给方向确定的警官；

(b)由电子通信服务提供者或金融机构的人士或授权代表以规定的形式提交誓章机构，核实所提供数据的真实性、完整性和可靠性。

(9)个人、电子通信服务提供者或金融机构：

(a)未能遵守数据方向的披露；

(b)在第(6)款所述的申请中作出虚假陈述；

(c)未能遵守本条第(8)款。

犯有罪行，一经定罪，可处以罚款或不超过两年的监禁，或同时处以罚款和这种监禁。

在无须授权的情况下搜索、获取和扣押数据

第43条 警察官员在未经本章特别授权的情况下，可为调查第2章或第16条、第17条或第18条规定的任何罪行：

(a)搜查、获取或行使本款第(c)或(d)项所述的权力，关于公开可用数据的"扣押"的定义，而不考虑数据位于地理位置的；

（b）接收非公开的可用数据，无论数据位于何处，如果有合法权力披露数据的人，自愿并在有关保密和限制的条件下使用他或她认为必要的，向警官披露数据。

第6章 互 助

本章规定的适用

第44条 除1996年《国际刑事事项合作法》第2章外，第46条至第49条的规定也适用，除非具体说明，否则适用。

否则，在根据1996年《国际刑事事项合作法》第2条或第7条提出请求之前保存证据。

自发的信息

第45条 （1）国家专员可在保密条件下使用，因为他或她可以确定和获得书面批准后按照第（2）款的设想，将在任何调查过程中获得的任何信息转交给外国执法机构，如果国家专员认为披露此类信息可能出现下列情况：

（a）协助外国启动或进行调查在该外国管辖范围内实施的犯罪。

（b）导致与外国进一步合作，对委员会或预定委员会进行调查：

（i）第2章或第16条、第17条或第18条所述犯罪。

（ii）共和国法律规定的任何其他罪行，可为通过某一条款实施或促成的。

（iii）一种罪行：

（aa）类似于第2章或第16条、第17条或第18条所设想的；

（bb）与所确认的罪行基本相似的任何其他罪行，通过使用某一条款或以该条款为便利而实施。

（2）国家检察长必须审议国家专员根据第（1）款提出的请求，并且只能批准所提到的请求。

在第（1）款中，如果他或她确信信息的转发：

（a）不会对共和国境内任何待决的刑事诉讼或调查产生不利影响；

（b）不会损害共和国的利益；

（c）符合共和国的任何适用法律。

（3）南非警察署可从外国收到任何资料，但须遵守可能商定的保密和使用限制条件，即

（a）协助南非警察署启动或开展对在共和国境内所犯罪行的调查。

（b）导致与外国进一步合作，对委员会或预定委员会进行调查：

（i）第2章或第16条、第17条或第18条所述犯罪；

（ii）根据共和国法律可能通过某一条款实施或便利实施的任何其他犯罪。

外国的援助和合作请求

第 46 条 （1）在外国行使管辖权的当局、法院或法庭要求：

（a）保存数据或其他物品；

（b）扣押数据或其他物品；

（c）加速披露交通数据，只要可能表明另一国的个人、电子通信服务提供商或金融机构参与了通信的传输；

（d）获取实时通信相关信息或存档通信相关信息的数据；

（e）截获数据是一种间接通信，必须在不违反第（7）款的情况下，提交给 24/7 联络点。

（2）24/7 联络点必须将请求提交国家检察长审议。

（3）（a）国家主任在收到本条第（2）款所述请求后，公诉必须使自己满意：

（i）该程序已在请求外国行使管辖权的法院或法庭提起。

（ii）有合理的理由相信某项罪行已在请求国实施，或有必要加以确定是否已实施犯罪，是否正在请求外国对此进行调查。

（iii）有关罪行是下列情形之一：

（aa）类似于第 2 章或第 16 条、第 17 条或第 18 条所设想的；

（bb）与共和国承认的罪行基本相似，即通过使用某一条款实施或便利实施。

（iv）该外国打算根据 1996 年《国际刑事事项合作法》第 7 节提出请求，以获得在共和国的数据、通信或条款，供在外国进行此类诉讼或调查时使用。

（b）为本条款第（a）项的目的，国家检察长可依据据称由有关外国主管当局签发的证明，说明第（3）款第（a）项所述事实。

（4）（a）国家检察长必须向内阁成员 45 提交援助请求及其建议负责司法行政的批准。

（b）国家检察长在接到内阁成员批准的通知后，必须将第（1）款所设想的请求转交指定法官审议。

（5）如果请求涉及快速披露交通数据，就其而言可表明某人、电子通信服务提供者或外国金融机构参与了通信的传输，本条第（3）款第（a）项和第（4）款不适用，国家检察长必须向指定法官提交援助请求及其建议。

（6）在不违反第（7）款和第（8）款的情况下，指定法官在收到第（4）款或第（5）款所述请求时，可发出他或她认为适当的任何命令，以确保所请求的数据满足下列条件之一：

（a）数据或其他物品按照第 40 条保存；

（b）根据第 27 条和第 60 条，迅速处理数据保存；

（c）交通数据，只要可能表明某一外国的个人、电子通信服务提供者或金融机构参与了通信的传输，则按照第 42 条的规定，迅速披露；

（d）数据是一种实时通信相关信息，被获取并保存；

（e）作为间接通信的数据被截获和保存，如请求中所指定的那样。

（7）指定法官可以作出以下判断：

（a）根据请求中所指称的事实，有合理的理由认为：

（i）与第 2 章或第 16 条、第 17 条或第 18 条所设想的罪行大致相似的罪行已经或正在实施或可能实施；

（ii）或在 15 个共和国确认的罪行大致相似的罪行，均系通过使用某一条款实施或便利实施，为调查目的，有必要发出本条第（6）款所设想的命令。

（b）请求清楚地确定了下列情形：

（i）个人、电子通信服务提供商或金融机构出现下列情形之一：

（aa）接收、拥有或控制必须保存的资料或其他物品的人；

（bb）必须从其设施获得数据或交通数据或被拦截。

（ii）必须保存的数据或其他物品。

（iii）必须迅速处理的数据。

（iv）必须快速披露的交通数据。

（v）数据，这是实时通信相关的信息，必须获得的。

（vi）数据，这是一种间接通信，被截获的。

（c）该请求在适用的情况下是按照：

（i）该外国和该外国签署的任何条约、公约或其他协定共和国是共同的缔约国，或可作为相互的基础援助；

（ii）根据第 59 条与任何外国达成的任何协议，和第（6）款所设想的命令符合任何适用的共和国法律命令。

（8）如果请求涉及本条第（6）款第（c）项所设想的快速披露交通数据，指定法官可以作出以下决定之一：

（a）规定他或她认为适当的与披露交通数据有关的条件或限制；

（b）拒绝发出本条第（6）款第（c）项所述的命令，如果披露交通数据将或可能损害共和国的主权、安全、公共安全或其他基本利益。

(9)(a)在紧急情况下，可直接向本条第(1)款所述在外国行使管辖权的任何当局、法院或法庭提出请求指定的法官。

(b)在收到本款第(a)项所述请求后，指定法官可发出本条第(6)款所述任何命令。

(10)(a)本条第(6)款所设想的命令必须由特别指定的警官执行。

(b)本款第(a)项所述特别指定的警官必须通知以下人员之一：

(i)指定的法官；

(ii)国家检察长书面说明已执行命令的事实。

(11)国家检察长必须书面通知外国人说明发出和执行或未发出命令的情况。

服从指定法官的命令

第47条 (1)个人、电子通信服务提供者或金融机构必须遵守指定法官根据第46条第(6)款发出的命令。

(2)第46条第(6)款所述命令所针对的个人、电子通信服务提供者或金融机构可以书面申请5名指定法官，以他或她不能及时或以合理方式遵守命令为由，修订或取消有关命令。

(3)根据本条第(2)款向其提出申请的指定法官必须在收到申请后尽快：

(a)考虑申请，并可为此目的命令就申请中指称的任何事实提出口头或书面的10项证据；

(b)就申请作出决定；

(c)如果申请成功，将申请结果通知国家检察长。

(4)个人、电子通信服务提供商或金融机构：

(a)不遵守第46条第(6)款所述命令；

(b)在本条第(2)款所述的申请中作出虚假陈述，一经定罪，可处以罚款或两年以内的监禁。

第48条 (1)国家检察长必须通知：

(a)指定的法官；

(b)外国援助与合作请求的结果。

(2)根据第46条第(6)款第(c)项提到的命令提供的任何交通数据必须满足以下条件：

(a)提交给外国当局、法院或法庭。

(b)伴随以下情形：

（i）第 46 条第（6）款所述命令的副本；

（ii）由电子通信服务提供者或金融机构的人士或授权代表以规定的形式作出的印章，以核实其真实性、完整性和可靠性。

（3）本条第（2）款第（a）项提及的资料，连同本条第（2）款第（b）项提及的命令和宣誓书副本，必须提供给请求援助的外国行使管辖权的当局、法院或法庭根据第 46 条第（1）款。

（4）个人、电子通信服务提供者或金融机构：

（a）不符合本条第（2）款的条件；

（b）在本条第（2）款第（b）项第（ii）点所指的誓章中作出虚假陈述，一经定罪，可处以不超过监禁两年或罚款。发出请求外国互助的指示。

第 49 条 （1）如果法官从宣誓的资料或通过确认有合理理由相信：

（a）第 2 章或第 16 条、第 17 条或第 18 条所述犯罪。

（b）根据共和国法律可能通过本条实施或便利实施的任何其他犯罪。

在根据 1996 年《国际刑事合作法》第 2 条第（2）款发出请求书之前，已经承诺并有必要作出以下反应：

（i）保存数据或其他文章；

（ii）迅速扣押数据或其他物品；

（iii）快速披露交通数据；

（iv）获取实时通信相关信息或存档通信相关信息的数据；

（v）拦截数据，这是一种间接通信，在外国管辖范围内，治安法官可以发出指示如上文所述寻求该外国援助的规定形式方向。

（2）第（1）款所设想的方向必须具体说明：

（a）有合理的理由相信本法所设想的罪行是在共和国境内实施的，或者有必要加以确定是否已犯下罪行。

（b）正在对此进行调查。

（c）为了调查的目的，实现正义，有必要实施以下行为：

（i）保存方向指定的数据或其他物品；

（ii）数据或物品应迅速扣押并予以保存；

（iii）交通数据，只要它可能表明一个人、电子通信服务提供商或外国金融机构参与了按方向指明的通信的传输，就应迅速披露；

（iv）方向指定的数据，这是实时通信相关的获取和保存与通信有关的信息或存档信息。

（3）该指示必须送交国家检察长转交：

（a）被要求提供援助和合作的外国的适当当局；

（b）被要求提供的在外国的指定联络点援助与合作。

第7章 24/7联络点的设立和职能

第50条 （1）负责维持治安的内阁成员必须：

（a）设立一个称为共和国24/7联络点的办事处；

（b）装备、操作和维护24/7联络点。

（2）负责维持治安的内阁成员行使最后职责24/7联络点的行政和运作。

（3）（a）24/7联络点必须在每天24小时、每周7天的基础上运作，以确保为有关委员会或预定委员会的诉讼或调查提供立即快速援助，其中：

（i）第2章或第16条、第17条或第18条规定的罪行。

（ii）根据共和国法律可能通过某一条款实施或便利实施的任何其他犯罪。

（iii）本法所指的罪行，包括：

类似于第2章或第16条、第17条或第18条所设想的。

（b）与本公约所确认的罪行大致相似的任何其他罪行，本条第（3）款第（a）项所设想的援助包括下列情形：

（i）提供技术咨询和援助；

（ii）第5章和第6章授权的任何事项提供便利或协助；

（iii）提供法律援助；

（iv）物品的识别和位置；

（v）嫌疑人的身份和位置；

（vi）与外国有关当局的合作。

（4）负责维持治安的内阁成员可制定以下条例：

（a）规范第（3）款规定的任何方面；

（b）对24/7联络点规定额外的职责；

（c）规范适当实施本节所必需或方便的任何方面。

（5）国家检察长必须向国家检察机关提供成员，并具备下列条件：

（a）对本法所涉及的任何方面具有特定的知识和技能；

（b）国家安全局已根据1994年《国家战略情报法》（1994年第39号法令）第2A节

的规定向其签发安全许可证，以使国家检察长满意。

为24/7联络点提供必要或有利的法律援助，使该联络点能有效运作。

（6）（a）负责维持治安的内阁成员必须在每一财政年度结束时向1994年《情报部门管制法》第2节所设情报问题联合常设委员会主席提交一份关于职能的报告以及24/7联络点的活动。

（b）本款第（a）项所设想的报告必须包括：

（i）向外国提供技术咨询和援助的事项数目；

（ii）收到技术咨询和援助的事项数目来自外国。

第8章　证据

宣誓书证明某些事实

第51条　（1）任何考试或程序所确定的任何事实，要求具备以下技能：

（a）数据的解释；

（b）数据、计算机程序、计算机数据存储介质或计算机系统的设计或功能；

（c）计算机科学；

（d）电子通信网络和技术；

（e）软件工程；

（f）计算机编程。

是否或可能与1998年《预防有组织犯罪法》第5章或第6章所设想的刑事诉讼或民事诉讼中的问题有关文件声称是由一个人作出的宣誓书，在该宣誓书中出现的情形包括：

（i）在共和国的一个机构或由负责司法的内阁成员在公报中通过通知指定的外国任职；

（ii）具备相关的资格、专业知识和经验，使他或她有能力作出宣誓；

（iii）通过审查或程序确定了这一事实，只是在这种诉讼程序中产生的初步证据就是这种事实的证据。

（2）任何人根据第（1）款作出誓章，而在该誓章内故意陈述任何虚假的事情，即属犯罪，一经定罪，可处罚款或不超过两年的监禁。

（3）在法庭席前出示誓章，作为誓章有关内容的表面证据，可酌情决定，安排传召作出誓章的人在有关法律程序中提供口头证据，或可安排将书面质询书呈交该人作答辩，而该质询书及看来是该人的答复的任何答复，在该等法律程序中同样可接纳为证据。

（4）本节的任何规定都不影响任何其他法律，根据这些法律，任何证书或其他文件在证据中是可接受的，本节的规定被认为是任何此类法律的补充，而不是取代。

（5）就第（1）款而言，任何文件如看来是由某人所作的誓章，而该人在该誓章中指称他或她正在负责司法的内阁成员借宪报公告指定的共和国或外国的机构服务，则该文件无效，除非出现下列情形：

（i）它是根据主管法院的命令或有关外国政府机构的权力获得的，视情况而定；

（ii）它是经过认证的；

（iii）以法院规则规定的方式核证在共和国境外执行的文件。

第9章 电子通信服务提供商和金融机构的义务

第52条 （1）30岁的电子通信服务提供者或金融机构意识到或意识到其计算机系统参与实施第2章规定的任何类别或类别的犯罪，并根据第（2）款确定，必须做到：

（a）不得无故拖延，并在可行的情况下，在意识到犯罪行为后72小时内，以规定的形式和方式向南非警察局报告犯罪行为；

（b）保存任何可能有助于执法机构调查罪行的资料。

（2）负责治安的内阁成员必须与负责司法行政的内阁成员协商，通过宪报公告规定：

（a）根据第（1）款必须向南非警察局报告的罪行类别；

（b）电子通信服务提供商或金融机构必须向南非警察局报告犯罪行为的形式和方式。

（3）电子通信服务提供者或金融机构如不遵守第（1）款，即属犯罪，一经定罪，可处以罚款50000兰特。

（4）在不违反任何其他法律或义务的情况下，第（1）款的规定不得被解释为对电子服务提供者或金融机构施加以下义务：

（a）监控电子通信服务提供商或金融机构传输或存储的数据；

（b）积极寻求任何非法活动的事实或情况。

（5）本章不适用于金融部门监管机构或南非储备银行根据1989年《南非储备银行法》。

第10章 处理网络安全的结构网络反应委员会

第53条 （1）兹设立网络反应委员会。

（2）网络反应委员会由以下机构组成：

（a）总干事主席：国家安全；

（b）成员是代表部门的负责人，他们的候选人之一必须是官员；

（c）代表部门的至少一名主任或同等人员的级别，由该部门主管具体提名代表部门参加网络反应委员会。

国家安全局根据1994年《国家战略情报法》第2A条向其颁发了安全许可证书（第2A条1994年第39次会议）。负责国家安全的内阁成员必须任命一名成员担任主席，只要主席不在共和国或不在职责范围内，或由于任何原因暂时无法履行主席职责。

（3）负责国家安全的内阁成员必须任命一名成员担任主席，只要主席不在共和国或不在职责范围内，或由于任何原因暂时不能履行主席的职责。

（4）网络反应委员会履行职能所附带的工作必须由秘书处执行，秘书处由国家安全局指定的行政人员组成。

（5）网络反应委员会的目标和职能是执行政府有关网络安全的政策。

（6）负责国家安全的内阁成员必须监督和控制网络反应委员会的职能。

（7）负责国家安全的内阁成员必须在每个财政年度结束时，向1994年《情报部门管制法》第2节设立的联合常设情报委员会主席提交一份报告，关于在实现网络反应委员会的目标和职能方面取得的进展。

（8）本节中涉及的：

（a）“部门主管”是指1994年《公务员法》附表1、2或3第2栏所述职位的任职者，包括担任该职位的任何雇员。

（b）“代表部门”是指：

（i）国防部；

（ii）内政部；

（iii）国际关系和合作部；

（iv）司法和宪法发展部；

（v）科学和技术部；

（vi）电信和邮政服务部；

（vii）金融情报中心，根据2001年《金融情报中心法》（第2号法）第2条设立。

（viii）国家检察机关；

（ix）国家财政部；

（x）南非警察局；

（xi）南非储备银行；

（xii）南非税务局；

（xiii）国家安全局；

（xiv）网络响应委员会主席以书面形式要求协助委员会的任何其他部门或公共实体。

支持网络安全的政府机构

第54条 （1）（a）负责国家安全的内阁成员必须具备下列条件：

（i）建立、装备、操作和维护政府计算机安全事件应对小组。

（ii）建立和保持足够的人力和业务能力，包括：

（aa）实施属于国家安全局宪法授权范围内的网络安全措施；

（bb）有效地处理关键的信息基础设施保护。

（iii）与共和国或其他地方的任何高等教育机构合作，为国家安全局成员制定和实施经认可的培训计划，以实施本款第（i）和（ii）项。

（b）负责国家安全的内阁成员可制定条例，进一步规范本条第（1）款第（a）项所述的任何方面。

（c）负责国家安全的内阁成员必须在每个财政年度结束时，向根据1994年《情报部门管制法》第2节设立的联合常设情报委员会主席提交一份报告，说明在执行本小节方面取得的进展。

（2）（a）负责维持治安的内阁成员必须具备下列条件：

（i）建立和保持足够的人力和业务能力，以侦查、预防和调查网络犯罪；

（ii）确保南非警察署成员接受与侦查、预防和调查网络犯罪有关的基本培训；

（iii）与共和国或其他地方的任何高等教育机构合作，为主要从事网络犯罪侦查、预防和调查的南非警察局成员制定和实施经认可的培训方案。

（b）负责维持治安的内阁成员可制定条例，进一步规范本条第（1）款第（a）项所述的任何方面。

（c）负责治安的内阁成员必须在每个财政年度结束时向议会提交一份关于：

（i）在执行本分节方面取得的进展。

（ii）数量规定：

（aa）向南非警察局报告的第2章或第16条、第17条或第18条规定的罪行；

（bb）向南非警察局报告的案件导致刑事起诉；

（cc）在案件发生18个月后没有提起刑事诉讼的案件已向南非警察局报告。

（iii）按照本款第（a）项设想接受培训的南非警察署成员的人数。

（3）负责辩护的内阁成员必须具备下列条件：

（a）（i）建立和维持网络进攻和防御能力，作为南非国防军防御任务的一部分；

（ii）与共和国或其他地方的任何高等教育机构合作，为南非国防军成员制定和实施经认可的培训方案，以落实本款第（i）项。

（b）负责防务的内阁成员可订立规例，以规管为妥善执行本款所需或有利的任何方面。

（c）负责国防的内阁成员必须在每一财政年度结束时向议会国防问题联合常设委员会主席提交一份报告，说明在执行这一分节方面取得的进展。

（4）负责电信和邮政服务的内阁成员必须具备下列条件：

（a）建立一个维护网络安全中心，作为电信和邮政服务部的一部分：

（i）促进私营部门的网络安全；

（ii）作为政府与私营部门在网络安全问题上的中心联络点；

（iii）鼓励和促进在私营部门建立节点和私营部门计算机安全事件应对小组；

（iv）应对网络安全事件。

（b）装备、操作和维护网络安全中心。

（c）与共和国或其他地方的任何高等院校合作，为网络安全中心的成员制定和实施经认可的培训计划，以实施本款第（i）项。

（5）负责电信和邮政服务的内阁成员对网络安全中心的行政和运作负有最终责任。

（6）负责电信和邮政服务的内阁成员可制定条例，对适当执行本分节所必需或适宜的任何方面进行管制。

（7）负责电信和邮政服务的内阁成员必须在每个财政年度结束时向议会提交一份报告，说明在实现本款第（a）项所设想的网络安全中心的目标和功能方面取得的进展。

节点和私营部门计算机安全事件应对小组

第 55 条 （1）（a）负责电信和邮政服务的内阁成员必须在与某个部门的个人或实体协商后，通过宪报公告，宣布提供电子通信服务的不同部门，这些部门必须设立一个节点。

（b）本款（a）项所述不同部门的申报必须与负责该部门管理的内阁成员协商进行。

（2）各部门必须在本条第（1）款第（a）项所述通知发布之日起 6 个月内，确定并确立一个节点，该节点将负责：

（a）向部门内其他实体分发有关网络事件的信息；

（b）接收和分发有关网络安全事件的信息到为其他部门建立的节点或根据第（6）小节认可的任何计算机安全事件响应小组；

（c）向第 54 条第（4）款设想的网络安全中心报告网络安全事件；

（d）从网络安全中心接收有关网络安全事件的信息。

（3）如果一个部门未能确定或确立第（2）款所设想的节点，负责电信和邮政服务的内阁成员可在与该部门协商后，确定并确立该部门的节点他或她认为合适的条款和条件。

（4）一个特定部门负责根据第（2）款或第（3）款确定的节点的建立和运营成本。

（5）负责电信和邮政服务的内阁成员可在与某一部门协商后制定条例，以进一步管制：

（a）（i）由某一部门的实体提供捐款，以资助根据第（2）款或第（3）款为某一部门设立的节点；

（ii）与为某一部门设立的节点的设立、运作或运作有关的任何方面。

（b）本款第（a）项所述的条例可规定，任何违反或不遵守某项规例的人或实体均属犯罪，并须就定罪后，可处罚款或一年以下监禁，或同时处罚款及监禁。

（6）（a）负责电信和邮政服务的内阁成员可通过《公报》通知承认任何计算机安全事件应对小组这是为一个部门建立的。

（b）负责电信和邮政服务的内阁成员可以：

（i）与为某一部门和该部门实体设立的任何计算机安全事件应对小组协商；

（ii）根据本款第（a）项，与负责管理计算机安全事件响应小组的部门的内阁成员协商，制定条例，进一步促进此类计算机安全事件响应小组的有效运作。

（c）本款第（b）项所设想的条例可规定，任何人或实体违反或不遵守条例即属犯罪，一经定罪，可处罚款或不超过一年的监禁，或同时处以罚款和监禁。

第56条 在不违反任何其他法律的情况下，负责司法的内阁成员必须制定条例，以规范本章中有关以下方面的信息：

（1）网络安全事件；

（2）侦查、预防、调查或减轻网络犯罪。

第11章 关键信息基础架构保护，保护关键信息基础设施

第57条 （1）国家安全局：

（a）与网络反应委员会协商；

（b）在与任何被确定为潜在关键信息基础设施的信息基础设施的所有者或控制者协商后，必须在确定日期后12个月内，向负责国家安全的内阁成员提交关于信息基础设施的信息和建议需要宣布为关键的信息基础设施。

（2）在不违反第（3）款的前提下，负责国家安全的内阁成员在考虑根据第（1）款向

其提供的任何信息和建议后，可在宪报刊登公告，宣布任何信息基础设施或信息基础设施的类别或类别或其任何部分，作为关键信息基础设施，如果此类信息基础设施或信息基础设施具有战略性质，任何对其的干扰或其丢失、损坏、中断或固定可能：

（a）严重损害共和国的安全、国防、执法或国际关系；

（b）严重损害公众的健康或安全；

（c）对基本服务造成重大干扰；

（d）造成任何重大经济损失；

（e）造成共和国经济不稳定；

（f）造成重大公共紧急情况。

（3）在负责国家安全的内阁成员根据第（2）款宣布信息基础设施为关键信息基础设施之前，他或她必须：

（a）除 2002 年《情报服务法》第 3 条第（1）款所述的国家安全局外，如果信息基础设施或其任何部分属于或受国务院控制，则应与负责该部门的内阁成员协商。

（b）如果信息基础架构或其任何部分：

（i）受省政府的职能控制或管理。

（ii）涉及或附带下列条件：

（aa）《宪法》附表 4 或 5 所列的职能领域；

（bb）任何超出《宪法》附表 4 或 5 B 部分所列职能范围的事项，以及国家或省立法明确指定给市政局的事项，与有关市政管理者协商。

（c）信息基础设施或其任何部分出现以下情形的：

（i）受市政当局的职能控制或管理。

（ii）涉及或附带以下事项的：

（aa）《宪法》附表 4B 部分和 5B 部分所列任何事项；

（bb）附表 B 部分所列职能领域以外的任何事项，《宪法》第 4 条或第 5 条，由国家明确指定或省立法提交市议会，与有关市政当局的市政经理协商。

（d）如果信息基础设施或其任何部分属于 1999 年《公共财政管理法》附表 1 所设想的宪法机构或公共服务委员会，则与该委员会协商有关机构的首席执行官。

（e）如果信息基础设施或其任何部分属于 1999 年《公共财政管理法》附表 2 或附表 3 a 和 B 部分所述的公共实体，则应咨询负责管理国家公共实体的内阁成员和国家公共实体的首席执行官。

（f）如果信息基础设施或其任何部分属于金融部门监管机构，则与：

(i)负责财务的内阁成员；

(ii)有关的金融部门监管机构。

(g)如果信息基础设施或其任何部分属于或由南非储备银行控制，或是支付系统机构，则与负责财务的内阁成员和南非储备银行行长协商。

(h)如果信息基础设施或其任何部分属于金融机构或受金融机构控制，可咨询各适用的金融部门监管机构和以下机构：

(i)与该金融机构协商；

(ii)与公司、实体或个人协商；

(iii)与根据任何法律设立的任何监管机构协商，该机构对公司、实体或实体的行动行使监管控制45个人；

(iv)让有关公司、实体、个人和管理机构有机会就内阁成员宣布信息基础设施为关键信息基础设施的意图的任何方面提出书面陈述；

(v)考虑公司、实体、个人和监管机构的代表；以及

(vi)向有关公司、实体或个人和监管机构作出书面决定。

(4)负责国家安全的内阁成员必须在宣布任何信息基础设施或类别或其任何部分为关键信息基础设施后的6个月内，与相关内阁成员协商，向关键信息基础设施发布指令，以规范以下情形：

(a)关键信息基础设施所掌握的数据的分类；

(b)保护、存储和归档关键信息基础设施所掌握的数据；

(c)关键信息基础设施的网络安全事件管理；

(d)灾害应急和恢复措施，必须由关键的信息基础设施到位；

(e)必须执行的最低限度的物理和技术安全措施为了保护关键的信息基础设施；

(f)关键信息基础设施的所有者或控制者必须遵守指令的期限；和

(g)为促进关键信息基础设施方面的网络安全而必要或权宜之计的任何其他相关事项。

对本条第(4)款所述指令或任何修正必须是与相关内阁成员协商发布，如果它是下列关键信息基础设施之一的：

(a)本条第(3)款第(a)、(b)或(c)项，经与负责该部门的内阁成员或有关省总理协商或有关市政当局的市政经理。

(b)本条第(3)款第(d)项，与有关机构的首席执行官协商。

(c)本条第(3)款第(e)项，与负责管理国家公共实体的内阁成员和行政首长协商

国家公共实体。

（d）本条第（3）款第（f）项，与负责金融和有关金融部门监管机构的内阁成员协商。

（e）本条第（3）款第（g）项，与负责财务的内阁成员和南非储备银行行长协商。

（f）本条第（3）款第（h）项，涉及以下情形的：

（i）与有关金融部门监管机构协商；

（ii）经与金融机构协商后。

（g）本条第（3）款第（i）项，涉及以下情形的：

（i）与任何适用的监管机构协商；

（ii）与公司、实体或个人协商。

（5）宣布为关键信息基础设施的任何信息基础设施必须在指令规定的期限内遵守该法发布的指令。

审计关键的信息基础设施，以确保遵守

第58条 （1）关键信息基础设施的所有者或控制者必须自费每24个月对关键信息基础设施进行一次审计，以评价是否遵守第57条第（4）款发布的指示。

（2）在对关键信息基础设施进行第（1）款所述审计之前，关键信息基础设施的所有者或控制者必须至少在审计日期前30天以书面形式通知总干事：

（a）进行审计的日期；

（b）负责全面管理和控制审计的人员的详细资料和联系方式。

（3）总干事：国家安全局可指定国家安全局任何成员或任何其他人监测、评价和报告第（1）款所述任何审计的充分性和有效性。

（4）关键信息基础设施的所有者或控制者必须在第（1）款所述审计完成后40天内，以规定的形式和方式向总干事——国家安全部报告第（1）款所述审计结果。

（5）国家安全部可要求关键信息基础设施的所有者或控制者在规定期限内提供必要的补充信息，以评估第（4）小节所述的报告。

（6）如果关键信息基础设施的所有者或控制者出现以下情形：

（a）未能按照第（1）款的规定对关键信息基础设施进行审计，以评估是否遵守了根据第57条第（4）款发布的指令。

（b）未提交第（4）款所述报告，使总干事满意。

（c）未能在本款第（a）项内提供可能必要的额外信息规定的期限，以便在他或她被要求按照第（5）款这样做之后对报告进行评价，使总干事满意。

（d）国家安全部进行第（1）款所述的审计，根据本条第（3）款和第（7）款的规定，国家安全必须由独立审计师对关键信息基础设施进行审计，以评估是否符合第 57 条第（4）款的规定。

（e）在根据本条第（6）款第（a）项、第（b）项或第（c）项所设想的失败进行审计之前，总干事——国家安全部必须在关键项下进行所指的信息基础设施：

（i）第 57 条第（3）款第（f）项，与总干事协商：国家财政部和有关金融部门监管机构；

（ii）第 57 条第（3）款第（g）项，与负责财政和南非储备银行行长；

（iii）第 57 条第（3）款第（h）项，咨询各相关金融部门监管机构。

（7）任何人不得根据本条第（6）款的规定对关键信息基础设施进行审计，除非他或她：

（a）已获总干事书面授权：国家安全部门进行这种审计；

（b）拥有由总干事签发的任用证书，其形式为：国家安全证书，该证书必须在审计开始时提交给关键信息基础设施的所有者或控制者；

（c）由一个控制关键信息基础设施的人陪同或由这样的人指定的人。

（8）本条第（8）款第（c）项所设想的人员和关键信息基础设施的任何其他雇员必须协助并向根据本条第（8）款第（a）项获授权进行审计的任何人提供技术援助和支持。

（9）根据本条第（6）款的规定审计的关键信息基础设施负责审计费用。

关键信息基础设施的所有者或控制者，未能满足下列要求，一经定罪，可处罚款或不超过两年的监禁，或同时处罚款及监禁。

（a）未能根据第（1）款对关键信息基础设施进行审计，以评估是否遵守第 57 条第（4）款的规定。

（b）未能以书面形式通知总干事：

按照本条第（4）款的规定，在 40 天内报告审计结果；或在规定的期限内，按总干事要求补充资料。

（10）任何人不得实施下列行为，若经定罪，可处罚款或不超过两年的监禁，或同时处罚款及监禁。

（a）阻碍或不适当地试图影响国家安全局的任何成员、个人或实体，以监测、评估和报告第（3）款所设想的审计的充分性和有效性；

（b）阻碍或不适当地试图影响任何被授权的人在行使其权力或履行审计职能或职责；

（c）未能陪同获授权进行本条第（8）款第（c）项所述审计的任何人；

（d）未能按照本条第（9）款的规定，向授权进行审计的人员提供技术援助和支持。

（11）负责国家安全的内阁成员必须通过宪报公告，规定有资格被任命执行本节所述审计的人员或人员类别。

第12章　与外国的协议

国家行政机关可签订协议

第59条　（1）国家行政机关可与任何外国就：

（a）提供与调查和起诉有关的互助与合作：

（i）第2章或第16条、第17条或第18条规定的罪行。

（ii）共和国法律规定的以使用某一物品为手段或便利手段实施或正在实施的任何其他犯罪。

（iii）该罪行包括：

（aa）类似于第2章或第16条、第17条或第18条所设想的在外国犯下的罪行；

（bb）与共和国承认的犯罪实质上类似的任何其他犯罪，而该犯罪是或曾经通过在该外国实施的，或通过使用物品而促成的。

（b）实施网络威胁应对活动。

（c）研究、信息和技术共享以及开发和交流有关网络安全事项的信息。

（d）建立24/7联络点。

（e）实施紧急跨境应对机制，应对网络威胁。

（f）相互执行遏制网络犯罪的措施。

（g）建立应急中心以处理与网络有关的威胁。

（2）在议会同意批准、加入、修正或撤销本条第（1）款所述的协议后，国家行政部门的成员必须尽快在宪报上发布公告。

第13章　一般规定

国家检察长必须保存起诉的统计数据

第60条　（1）国家检察长必须根据第2章或第16条、第17条或第18条的规定保存起诉数量的统计数字、这些起诉的结果以及由负责司法行政的内阁成员确定的与这些起诉有关的任何其他资料。

（2）第（1）款所设想的统计数字或资料必须做到：

（a）列入国家检察长的报告，根据1998年《国家检察机关法》第22条第（4）款第（g）

项所述；

（b）应第53条所述网络响应委员会主席的书面请求，向网络响应委员会主席提供。

法律的废除或修正

第61条 附表中提到的法律在附表第3栏所反映的范围内予以废止或修正。

规章制度

第62条 （1）负责司法的内阁成员必须制定规章：

（a）修正以下情形：

（i）第19条第（1）款所述申请的形式和方式；

（ii）第19条第（3）款所述命令的形式；

（iii）第19条第（4）款所述秩序的服务形式和方式；

（iv）第19条第（6）款所述申请的形式和方式；

（v）法院可按第19条第（8）款的规定传唤某人的方式；

（vi）按照第20条第（1）款第（b）项的规定，向法院提供资料的指示和宣誓书的形式和方式；

（vii）按照第20条第（2）款的设想，提供指导的方式；

（viii）申请延长第20条第（3）款第（b）项所述期限或取消指示的方式和形式；

（ix）要按照第20条第（4）款第（b）项的规定要求提供额外信息的方式；

（x）按照第20条第（4）款第（d）项的规定，将申请结果通知电子通信服务提供者或个人的形式和方式；

（xi）第20条第（6）款所述应付给电子通信服务提供商的补偿费率；

（xii）第21条第（3）款所述的命令的形式和服务方式；

（xiii）如第39条第（3）款所述，加速保存数据方向和服务方式的形式；

（xiv）第39条第（7）款所述提出申请的形式和方式；

（xv）第40条第（2）款所述保存证据的形式、方向和服务方式；

（xvi）申请撤销第40条第（5）款所述证据保全指示的形式和方式；

（xvii）如第42条第（4）款所述，披露数据方向和服务方式的形式；

（xviii）申请修改或撤销的形式和方式；

（xix）第42条第（8）款第（b）项所述宣誓书的形式；

（xx）第48条第（2）款第（b）项第（ii）点所述宣誓书的形式；

（xxi）第49条第（1）款所设想的方向的形式。

（b）按照第56条的设想，规范信息共享。

（2）（a）负责维持治安的内阁成员必须根据第 52 条第（2）款制定条例，规定：

（i）根据第 52 条第（2）款第（a）项必须向南非警察局报告的犯罪类别或类别；

（ii）电子通信服务提供商或金融机构必须按照第 52 条第（2）款第（b）项的规定向南非警察局报告犯罪行为的形式和方式。

（b）负责维持治安的内阁成员可制定条例，进一步规范第 50 条第（4）款和第 54 条第（2）款第（b）项所设想的方面。

（3）（a）负责国家安全的内阁成员必须制定规定：

（i）必须按照第 57 条第（7）款第（d）项的规定提出争端的形式和方式；

（ii）报告的形式和向总干事报告的方式：第 58 条第（4）款所设想的国家安全；

（iii）第 58 条第（8）款第（b）项所设想的证书形式；

（iv）按照第 58 条第（13）款的规定，有权被任命进行审计的人员。

（b）负责国家安全的内阁成员可制定第 54 条第（1）款第（b）项所设想的条例。

（4）负责辩护的内阁成员可按照第 54 条第（3）款第（b）项的设想制定条例。

（5）负责电信和邮政服务的内阁成员可按照第 54 条第（4）款第（c）项和第 55 条的设想制定条例。

（6）根据本条第（1）款、第（2）款、第（3）款、第（4）款、第（5）款或第（6）款作出的任何规定必须在公报公布之前提交议会。

简称及生效日期

第 63 条 （1）该法被称为《2017 年网络犯罪和网络安全法》，并在总统通过公报公告确定的日期生效。

（2）根据本条第（1）款，可根据本法的不同规定确定不同的日期。

2017年网络犯罪和网络安全法实施意见

宗 旨

第1条 该法案的主要目的是处理网络犯罪和网络安全。没有普遍公认的网络犯罪定义。但是，尝试定义的网络犯罪可以是通过数据、计算机程序、计算机数据存储介质或计算机系统实施的犯罪，或由数据、计算机程序、计算机数据存储介质或计算机系统实施的犯罪。网络安全可以更容易地定义为旨在保护数据、计算机程序、计算机数据存储介质或计算机系统不受网络犯罪，破坏或干扰的技术、措施和实践。

国际位置

第2条 在国际上，大多数国家/地区都有针对网络的法规，其中包括：

* 将被视为网络犯罪的行为定为犯罪；
* 规范网络犯罪的管辖权；
* 特别规定调查网络犯罪；
* 规范与网络犯罪调查有关的互助；
* 规范电子证据的可采性；和
* 赋予某些个人或实体义务以协助调查网络犯罪。

大多数国家已经或正在建设网络能力，以应对网络犯罪的突然激增、安全漏洞和对关键信息基础设施（例如负责电力、水和交通管理的信息基础设施）的攻击。大多数国家也正在建立专门机制来处理对其关键信息基础设施的保护。一些国家还建立了网络攻防能力，以保护这些国家免受出于政治动机对这些国家的信息和信息系统的攻击。各国批准了国际文书，以促进在网络犯罪调查中的互助并处理与网络安全有关的方面。

南非目前的位置

第3条 南非法律并未全面统一地将国际上视为网络犯罪的行为定为犯罪。目前，相关法律是基于各自的角度出发。因为各个部门都颁布了法律来保护他们在网络空间中的利益，这导致了对网络犯罪的各种禁令和对该行为的惩罚。普通法是用来起诉某些违法行为的，但需要应对诸如无形数据之类的新概念。此外，我们的网络犯罪法律与国际社会的法律不符，这对于国际合作至关重要，并且主要基于对等法律。

第4条 尽管2011年的《免受骚扰保护法》（2011年第17号法案）全面处理了现实世界和虚拟世界中的骚扰，但许多国家已经意识到网络骚扰的严重性，并颁布了将骚扰定为犯罪的具体法律。根据南非法律，网络骚扰目前不被视为特定类别的行为，应将其定为刑事犯罪。

第 5 条 总体而言，南非法律对影响共和国境内国家安全的犯罪行为具有广泛的管辖权，而在普通刑事案件中，管辖权范围明显狭窄。建议扩大当前的管辖范围以应对网络犯罪的跨国方面。

第 6 条 目前，根据 1977 年《刑事诉讼法》(1977 年第 51 号法)对网络犯罪进行了调查。该法第 2 章规定的调查程序是基于对象的，并不涉及调查网络犯罪所需的专门程序，这些程序涉及具有非物理形态的电子证据。为了确保电子证据的完整性，还需要采取特殊程序，而这是 1977 年《刑事诉讼法》所不具备的。

第 7 条 南非与外国之间在网络犯罪调查中目前相互协助的程序并未考虑到电子证据的短暂性和迅速采取行动的必要性。结果是丢失了必要的证据。其他许多国家也颁布了立法，以采取紧急措施来保存信息并提供迅速的帮助，以查明网络犯罪所涉及的通信来源。

第 8 条 通常，处理电子证据的法律足以用于刑事诉讼。但是，可以进行某些改进以适应新技术。

第 9 条 电子通信服务提供商和金融机构没有义务举报网络犯罪并在其系统上保留网络犯罪的证据。

第 10 条 南非没有处理网络犯罪和网络安全的连贯和有组织的方法。不同的政府部门颁布了立法，以保护自己的利益。结果是未解决南非网络安全健康所需的各种基本步骤。

第 11 条 私营和公共部门处理网络犯罪和网络安全的能力不足。

第 12 条 有关网络事件的信息共享是有限的。信息共享将确保采取适当和及时的措施来防御网络威胁，因此对于南非的网络安全状况和有效应对网络犯罪至关重要。

第 13 条 重要的信息基础设施没有得到充分的保护。存在用于保护物理结构的法律，该法律不能用于保护计算机系统。2002 年的《电子通信和交易法》(2002 年第 25 号法案)仅适用于数据库的保护，不适用于需要保护的其他信息基础结构。当前没有提供实施最低安全标准的规定，最低保护标准对于保护关键信息基础架构或监视对这些标准的遵守是必需的。

第 14 条 作为政府基于成果的优先事项的一部分，JCPS 集群于 2010 年 10 月 24 日签署了与成果 3 有关的 JCPS 交付协议。该协议侧重于某些领域和活动，围绕特定产出，干预措施将产生实质性积极影响关于南非人民的安全。其中一个领域涉及产出 8，这需要制定和实施网络安全政策以及发展打击和调查网络犯罪的能力。据此，制定了南非国家网络安全政策框架（NCPF），该框架规定了解决网络空间国家安全的措施；打击网络战争，网络犯罪和其他网络违规行为的措施；制定、审查和更新现有的实体法和程序法和措施，以建立对安全使用信息通信技术的信心和信任。NCPF于2012年获得内阁批准。

第15条 根据NCPF第16.1条的规定，司法和宪法发展部（DOJ & CD）必须审查和调整共和国的网络安全法律，以确保这些法律与NCPF保持一致，并提供连贯一致的规定，以及共和国的综合网络安全法律框架。该法案使DOJ & CD的这一任务生效。

第16条 根据《2014—2019年政府中期战略框架》，该法案必须在2018/2019年前颁布和执行。

账单概述

第17条 该法案旨在将处理网络犯罪和网络安全的南非法律合理化为一项法案，并在该范围内力求：

* 制定与网络犯罪有关的犯罪并处以罚款；
* 将分发恶意通信定为刑事犯罪，并提供临时保护措施；
* 规范管辖范围以提供网络犯罪的跨国范围；
* 规范调查网络犯罪的权力；
* 规范互助以应对网络犯罪的跨境调查；
* 规定建立24/7全天候联络点，以促进网络犯罪调查中的相互协助；
* 通过誓章来规范某些事实的证明；
* 赋予电子通信服务提供商和金融机构义务，以协助调查网络犯罪并举报网络犯罪；
* 规定建立促进网络安全和能力建设的结构；
* 规定识别和宣布关键信息基础设施，并采取措施保护关键信息基础设施；
* 规定执行人员可以与外国达成协议以促进网络安全；和
* 规定废除和修改某些法律。

账单分析

第1章

第18条 第1条载有各种定义，旨在促进对条例草案的解释。

第2章

第19条 本章旨在根据国际最佳做法将网络空间中的有害行为定为犯罪，可分为以下几大类犯罪：侵犯数据、计算机程序、数据存储介质和计算机系统的完整性、机密性和可用性的罪行。

第 20 条 第 2 条将未经授权非法获取数据、计算机程序、计算机数据存储介质或计算机系统的行为定为犯罪。将这种访问定为刑事犯罪对许多随后的其他行为构成了重要的威慑，这些行为危害了数据、计算机程序、数据存储介质或计算机系统以及其他与计算机有关的犯罪的机密性、完整性和可用性。

第 21 条 第 3 条规定了非法获取数据的罪行。该罪行旨在保护通过电子通信系统存储或传输的数据。该罪行将克服旨在防止访问数据并随后在计算机系统内或从计算机系统传输数据的保护措施定为犯罪。该条款进一步将以下行为定为犯罪：

* 拥有数据，但知道这些数据是非法获取的；和

* 拥有数据，有合理理由怀疑，如果拥有人无法提供令人满意的关于该拥有的专有解释，则非法获取了这些数据。

第 22 条 第 4 条旨在将用于网络犯罪的软件或硬件工具定为犯罪。鉴于大多数此类软件或硬件具有双重用途，而这可能是非法的，因此将此类软件和硬件定为刑事犯罪具有挑战性。为了防止过度犯罪，根据各种国际和地区基准，该法案要求有明确的意图，即实施该法案中规定的某些罪行。

第 23 条 第 5 条和第 6 条旨在将对数据或计算机程序以及计算机数据存储介质或计算机系统的非法干扰分别定为刑事犯罪。受保护利益的可用性对于用户、企业和公共管理至关重要，所有这些都取决于数据、计算机程序和计算机系统的完整性、可操作性和正常运行。缺乏可用性可能会导致可观的金钱损失，并可能破坏公共管理。

第 24 条 密码、访问代码和类似数据或设备在网络空间中具有特定功能，即防止犯罪分子未经授权访问、使用或干扰数据、计算机程序、数据存储介质或计算机系统。该犯罪可能是一些构成行为的主体，即获取、拥有、转移和使用密码、访问代码或类似数据或设备的犯罪行为。第 7 条将上述各阶段定为刑事犯罪，以制止非法使用密码、访问代码和类似数据或设备进行犯罪。该条款进一步将拥有密码、访问代码和类似数据或设备定为刑事犯罪。

* 知道这些数据是非法获取的。

* 有合理怀疑的是，在拥有人无法提供令人满意的这种占有的开脱性账目的情况下，是非法获得的。

通过数据、计算机程序和计算机系统实施或促成的犯罪。

第 25 条 第 8 条旨在通过将利用数据或计算机程序或通过干扰数据或计算机程序的欺诈行为专门定为刑事犯罪，从而确立网络欺诈的法定犯罪。

第 26 条 第 9 条旨在确立网络伪造和言论的法定罪行。网络伪造罪的构成要素是为了欺诈，以欺诈、虚假数据或虚假计算机程序为由，对他人造成实际或潜在的损害。网络诈骗罪的构成要素是为欺骗他人而对他人的实际或潜在偏见，目的是欺骗、伪造虚假数据或虚假计算机程序。

第 27 条 第 10 条将网络勒索定为刑事犯罪。该规定适用于以下情况：某人犯有以下行为：获取受保护的数据，干扰数据或计算机程序，干扰计算机或计算机系统或获取或使用密码，访问代码或相关数据或设备或威胁他人出于以下目的而犯下此类罪行：

* 从他人获得任何好处；要么

* 强迫他人执行或不执行任何行为。

第 28 条 此类犯罪的目的是保护基本计算机系统和生命、肢体、财产、基本服务、经济或共和国的利益，以防网络空间中的犯罪行为。

第 29 条 根据第 11 条第（1）款，获取受保护数据和干扰数据、计算机程序、计算机数据存储介质或针对受限计算机系统的计算机系统的犯罪被视为加重犯罪，应予惩处处以最高 15 年的罚款或监禁。就第 11 条第（2）款而言，干扰数据、计算机程序、计算机数据存储介质或计算机系统以及网络勒索的罪行

* 危及任何人或多人的生命，或侵犯任何人或任何人的身体完整性或人身自由，或对其造成人身伤害；

* 对公众或任何公众人士的健康或安全构成严重威胁；

* 造成任何财产的破坏或重大破坏；

* 造成对基本服务、设施或系统的严重干扰或严重破坏；

* 造成重大经济损失；

* 造成严重的公共紧急情况；

* 损害共和国的安全、国防、执法或国际关系，被视为重罪，应根据 1977 年《刑事诉讼法》第 276 条的规定判处刑罚，该法院认为这是适当的，并且在该法院的刑事管辖权之内。

第 30 条 第 12 条规定，企图与他人串谋或协助、教唆、诱使、煽动、指示、命令或诱使他人犯本法案第 2 章所设想的罪行，即构成犯罪。

第 31 条 第 13 条规定，对普通法的盗窃罪必须加以解释，以包括对无形财产的盗窃。

第 32 条 第 14 条涉及处罚，并规定了某些因素，在加重情节的情况下必须予以考虑。

第 33 条 第 15 条处理竞争。

第 3 章　恶意通信

第 34 条　本章旨在将数据电文定为犯罪。

* 煽动造成对一个人或一群人的财产的损害或对他们的暴力行为（第 16 条）。

* 这是有害的。在以下情况下，数据消息被认为是有害的：

● 它威胁着一个人：

→损害属于该人的任何财产或对该人的暴力行为；要么

→损害属于该人的家庭或家庭成员或与该人有密切关系的任何其他人的财产或对其施加暴力。

● 它威胁到一群人，损害属于该群人或构成该群人一部分或与该群人有联系的任何已识别者的财产或对其施加的暴力。

● 恐吓、鼓励或骚扰他人以伤害自己或任何其他人；或本质上是虚假的，目的是对特定人员或特定人群造成精神、心理、身体或经济伤害。

拥有相同信息并在所有情况下均属合理的人将认为数据消息有害（第 17 条）。

* 本质上是亲密的（人是裸体的），未经相关人的同意而散布（第 18 条）。

第 35 条　第 19 条规定了在刑事诉讼程序完成之前的临时保护令。就保护令而言，法院可：

* 禁止任何人进一步提供、广播或分发第 16 条、第 17 条或第 18 条中涉及收费的数据消息；要么

* 命令电子通信服务提供商或计算机系统控制人员删除或禁用对有关数据消息的访问。

违反保护令的个人或电子通信服务提供商均属犯罪。规定了临时程序，在这种程序中，被告可以要求法院搁置或修改保护令。法院的命令可以上诉或复审。

第 36 条　电子通信服务提供商被迫在诉讼程序中按照第 19 条的规定向法院提供协助，以提供分发恶意通信的任何人的详细信息，以确保可以向他或她提供临时保护令（第 20 条）。

第 37 条　第 21 条规定了完成刑事诉讼程序的命令，其中包括禁止进一步散布、破坏或禁止对恶意通信的访问。

第 38 条　第 22 条规定了法院可能对第 19 条、第 20 条或第 21 条所规定的恶意通信或犯罪规定的罚款。

第 4 章　管辖权

第 39 条　就第 23 条而言，在以下情况下，法院具有审判第 2 章或第 16 条、第 17 条和第 18 条所设想的犯罪的管辖权：

* 该罪行是在共和国犯下的。

* 为在共和国境内实施犯罪或该犯罪的任何部分作准备的任何行为，或该犯罪的任何结果已在共和国生效的情况。

* 该罪行是由一名南非公民或在该共和国拥有永久居留权的人或在该共和国经营业务的人在共和国境内或共和国以外实施的。

* 犯罪是在犯罪发生时在共和国境内注册的任何船舶或飞机上或在往返共和国的航行或航班上发生的。

* 该罪行是在共和国境外实施的，被指控的人是：

● 是共和国公民；

● 通常居住在共和国；

● 在犯罪发生时在共和国领土，其领海或在共和国注册或要求注册的船舶或飞机上被捕；

● 是根据共和国法律注册成立或注册的公司；

● 是共和国的法人团体或非法人团体。

* 该犯罪是由前款所述人员以外的人在共和国境外实施的，并且该犯罪影响或意图影响共和国的公共机构、企业或任何其他人以及犯罪的人被发现在共和国。

该条款还规定，凡有人被指控企图、串谋、协助、教唆诱使、煽动、指示、命令或促使犯罪，或在犯罪后作为辅助手段，不仅在犯罪发生地而且在每个犯罪发生地均被视为该犯罪人采取了行动。

第 5 章　进行调查、搜索、访问或检取的权力

第 40 条　第 24 条规定发布标准操作程序，在调查网络犯罪或具有网络要素的犯罪时必须遵循。《标准作业程序》规定了处理电子证据的方式，以保持证据的完整性。这涉及五个原则，即

* 合法性；

* 不得采取任何行动来更改保存在计算机或存储介质上的数据，这些数据随后可能会在法庭上被依赖；

* 人员应有能力接触并能够提供证据说明其行动的相关性和含义；

* 应保留审核记录，以使独立的第三方能够检查这些过程并得出相同的结果；

* 与这些原则的任何偏离都应予以解释。

第 41 条 第 25 条规定，1977 年《刑事诉讼法》除第 5 章的规定外，至今适用，并不违背该章的规定。

第 42 条 根据第 26 条，警察可以根据第 5 章的规定，在共和国境内搜查、接触或扣押任何物品。“文章”在第 1 条中被广泛定义为任何数据、计算机程序、计算机数据存储介质或计算机系统：

* 与委员会或涉嫌委员会有关、有联系或有合理理由认为与委员会有关或有联系；

* 可能提供佣金或涉嫌佣金的证据；

* 打算用于或基于合理理由认为打算用于委员会。

第 2 章或第 16 条、第 17 条或第 18 条所述的罪行，或任何其他可能通过使用该条而实施或便利的罪行，不论是在共和国境内或其他地方。

第 43 条 第 27 条规定，只有在司法官员认为有理由相信某一物品正在被使用或参与犯罪，或在刑事诉讼中被要求作为证据的情况下，才可根据司法官员发出的搜查令，从宣誓信息或通过确认有合理理由相信某一物品正在被使用或参与犯罪或被要求作为证据，对该物品进行搜查、查阅或扣押。在逮捕令方面，警察官员除其他外可以：

* 在搜查证所列范围内搜查搜查证所列的任何物品；

* 在搜查令所列的范围内，查阅搜查令所列的物品；

* 扣押令中指明的物品，但以令中列明的程度为限；

* 使用或获取和使用任何仪器、设备、密码、解密密钥、数据、计算机程序、计算机数据存储介质或计算机系统或其他信息，这些信息在合理的理由下被认为是搜索、访问或扣押搜查令中所列物品所必需的。还规定，搜查令可要求调查员或搜查令中指认的其他人员在搜查令规定的范围内协助搜查令中指认的警官搜查、查阅或扣押有关物品。在第 1 条中，“调查员”被定义为一个人，而不是一个南非警察署成员，根据搜查证被确认和授权，在警官的指导和控制下，协助警官搜查、获取或扣押物品。

第 44 条 第 28 条规定口头申请搜查令。

第 45 条 第 29 条规定，在没有搜查证的情况下，在有合法同意权人的同意下，搜查、进入或扣押物品。

第 46 条 第 30 条规定，如果警察官员基于合理理由认为，如果他或她申请搜查令，将向他或她发出搜查令，而拖延获得搜查令将会挫败搜查和扣押的目的，则在没有搜查令的情况下，警察可以搜查任何人或集装箱或房地，以便没收计算机数据存储介质或计算机系统的任何部分。但是，警察只能根据搜查令、查阅或扣押计算机数据存储介质或计算机系统的数据。另有规定规定，如果警察官员基于合理理由认为，如果他或她申请搜查令，将向他或她发出搜查令，而且考虑到案件的紧迫性或存在特殊情况，不合理可行，他或她可以书面或口头申请搜查令，他或她可以使用该设备，并搜索和扣押有关该设备的数据。

第 47 条 第 31 条规定，警察可以根据 1977 年《刑事诉讼法》第 40 条的规定，在没有逮捕证的情况下，逮捕任何人，如果他或她合理怀疑他或她实施了任何犯罪，或者已经对他提出了合理的申诉或收到了可信的信息，或者有合理的怀疑他实施了第 2 章或第 16 条、第 17 条或第 18 条所设想的犯罪，或者任何其他与共和国承认的犯罪基本类似的犯罪，这些犯罪是通过某一条款实施的，或由该条款提供的便利，在外国，根据与引渡或逃犯有关的任何法律，他或她可能在共和国被逮捕或拘留。该条款还试图规定，在逮捕该人时，或在根据 1977 年《刑事诉讼法》第 40 条或第 43 条发出的逮捕令逮捕任何人时，警察可对该人进行搜查，并没收该人拥有、羁押或控制下的计算机数据存储介质或计算机系统的任何部分。然而，警官只能根据搜查令，查阅或扣押与计算机数据存储介质或计算机系统有关的数据。 还规定，如果警察官员基于合理理由认为，如果他或她申请搜查令，将向他或她发出搜查令，而且考虑到案件的紧迫性或存在特殊情况，不合理可行，可以书面或口头申请搜查令，以查阅该条并扣押数据，他或她可以在没有搜查令的情况下采取这些行动。

第 48 条 第 32 条规定，电子通信服务提供者、金融机构和控制数据、计算机程序、计算机数据存储介质或计算机系统的其他人员有义务向受权进行调查的警官提供技术援助和其他援助，以便搜查、查阅和扣押某一物品。

第 49 条 第 33 条规定，妨碍警官或调查员根据第 5 章进行调查，并授权警官使用可能合理必要的武力，以克服任何阻力，均属犯罪。

第 50 条 第 34 条规定，搜查、进入和扣押的权力必须严格尊重体面和秩序，并根据罪行的严重程度适当顾及其他人的权利、责任和合法利益。

第 51 条 第 35 条将不法行为定为刑事犯罪：

* 搜查、进入和扣押；

* 获取或使用访问数据、计算机程序、计算机数据存储介质或计算机系统任何部分所需的任何仪器、设备、密码、解密密钥或其他信息。

该条款还规定了密码、解密密钥、数据和其他信息的保留，以及违反该条款可能造成的民事责任。

第 52 条 第 36 条将提供虚假信息定为犯罪，从而导致：

* 签发搜查令；

* 根据法案进行搜查和扣押；

* 发布保存数据方向、保存证据方向或披露数据方向。

该条款还规定了违反该条款可能造成的民事责任。

第 53 条 第 37 条禁止披露任何人在行使其权力或履行《法案》第 5 章或第 6 章规定的职能时获得的任何资料。该条款进一步规定了披露信息不构成违反该条款的情况。

第 54 条 第 38 条旨在澄清 2002 年《拦截通信和提供与通信有关的信息法》（第 17 号法）的实施情况。2002 年第 70 次“RICA”与《法案》相比较。就该条款而言，必须根据国际协力事业团的规定，不断截获间接通信并获取任何实时通信相关信息。由于并非所有的电子通信服务提供者都需要政府公告编号，2005 年第 1325 号决议规定，这些电子通信服务供应商应承担具体义务，以便拦截或储存与通信有关的信息：

* 提供实时通信相关信息，随时提供；

* 实施快速保存数据方向；

* 实施证据保全方向；和

* 实现数据方向的披露；

* 提供由电子通信服务提供商存储的客户的存档通信相关信息；

* 根据法案第 46 条［涉及互助（第 6 章）］指定法官的任何命令。

第 55 条 第 39 条规定加速保存数据。根据这一条款，特别指定的警察官员可在适当考虑其他人的权利、责任和合法利益的情况下，按比例发布有关罪行的严重程度，加快保存向该人、电子通信服务提供者或金融机构发出的数据指示，以保存根据合理理由被认为涉及《法案》第 2 章或第 16 条、第 17 条或第 18 条规定的罪行的数据。就快速保存数据方向而言，电子通信服务提供者或金融机构必须从提供数据方向服务之时起，保存数据 21 天，以保持数据的可用性和完整性。然而，除非根据第 42 条（披露数据方向）的规定获得授权，否则不得以快速保存数据方向的方式向警察官员披露数据。向其迅速保存数据指示的个人、电子通信服务提供者或金融机构可向治安法官申请修改或取消有关指示，理由是他、她或它不能及时或合理地遵守指示。不遵守数据保存方向的行为被定为刑事犯罪。

第 56 条 第 40 条规定，如果司法官员认为有合理理由相信任何人、电子通信服务提供者或金融机构可能接受、拥有或控制《法案》第 2 章或第 16 条、第 17 条或第 18 条所述犯罪所涉条款，则司法官员可在适当顾及其他人的权利、责任和合法利益的情况下，根据警察官员的书面申请，根据有关罪行的严重程度，发出证据保全指示。这是一种比扣押某一物品具有较小侵入性的程序，在没有必要扣押该物品的情况下可以采用这种程序。就证据保全方向而言，电子通信服务提供者或金融机构必须在该方向指明的一段时间内（不得超过90天）保全有关条款，以保全该条款的可用性或完整性。向其提供证据保全指示的个人、电子通信服务提供者或金融机构可向司法官员申请修改或取消有关指示，理由是他、她或它不能及时或合理地遵守指示。不遵守指示的行为被定为刑事犯罪。第41条规定了口头申请保全证据的方向。

第57条 就第42条而言，其中：

* 加快保存数据方向或保存证据方向；

* 在不发出第27条所述的搜查证的情况下获取数据是有利的。

司法人员经警务人员书面申请，如根据宣誓信息，司法人员认为与第2章或第16条、第17条或第18条所述犯罪有关的数据拥有、控制可由个人、电子通信服务提供者或金融机构接收，可发布数据指示披露。与第40条类似，在没有必要利用更具侵入性的程序来扣押有关条款的情况下，可以采用这种程序。向其发出指示的个人、电子通信服务提供者或金融机构可向司法官员申请修改或取消有关指示，理由是他、她或它不能及时或合理地遵守指示。不遵守指示的行为被定为刑事犯罪。

第58条 根据第43条，警察可以：

* 在没有任何具体授权的情况下，搜索、访问或扣押公开可用的数据，无论数据位于的地理位置如何；

* 接收非公开的可用数据，无论数据位于何处，如果有合法权力自愿披露数据的人，以及他或她认为必要的关于保密和使用限制的条件，向警官披露数据。

第6章　互助

第59条 第46条至第49条除1996年《国际刑事事项合作法》第2章外还适用。第75条并除另有说明外，涉及在根据1996年《国际刑事事项合作法》第2条或第7条提出请求之前保存证据（第44条）。

第60条 关于第45条，南非警察署国家专员在获得国家检察长的书面批准后，可就保密和限制使用的条件，如果国家专员认为披露这类信息可能有助于外国启动或开展对在该外国管辖范围内实施的犯罪的调查，或促进与外国进一步合作，对第16条、第17条或第18条所述网络犯罪进行调查，则将在任何调查期间获得的任何信息转交给外国执法机构。南非警察署也可接受外国提供的任何信息，但须遵守可能商定的保密和使用限制条件，这将有助于南非警察署调查第 16 条、第 17 条或第 18 条所述网络犯罪或犯罪。

第 61 条 该法案第 46 条至第 48 条涉及外国提出的援助和合作请求，规定如下：

（a）就第 46 条而言，外国提出的互助请求一般必须提交《法案》第 7 章所设想的 24/7 联络点。 24/7 联络点必须将请求提交国家发展伙伴关系审议。 在收到请求后，国家残疾人方案必须满足自己的要求：

* 已在外国提起诉讼；

* 有合理的理由相信某项罪行在外国实施，或有必要确定某项罪行是否在外国实施，并正在对其进行调查；

* 有关罪行与第 2 章或第 16 条、第 17 条或第 18 条所设想的罪行或南非承认的其他罪行相似。

* 该外国打算根据 1996 年《国际刑事事项合作法》第 7 条提出请求，以获得共和国境内的数据、通信或条款，供在外国进行此种诉讼或调查时使用。全国人民民主党必须向负责司法的内阁成员提交援助请求及其建议，供其批准。在收到内阁成员的批准后，请求必须提交指定的法官审议。如果请求涉及快速披露交通数据，国家发展伙伴关系必须向指定法官提交援助请求及其建议，指定法官可发出他或她认为适当的任何命令。

* 根据第 40 条保存数据或其他物品。

* 根据第 27 条，在快速的基础上扣押并保存数据。

* 根据第 42 条，交通数据（与通信有关的数据，表明通信的来源、目的地、路线、格式、时间、日期、大小、持续时间或基本服务的类型），只要它可能表明另一州的个人、电子通信服务提供商或金融机构参与了通信的传输，则应迅速披露。

* 数据是一种实时通信相关信息，是获取和保存的。

* 作为间接通信的数据被截获和保存，如请求中所指定的那样。

指定法官只有在请求中所称的事实证实了这一事实：

● 与第 2 章或第 16 条、第 17 条或第 18 条所设想的罪行基本相似的罪行已经或将要实施，或与共和国承认的罪行基本相似的任何其他罪行是通过使用某一条款实施或便利实施的。

● 为了正义，有必要下达命令。

* 请求清楚地确定了下列事项：

● 个人、电子通信服务提供商或金融机构，将接收、拥有或控制必须保存的数据或其他物品的，或必须从其设施获得或截获数据或交通数据的；

● 必须保存的数据或其他物品；

● 必须迅速处理的数据；

● 必须快速披露的交通数据；

● 数据，这是实时通信相关的信息，将获得；或

● 数据，这是一种间接通信，将被截获。

* 在适用的情况下，请求是根据该外国和该共和国为缔约国或可用作互助基础的任何条约、公约或其他协定提出的。

* 该命令符合共和国的任何法律适用。

如果请求涉及快速披露交通数据，指定法官可：

* 规定他或她认为适当的与披露交通数据有关的条件或限制。

* 如果披露交通数据将或可能损害共和国的主权、安全、公共安全或其他基本利益，则拒绝发布命令。在紧急情况下，在外国行使管辖权的任何当局、法院或法庭的请求可直接提交指定法官，指定法官必须根据本条款处理请求。指定法官的命令必须由特别指定的警察执行，警察必须将已执行命令的事实通知指定法官。《国家发展计划》必须将发出和执行或未发出命令的情况通知外国。

（b）第47条规定个人、电子通信服务提供者或金融机构有义务遵守根据第46条发出的指定法官的命令。个人、电子通信服务提供者或金融机构可以书面向指定法官申请修改或取消有关命令，理由是他、她或它不能及时或合理地遵守命令。不遵守指定法官的命令或在修改或取消命令的申请中提供虚假信息的行为被定为刑事犯罪。

（c）第48条规定，全国人民民主党必须将其援助与合作请求的结果通知指定法官和外国。 该条款还规定，根据第46条的命令迅速提供的任何交通数据必须提供给24/7联络点，以便提交给外国。

第62条 第49条涉及南非向外国提出的互助请求。 如果有合理的理由相信，第2章或第16条、第17条或第18条所设想的犯罪，或共和国法律中可能通过某一条款实施或便利的任何其他犯罪，已经实施，并且有必要在根据1996年《国际刑事事项合作法》第2条第（2）款发出请求书之前向：

* 保存数据或其他文章；

* 迅速扣押数据或其他物品；

* 快速披露交通数据；

* 获取实时通信相关信息或存档通信相关信息的数据；或

* 拦截数据，这是一种间接通信，在外国管辖范围内，治安法官可按该指示所述要求该外国提供援助的规定形式发出指示，方向必须指定：

* 有合理的理由相信《法案》所设想的犯罪是在共和国境内实施的，或者有必要确定是否实施了犯罪；

* 正在对此进行调查；

* 在外国管辖范围内需要的互助的性质，国家发展伙伴关系负责向被要求提供援助与合作的外国传达指示。

第 7 章　24/7 联络点

第 63 条　第 50 条规定了作为南非警察局一部分的 24/7 联络点的设立和职能。24/7 联络点必须每周 7 天每天 24 小时运作，以确保立即提供快速援助，包括：

* 技术咨询和援助；

* 第 5 章和第 6 章授权的任何东西；

* 法律援助；

* 物品的识别和位置；

* 嫌疑人的身份和位置；

* 与外国有关当局合作，就实施或打算实施第 2 章或第 16 条、第 17 条或第 18 条所述犯罪或可能在共和国境内或外国通过某一条款实施或便利实施或便利实施的任何其他犯罪进行的诉讼或调查。

第 64 条　负责维持治安的内阁成员可制定条例，进一步规范适当执行该条款所需或适宜的任何方面。国家发展伙伴关系必须让国家检察机关的成员为 24/7 联络点的有效运作提供必要或便利的法律援助。

第 8 章　证据

第 65 条　第 51 条旨在规范宣誓书对某些事实的证明。就该条款而言，如果任何检查或程序所确定的任何事实要求在解释数据、设计或操作数据、计算机程序、计算机数据存储介质或计算机系统、计算机科学、电子通信网络和技术、软件工程或计算机编程方面具有任何技能，则与刑事诉讼有关，由在该宣誓书中声明他或她：

* 在共和国的一个机构或由负责司法的内阁成员在公报中通过通知指定的外国任职；

* 具备相关的资格、专业知识和经验，使他或她有能力作出宣誓；

* 通过审查或程序确定了这一事实，只是在这种诉讼程序中产生的初步证据就是这种事实的证据。

第 66 条　任何人作出这种宣誓书，并故意在这种宣誓书中陈述任何虚假的是犯罪。

该条款还规定，任何法院都可酌情传唤作出宣誓书的人在有关诉讼程序中提供口头证据，或可能导致书面询问书提交给该人答复，而这种询问书和任何声称是该人答复的答复都是同样，在这种诉讼中，证据也是可以接受的。该条款还规定了具体的要求，如果宣誓人声称他或她在共和国或外国的一个机构服务，该机构由负司法的内阁成员指定。

第 9 章　电子通信服务提供者和金融机构的义务

第 67 条　第 52 条规定，电子通信服务提供者和金融机构有义务了解或意识到其计算机系统参与实施第 2 章规定的由负责警务的内阁成员确定的任何类别的犯罪，向南非警察局报告此类犯罪，并保存可能有助于南非警察局调查此类犯罪的任何信息。不遵守该条款被定为刑事犯罪。该条款不适用于金融部门监管机构，也不适用于南非储备银行根据 1989 年《南非储备银行法》（第 10 号法）第 10 节履行的任何职能。

第 10 章　处理网络安全的结构

第 68 条　第 53 条设立了网络反应委员会（CRC）作为监督机构，以执行共和国的网络倡议。儿童权利委员会由一名主席组成，他是总干事：国家安全和代表部门的负责人及其被提名人之一。负责国家安全的内阁成员必须：

* 监督和控制儿童权利委员会职能的履行；

* 在每个财政年度结束时，向情报问题联合常设委员会主席提交一份报告，说明在实现《儿童权利公约》的目标和职能方面取得的进展。

第 69 条　第 54 条涉及建立支持网络安全和能力建设的结构。就条款而言：

* 负责国家安全的内阁成员必须具备：

● 建立、装备、操作和维护政府计算机安全事件应对小组；

● 建立和保持足够的人力和业务能力，落实属于国家安全局宪法任务范围内的网络安全措施，并处理重要的信息基础设施保护问题。

* 负责警务的内阁成员必须建立和保持足够的人力和业务能力，以侦查、预防和调查网络犯罪，并必须确保南非警察局的成员接受与侦查、预防和调查网络犯罪有关的基本培训。

* 负责国防的内阁成员必须建立和维持网络进攻和防御能力，作为南非国防军国防任务的一部分。

* 负责电信和邮政服务的内阁成员必须：

● 建立和维持一个网络安全中心，作为电信和邮政服务部的一部分，以促进私营部门的网络安全；

● 鼓励和促进在私营部门建立节点和私营部门计算机安全事件应对小组。

该条款还规定，有关内阁成员：

* 可制定条例，以规管为适当实施本条款所必需或适宜的任何方面；

* 必须向议会报告在实现条款规定的目标和职能方面取得的进展。

第 70 条 第 55 条涉及建立节点（接收和分发有关网络安全事件信息的机构）和承认私营部门计算机安全事件应对小组（处理网络安全事件的专家组）。就该条款而言，负责电信和邮政服务的内阁成员必须在与某一部门的个人或实体进行协商后，在《公报》上发出通知，宣布提供电子通信服务的不同部门必须确定负责人。 每个部门必须在通知发布之日起 6 个月内确定并确定负责人，由负责人负责：

* 向部门内其他实体分发有关网络事件的信息；

* 向为其他部门或任何计算机安全事件应对小组建立的节点接收和分发有关网络安全事件的信息；

* 向网络安全中心报告网络安全事件；

* 从网络安全中心接收有关网络安全事件的信息。

第 71 条 如果某一部门未能确定负责人，负责电信和邮政服务的内阁成员可在与该部门协商后，根据其认为适当的条款和条件确定负责人。不同部门负责节点的建立和运营成本。该条款授权内阁成员制定关于节点供资的条例，并进一步规范与节点的设立、运作或运作有关的任何方面。该条款还规定，内阁成员可承认为某一部门设立的任何计算机安全事件应对小组，并规定制定条例，以进一步促进此类计算机安全事件应对小组的有效运作。

第 72 条 第 56 条授权负责司法的内阁成员为第 10 章的目的制定管理信息共享的条例。

第 11 章　关键信息基础设施保护

第 73 条 第 57 条涉及保护关键信息基础设施。

第 74 条 负责国家安全的内阁成员有权申报具有战略性质的信息基础设施，以便对其进行任何干预，或对其进行任何损失、损害、破坏或固定：

* 严重损害共和国的安全、国防、执法或国际关系。

* 严重损害公众的健康或安全。

* 对基本服务造成重大干扰。

* 造成任何重大经济损失。

* 造成共和国经济不稳定。

* 创造重大的公共紧急情况，作为关键的信息基础设施。该条款规定，在宣布信息基础设施为关键信息基础设施之前，应与有关各方进行广泛协商。

第 75 条 负责国家安全的内阁成员必须在宣布任何信息基础设施为关键信息基础设施后 6 个月内，与相关内阁成员（负责国防、电信和邮政服务、司法和惩教服务、警务和国家安全的内阁成员）和其他特定人员协商，发布对关键信息基础设施的指示，规范与之相关的最低标准。

* 关键信息基础设施所掌握的数据的分类。

* 保护、存储和归档关键信息基础设施所掌握的数据。

* 关键信息基础设施的网络安全事件管理。

* 灾害应急和恢复措施。

* 必须实施的最低限度的物理和技术安全措施，以保护关键的信息基础设施。

* 关键信息基础设施的所有者或控制者必须遵守指令的期限。

* 为促进关键信息基础设施方面的网络安全而必要或权宜之计的任何其他相关事项。该条款规定了一种争议机制，据此，信息基础设施可能会对负责国家安全的内阁成员宣布其为关键信息基础设施的决定以及基础设施根据向其发布的指示需要执行的措施产生争议。

第 76 条 关键的信息基础设施必须自费采取措施，使负责国家安全的内阁成员满意，以遵守指示。如果关键信息基础设施不遵守指示，负责国家安全的内阁成员可通过书面通知命令他或她在通知规定的期限内就通知中可能规定的关键信息基础设施采取步骤。没有合理理由拒绝或未能在通知规定的期限内采取通知规定的步骤的关键信息基础设施，即属犯罪。负责国家安全的内阁成员可采取或导致采取业主或个人未采取或拒绝采取的步骤，内阁成员可向业主或代表其采取的步骤的人收回这些步骤的费用。

第 77 条 第 58 条规定对重要的信息基础设施进行审计，以确保遵守内阁成员根据第 57 条发布的一项指令。关键信息基础设施的所有者或控制者必须每 24 个月自行承担一次费用，由独立审计员对关键信息基础设施进行审计，以评估遵守指令的情况。关键的信息基础设施必须将进行审计的日期通知总干事：国家安全局可指定国家安全局的任何成员或任何其他人监测、评价和报告审计的充分性和有效性。关键信息基础设施的所有者或控制者在完成审计后，必须以规定的形式和方式向总干事报告：国家安全部门关于审计结果的情况，以便总干事能够评估该指令的遵守情况。不进行审计或不遵守该条款的各项监管规定的行为被定为刑事犯罪。负责国家安全的内阁成员必须在公报上通知，规定有权按照该条款的规定任命进行审计的人员。

第 12 章　与外国的协定

第 78 条　根据第 59 条，国家行政机关可与任何外国就：

* 与调查和起诉法案所设想的犯罪有关的互助与合作；

* 研究、信息和技术共享以及开发和交流有关网络安全事项的信息；

* 建立 24/7 联络点；

* 实施应对网络威胁的措施。

第 13 章　一般规定

第 79 条　就第 60 条而言，《国家刑事诉讼法》有义务保存根据第 2 章或第 16 条、第 17 条或第 18 条提起的诉讼数量的统计数据、此类起诉的结果以及由负责司法的内阁成员确定的与此类起诉有关的任何其他信息。这些统计数据必须列入 1998 年《国家检察机关法》第 22 条第（4）款（g）项所述的《国家检察机关法》的报告，并应儿童权利委员会主席的书面请求向儿童权利委员会提供。

第 80 条　第 61 条规定废除或修正各种法律。为了使各项法律与《法案》的规定相一致，必须废除和修订这些法律。

第 81 条　第 62 条规定制定条例，进一步规范法案中规定的各个方面。

第 82 条　第 63 条涉及法案的简短标题和开始。

咨询的部门 / 机构

第 83 条　该法案是在与《儿童权利公约》协商后定稿的，该《公约》是根据国家 CPF 制定的，目的是执行国家 CPF。《儿童权利公约》由以下部门组成，这些部门是《儿童权利公约》小组的组成部分：

* 国防部；

* 内政部；

* 国际关系和合作部；

* 司法和宪法发展部；

* 科学和技术部；

* 电信和邮政服务部；

* 南非警察局；

* 国家安全局。

这些部门参与了法案的制定。 在法案定稿过程中，也考虑到了这些部门在公众咨询过程中提出的其他意见。

第 84 条 2015 年 9 月 2 日在《公报》上发布了一份通知，请公众对法案草案发表意见。对该法案的评论请求也可在司法部和雷克萨斯和 JUTA 的网页上查阅。该法案还专门提交给所有国家、省和地方政府、大学、法律界和司法机构征求意见。发表评论的最后期限定为 2015 年 11 月 30 日，随后延长至 2015 年 12 月 15 日。收到了下列人士对法案草案的评论：Telkom、MTN、Vodacom、ISPA、国家检察机关、银行业、SABRICS、互联网解决方案、Cape Bar Council、Access Now、南非美国商会、南非储蓄和投资协会、宪法权利中心、开普敦、南非法律援助组织、霍拉德、比勒陀利亚大学、注册欺诈考试者协会、农村发展和土地改革部、Stanlib、AfricanaBooks、Soarsoft International、WITS、电子边境基金会、金融情报中心、Google 南非、IAB 南非、信息技术专业人员研究所、ISACASA 分会、M&G 新闻调查中心、微软 SA、NAB、国家电影和录像基金会、开放民主咨询中心、Phukubje Pierce Masithela 律师、西开普省政府、进步通信协会、南非银行协会、亲和保健、Mozilla、电影协会（欧洲、亚洲、非洲）、南非律师协会、商业简报、Dalro、水和环境卫生司、CSIR、Cape Innovation & Technology Initiative、Media Monitoring Africa、PASA、Right2Know、Cyclotron、ESKOM、言论自由研究所、IBM、司法学院、国家网络安全咨询委员会、PENSA、研究信息和通信技术非洲、南非储备银行、南非税收服务、合作治理部、Sonke Gender Justice、国家财政部和南非法律改革委员会。

第 85 条 在公共协商进程之后，与有关各方进行了接触，以澄清一些方面。 根据磋商过程中收到的意见，成立了一个由私营和公共部门知识渊博的人士组成的工作组，以进一步完善该法案。

对国家的财政影响

第 86 条 与执行该法案有关的主要费用涉及政府机构，必须建立这些机构，以确保获得必要的网络能力，保护共和国免受网络犯罪，并确保重要的信息基础设施得到充分保护。正在对司法官员和检察官进行培训。在这方面，法案的执行不会对司法部产生额外的财政影响。

第 87 条 电信和邮政服务部建立了网络安全中心，目前正在运作。在国家安全局内为政府设立了一个计算机安全事件应对小组。南非警察局（SAPS）有能力调查网络犯罪。目前通过国际刑警组织机制促进了结构调整方案与外国之间的相互援助。 SAPS 为调查具有网络内容的犯罪的第一反应者开办了培训课程。

第 88 条 在有关部门与有关当局就供资问题进行接触后，将进一步执行。

议会程序

第 89 条　第 44 款[①]南非共和国宪法，1996 年（宪法），涉及国家立法当局。第 44 条第（1）款规定，国家立法权力属于议会。国民议会有权修改《宪法》，通过有关立法任何其他事项，包括《宪法》附表 4 所列事项，但不包括《宪法》第 44 条第（2）款所列事项。全国省理事会（NCOP）有权参加宪法修正案，根据第 75 条和第 76 条通过立法[②]《宪法》

---

① 国家立法机构

（1）赋予议会的国家立法权力：

（a）赋予国民议会权力：

（i）修改宪法；

（ii）就任何事项，包括附表 4 所列职能范围内的事项，通过立法，但在不违反第（2）款的情况下，不包括附表 5 所列职能范围内的事项；及

（iii）将其任何立法权力，除修改宪法的权力外，分配给其他政府领域的任何立法机构。

（b）授予全国各省理事会权力：

（i）根据第 74 条参与修改宪法；

（ii）根据第 76 条，通过关于附表 4 所列职能领域内任何事项的立法，以及《宪法》要求根据第 76 条通过的任何其他事项；和

（iii）根据第 75 条审议国民议会通过的任何其他立法。

（2）议会可根据第 76 条第（1）款通过立法，在必要时对属于附表 5 所列职能领域的事项进行干预：

（a）维护国家安全；

（b）保持经济团结；

（c）保持基本的国家标准；

（d）制定提供服务所需的最低标准；或

（e）防止一个省采取损害另一个省或整个国家利益的不合理行动。

（3）关于对附表 4 所列任何事项有效行使权力的合理必要事项或附带事项的立法，就所有目的而言，都是关于附表 4 所列事项的立法。

（4）在行使其立法权力时，议会只受《宪法》的约束，必须根据《宪法》并在其范围内行事。

② 影响各省的普通汇票

76.（1）国民议会通过本条第（3）款、第（4）款或第（5）款所述法案时，必须将该法案提交全国各省理事会，并按照下列程序处理：

（a）理事会必须：

（i）通过法案；

（ii）通过修改后的法案；

（iii）拒绝法案。

（b）如果理事会未经修正通过该法案，则该法案必须提交总统批准。

（c）如果安理会通过一项修正法案，则必须将修正法案提交大会；如果大会通过修正法案，则必须提交主席批准。

（d）如果理事会拒绝接受该法案，或者如果大会拒绝通过本条款（c）项所指的经修订的法案，则该法案以及在适用情况下也是经修订的法案必须提交调解委员会，调解委员会可以同意：

（i）大会通过的法案；

（ii）理事会通过的修正法案；

（iii）法案的另一个版本。

（e）如果调解委员会无法在法案提交后 30 天内达成一致意见，除非大会再次通过该法案，但至少有 2/3 的成员投赞成票，否则该法案将失效。

（f）如果调解委员会同意大会通过的法案，该法案必须提交理事会；如果理事会通过该法案，该法案必须提交总统批准。

（g）如果调解委员会同意理事会通过的修正法案，该法案必须提交大会；如果大会通过，则必须提交主席批准。

（h）如果调解委员会同意该法案的另一个版本，该版本的法案必须提交大会和理事会；如果大会和理事会通过，则必须提交主席批准。

第76条第（3）款规定，在处理影响各省的普通法案时必须遵循的立法程序。第76条第（3）款规定，法案必须是按照第（1）款规定的程序处理第76条第（2）款，如果它属于《宪法》附表4所列的职能领域，或规定《宪法》第76条第（3）款（a）至（g）项所述任何一

（i）如果理事会没有通过根据本条款（f）或（h）项提交理事会的法案，除非大会以至少2/3成员的支持票通过该法案，否则该法案将失效。

（j）如果一项法案按照本条款（g）或（h）项提交大会，而该法案未获大会通过，则该法案即告失效，但大会最初通过的法案可再次获得大会通过，但至少有2/3的成员投赞成票。

（k）大会根据本条款（e）、（i）或（j）项通过的法案必须提交主席批准。

（2）当全国省议会通过本条第（3）款中提到的法案时，该法案必须提交国民议会，并按照以下程序处理：

（a）大会必须：

（i）通过法案；

（ii）通过修改后的法案；

（iii）拒绝法案。

（b）大会根据本条款（a）项第（i）段通过的法案必须提交主席批准。

（c）如果大会通过经修正的法案，则必须将经修正的法案提交理事会；如果理事会通过经修正的法案，则必须提交主席批准。

（d）如果大会拒绝该法案，或者如果理事会拒绝通过根据本条款（c）项提交给它的经修订的法案，则该法案以及在适用的情况下，经修订的法案必须提交调解委员会，调解委员会可以商定：

（i）理事会通过的法案；

（ii）大会通过的修正法案；

（iii）法案的另一个版本。

（e）如果调解委员会无法在法案提交后30天内达成一致意见，则该法案将失效。

（f）如果调解委员会同意理事会通过的法案，该法案必须提交大会；如果大会通过该法案，该法案必须提交总统批准。

（g）如果调解委员会同意大会通过的修正法案，该法案必须提交理事会；如果理事会通过，则必须提交主席批准。

（h）如果调解委员会同意该法案的另一个版本，该版本的法案必须提交给安理会和大会；如果该法案由安理会和大会通过，则必须提交给主席批准。

（i）如果议会没有通过按本条款（f）或（h）项提交大会的法案，该法案就会失效。

（3）如果法案属于附表4所列的职能领域，或规定了下列任何一节所设想的立法，则必须按照本条第（1）款或第（2）款规定的程序处理法案：

（a）第65条第（2）款；

（b）第163条；

（c）第182条；

（d）第195条第（3）款和第（4）款；

（e）第196条；

（f）第197条。

（4）如果法案规定了立法，则必须按照本条第（1）款规定的程序处理法案：

（a）第44条第（2）款或第220条第（3）款所设想的；

（b）第13章设想，其中包括影响省级政府财政利益的任何规定。

（5）第42条第（6）款所设想的法案必须按照第（1）款规定的程序处理，但：

（a）当国民议会对该法案进行表决时，第53条第（1）款的规定不适用；相反，该法案只有在议会多数成员投票赞成时才能通过。

（b）如果该法案提交调解委员会，则适用以下规则：

（i）如果国民议会审议本条第（1）款（g）或（h）项所设想的法案，则该法案只有在议会多数成员投票赞成的情况下才能通过。

（ii）如果国民议会审议或重新审议本条第（1）款（e）、（i）或（j）项所设想的法案，只有在议会至少2/3的成员对该法案投赞成票的情况下，该法案才能获得通过。

（6）本节不适用于汇票。

节设想的立法。《宪法》附表 4 列出了国家和省立法权限的职能领域。①

第 90 条 在 Tongoane 等人诉农业和土地事务部长等人 2010（8）BCLR 741（CC）中，宪法法院就法案的分类提供了指导。在该判决中，宪法法院处理了 2004 年《公共土地权利法》（2004 年第 11 号法）的分类，以及制定该法必须遵循的程序。

第 91 条 宪法法院确认并认可了南非共和国总统提出的标记测试：关于 2000 年《酒法案》（1）BCLR 1（CC）是否符合宪法，宪法法院认为：

无论该条例草案有什么适当的特征，它的许多规定必须被定性为“在附表 4 所列的功能范围内”，尤其是在“贸易”和“工业促进”方面同时存在的国家和省级立法权限。

第 92 条 Ngcobo CJ 在汤加恩判决第 56 段中裁定第 76 条的标题，即“影响各省的普通法案”提供了强有力的文字说明，必须将第 76 条第（3）款理解为要求任何实质性规定在附表 4 所列功能范围内的法案，请根据第 76 条处理。（省略了脚注并强调了重点）

第 93 条 Ngcobo CJ 在汤加恩判决第 58 段中还认为：

为标记目的，重要的不是该法案的实质或真正目的和作用，而重要的是，该法案的规定是否“在很大程度上在附表 4 所列的功能范围内。

第 94 条 宪法法院还认为，标记测试的重点是法案的所有规定，以确定它们在多大程度上对宪法所列的职能领域产生了影响，而不是法案是否有任何规定。与条例草案的实质有关。标记过程涉及各省和 NCOP 应如何审议该法案以及省立法机关应如何审议该法案的问题取决于该法案是否影响各省。它对各省的利益、关注和能力的影响越大，各省应对其内容有更多的诉求。②

第 95 条 因此，问题在于“实质性措施”中的法案条款是否属于《宪法》中所列的功能范围。

第 96 条 如上文所述的汤加湾判决所述，确定一项法案是否为影响各省的普通法案的测试要求，必须对一项实质性措施规定属于《宪法》附表 4 所列功能范围的法案进行

---

① 附表 4 同时具有国家和省级立法权限的职能领域：

A 部分包括：土著森林管理、农业、国际和国家机场以外的机场、动物控制与疾病、赌场、赛车、赌博和博彩，不包括彩票和运动池、消费者保护、文化事务、灾害管理、各级教育但不包括高等教育、环境、健康服务、住房、土著法和习惯法，但须遵守宪法第 12 章，产业推广。在《宪法》第 6 条的规定明确赋予省级立法机关立法权限的范围内的语言政策和官方语言规定，由省政府直接控制或提供的媒体服务，但须遵守第 192 条规定的自然保护，但不包括国家公园、国家植物园和海洋资源警察，只要《宪法》第 11 章的规定授予省立法机关立法能力污染控制。

B 部分：在第 155 条第（6）款（a）项和第（7）款规定的范围内，下列地方政府事项：空气污染、建筑条例、儿童保育设施、电力和煤气网消防服务、地方旅游、市政、机场、市政规划、市政卫生服务、市政公共交通、市政公共工程仅针对市政当局在履行其管理本《宪法》或任何其他法律赋予其的职能的职责、浮桥、渡船、码头和港口，不包括对国际和国家航运的监管及其相关事项，建设地区的雨水管理系统，供水和卫生服务仅限于饮用水供应系统以及生活废水和污水处理系统。

② 汤加湾判决的第 59 和 60 段，见上文第 94 段。

处理。根据《宪法》第76条，为了确定这一点，必须将重点放在法案的所有规定上，以便确定这些规定在多大程度上影响《宪法》所列的职能领域。

第97条 法案旨在“制造与网络犯罪有关的犯罪并处以罚款；将散布会造成财产损失或暴力破坏或有害或亲密的数据消息定为犯罪，并制定临时保护令；进一步规范网络犯罪的管辖权；进一步规范调查网络犯罪的权力；进一步规范与网络犯罪调查中的互助有关的方面；提供建立24/7联络点的规定；通过暂章进一步提供某些事实的证明；对电子通信服务提供商和金融机构承担义务，以协助调查网络犯罪并举报网络犯罪；提供建立促进网络安全和能力建设的结构；规范关键信息基础设施的识别和声明以及保护关键信息基础设施的措施；提供执行人员可以与外国达成协议以促进网络安全的规定；删除和修改某些法律的条款”。①

第98条 该法案的任何规定均不属于附表4所列的职能范围，该法案必须按照《宪法》第75条规定的程序进行处理。②

转介国家传统领导人之家

第99条 首席州法律顾问办公室认为，没有必要根据《传统领导和治理框架法》第18条第（1）款（a）项将法案提交给国家传统领导人之家（2003年第41号法案），因为其中没有涉及习惯法或传统社区风俗的规定。

由 Creda Communications 印刷

① 条例草案的简称。

② 普通法案不影响各省。

7.（1）国民议会通过了除第74条或第76条规定的程序所适用的法案以外的法案时，必须将该法案提交给省国民议会，并按照以下程序进行处理：

（a）理事会必须：

（i）通过条例草案；

（ii）在获得本条例草案所建议的修订后，通过该条例草案；要么

（iii）拒绝该条例草案。

（b）如果理事会在未提出修正案的情况下通过了该法案，则该法案必须提交总统批准。

（c）如果理事会否决了该法案或在受到修正的情况下通过了该法案，则大会必须在考虑到理事会提出的任何修正案之后重新考虑该法案，并可以：

（i）不论是否有修正案，再次通过本条例草案；要么

（ii）决定不进行该条例草案。

（d）大会根据本款（c）项通过的法案必须提交总统批准。

（2）当全国省议会就本条就某项问题进行表决时，第65条不适用，代替：

（a）省级代表团中的每个代表都有一票；

（b）在对该问题进行表决之前，必须有至少1/3的代表出席；

（c）该问题由多数票决定，但是，如果问题的两边都有相同数目的票，则主持会议的代表必须进行决定票。

阿尔及利亚人民民主共和国宪法*

（1989 年颁布，1996 年修正，2016 年再次修正）

序　言

阿尔及利亚人民是自由的人民，他们将继续保持他们的自由特性。

阿尔及利亚有几千年的历史，这漫长的历史中充满了不懈的努力和奋斗，使阿尔及利亚成为自由的源头以及光荣与高贵的大地。

自努米比亚时代和伊斯兰征服以来，直至反殖民主义解放战争以来，在地中海盆地的历史高光时刻，她（阿尔及利亚）的子孙始终是自由、团结和进步的先驱，是宏大和平时代中的民主繁荣的国家的建设者。

1954 年 11 月 1 日是决定阿尔及利亚未来命运的转折点，在此期间，她经受了文化和价值上的种种重击，也遭遇了对认同基础组成部分的重创，即对其伊斯兰教、阿拉伯主义、阿马齐格主义等国家竭力推动与发展的认同的重创，然而她仍然在顽强地抵抗；今天，她在各个领域内付出了巨大的努力，她努力的根源可以追溯到这一民族的辉煌过去。

阿尔及利亚人民聚集在民族运动和随后的民族解放阵线的周围，在恢复自由和民族文化身份的旗帜下，建立起真正的人民宪政体制，为他们的集体命运作出了最终的牺牲。在民族解放阵线和民族解放军的领导下，阿尔及利亚的杰出儿女在为独立而战的民族解放战争中作出了重大牺牲，并建立起一个主权完整的现代国家。

对集体选择的信念使人民取得了一系列重大胜利，他们夺回了国家的财富，建立起一个专门致力于为人民服务的、完全独立的、不受任何外国势力干扰的国家。

然而，阿尔及利亚人民也经历了一场危及祖国存在的、真正的民族灾难。因此，他们决定以坚定不移的信念和正直，行使完全主权，落实并维护民族和平和解政策。

阿尔及利亚人民决心在遵守共和国宪法和法律的框架下，通过呼吁对话、和解与友

* 译者简介：朱文珊，北京外国语大学非洲学院博士后。

爱的精神和文明价值，使阿尔及利亚远离内战、暴力和一切形式的极端主义的侵害。

阿尔及利亚人民一直为自由和民主而奋斗，他们决心维护国家的主权和独立。在每一个阿尔及利亚男人和女人都能参与公共事务的基础上，在民主的、共和的国家体制内，在有能力为所有人实现社会公正、平等和自由的基础上，阿尔及利亚人决心依据本宪法建立一系列相关机构。

本宪法是阿尔及利亚人民智慧的结晶、愿景的投影、决心的果实以及他们所引起的深刻的社会变革的成就，阿尔及利亚人民将比以往任何时候更能充分理解和坚决相信法律的优越性。

宪法高于一切，宪法是维护个人和集体权利和自由的基本法律。宪法保护人民的自主性原则，为其行使权力提供了合法性，并通过自由和公正的选举实现民主权力轮替的神圣性。

宪法确保权力分立、司法独立，确保法律保护和监督社会中公共权力的执行，确保社会的普遍遵纪守法以及人的生活的全面发展和繁荣昌盛。

阿尔及利亚人民将继续走在他们选择的道路上，致力于限制阶层分化和消除地区差异。阿尔及利亚人民努力在可持续发展和环境保护的框架内，构建效率高、竞争力强的经济体。

在应对经济、社会和文化挑战的过程中，青年应成为国家承诺的核心。当代的青年人以及未来的青年人应一起成为这一承诺的主要受益者。

国家人民军是民族解放军的继任者，国家人民军应恪守宪法义务，在国家需要的时候，随时准备英勇就义。阿尔及利亚人民为其国家人民军感到自豪，感谢它为保护国家不受任何外国势力威胁所作出的一切努力，感谢它在保护公民、机构和财产不受恐怖主义祸害时所发挥的重要作用；这些努力有助于加强人民和人民的军队之间的民族纽带和神圣的团结精神。

国家应提高国家人民军的专业素质和现代化水平，以使其能够维护阿尔及利亚的民族独立，捍卫阿尔及利亚的国家主权、国家统一和领土完整，保护她的领土、领海和领空。

因为有根深蒂固的精神价值和对团结和正义传统的忠诚，阿尔及利亚人民很有信心能够为当今和未来的世界文化、社会和经济发展作出有效的贡献。

阿尔及利亚是伊斯兰教的沃土，是大阿拉伯马格里布的一部分，是一个阿拉伯国家，一个地中海国家，一个非洲国家，她为光辉的 11 月 1 日革命而感到骄傲，也为她因维护世界上所有的正义而获得的尊重而感到自豪。

阿尔及利亚外交将在完全符合阿尔及利亚政治、经济、社会和文化的民族选择的利益平衡的基础上，致力于通过合作巩固其在国际舞台上的存在感和影响力。

阿尔及利亚人民的骄傲、他们的牺牲以及他们对自由和社会公正的根深蒂固的责任和坚持成为他们遵守本宪法原则的最佳保障，他们将通过本法，并将其传给后代，即自由的先驱和自由社会的缔造者的继承人们。

本序言是本宪法的重要组成部分。

第一部分　阿尔及利亚社会管理基本原则

第一章　阿尔及利亚

第 1 条　阿尔及利亚应为人民民主共和国，阿尔及利亚是统一且不可分割的。

第 2 条　伊斯兰教为国家宗教。

第 3 条　阿拉伯语为国家语言和官方语言。

阿拉伯语为政府使用的官方语言。

在共和国总统主持下应成立阿拉伯语最高委员会。

阿拉伯语最高委员会承担以下特殊任务：努力丰富阿拉伯语，在科学和技术领域中推广阿拉伯语的使用并为此目的促进阿拉伯语的翻译工作。

第 4 条　塔玛齐格特语也应为国家语言和官方语言。

国家应全力促进和发展全国范围内所有现存语言的多样性。

在共和国总统的授权下建立一个塔玛齐格特语言研究院。

该研究院应得到相关专家的支持，并以发展塔玛齐格特语为必要要求，以便将来把该语言整合为一种官方语言。

本条款的实施方式由相关组织法确定。

第 5 条　共和国的首都是阿尔及尔。

第 6 条　国徽与国歌源自 1954 年 11 月 1 日革命，国徽与国歌不可更改。

国徽与国歌是革命的标志，已经成为共和国的标志，国徽与国歌应具有以下特征：

1. 国徽应为绿色和白色相间，中心有一颗红星和一轮新月。

2. 国歌应为《誓言》并包括其所有诗节。

国家的国玺由法令规定。

第二章　人民

第 7 条　人民是一切权力的来源。

国家主权完全属于人民。

第8条 宪法权力属于人民。

人民通过其建立的机构行使主权。

人民通过公民投票和选出的代表行使主权。

共和国总统可以直接表达人民的意志。

第9条 人民应建立具有以下宗旨的机构：

1. 维护和巩固国家主权和独立；

2. 维护和巩固民族认同和统一；

3. 保护公民的基本自由和国家的社会和文化的繁荣；

4. 促进社会公正；

5. 消除发展中的地方差异；

6. 鼓励建立多元化经济，提高包括自然、人文和科学产业在内的所有产业的发展；

7. 保护国民经济不受任何形式的侵占、投机、贿赂、非法交易、滥用、非法获取和任意没收的侵害。

第10条 上述机构不得放任：

1. 封建主义、地方主义和裙带主义活动；

2. 建立剥削和依附关系；

3. 违反伊斯兰教和11月革命的价值。

第11条 人民有选举代表的自由。

除宪法和选举法规定外，人民代表不受任何限制。

第三章 国家

第12条 国家的合法性和存在意义源自人民的意志。

“民治和民享”为国家格言。

国家是专门为人民服务的。

第13条 国家主权包括其领土、领空和领海。

根据已确立的国际法的相关规定，国家还应对其所有的海洋空间中的不同区域行使主权。

第14条 绝不允许割让或放弃国家领土的任何部分。

第15条 国家应建立在有组织的民主、权力分立和社会公正原则的基础上。

选举产生的议会表达人民意志并监督政府部门的行动。

国家应在地方政府层面上促进民主参与度。

第 16 条 国家下属的地方政府部门是市政府或省政府。

市政府是基本权力机关。

第 17 条 选举产生的议会代表分权的基础，也是公民参与公共事务管理的场所。

第 18 条 公共财产属于全体国民所有。

公共财产包括国有底土、矿藏、矿场、天然能源以及国有海域、水域和森林等各地区的矿物、自然和生物资源。

公共财产还包括铁路、海运、空运、邮电通信以及法律规定的一切其他资产。

第 19 条 国家应确保自然资源的合理利用并保护自然资源，以造福子孙后代。

国家应保护耕地。

国家还应保护公共水域。

本条款的实施方式由相关法令确定。

第 20 条 国家领土由法律规定。

国家领土的范围应包括国家、省和市政府管辖下的公共和私有领土。

依法执行国家领土的管理办法。

第 21 条 组织对外贸易的权限属于国家。

法律应确立对外贸易经营管理的相关规定。

第 22 条 只有依照法律规定才能实施征用。

征用要给以公平合理的补偿。

第 23 条 公务职位和任期不应构成财富的来源或私人获利的手段。

获得政府高级职位、当选地方议会议员、被任命或当选为国民议会（议会下院）或国家机构的任何人应在其就职前和任期结束时披露其资产。

法律应规定上述条款的执行方式。

第 24 条 滥用职权受到法律制裁。

第 25 条 行政部门的公正性依法得到保障。

第 26 条 国家保护人民和财产的安全。

第 27 条 在本国公民侨居国外的情况下，国家根据国际法、与侨居国签订的公约、本国法律以及侨居国法律，尽全力保护本国公民在国外的权利和利益。

国家保留侨居国外的公民的本国身份，加强他们同本国的联系，动员他们为祖国的发展作出贡献。

第 28 条 国家防御力量的巩固和发展由国家人民军负责。

国家人民军担负维护国家独立和国家主权的永久任务。

国家人民军还负有保护国家统一和领土完整以及保卫领土、领空及各区域领海的责任。

第 29 条 阿尔及利亚不得诉诸战争侵犯他国人民的合法主权和自由。

阿尔及利亚致力于以和平的手段解决国际分歧。

第 30 条 阿尔及利亚团结所有为政治和经济解放、为争取自决权利、与一切形式的种族歧视作斗争的人民。

第 31 条 阿尔及利亚在平等、互惠、不干涉内政的基础上，努力加强国际合作和促进各国之间的友好关系。阿尔及利亚遵守《联合国宪章》的原则和宗旨。

第四章 权利与自由

第 32 条 所有公民在法律面前一律平等。不得以出身、种族、性别、所持观点以及任何其他个人或社会地位或职业等情况为由进行歧视。

第 33 条 阿尔及利亚国籍由法律确定。

取得、保留、丧失和取消阿尔及利亚国籍的条件由法律确定。

第 34 条 政府机构应通过设法清除所有可能阻碍个人发展的障碍，并保证所有人可以切实地参与政治、经济、社会和文化生活，以确保所有公民的权利和义务的平等。

第 35 条 国家通过增加妇女在民选议会中当选代表的机会，努力提高女性的政治权利。

本条款的实施方式由相关组织法确定。

第 36 条 国家应努力促进就业市场中男女两性的机会平等。

国家应鼓励妇女在公共机构和行政部门中担任职务，也应促进妇女在企业就业。

第 37 条 青年应成为建设国家的生命力。

国家应创造一切条件，发展青年人的能力，激发青年人的活力。

第 38 条 公民的基本自由、人权和其他权利应得到保障。

上述自由和权利应为所有阿尔及利亚男女的共同传统，他们应承担起世代相传的义务，维护上述自由和权利的完整性和不可侵犯性。

第 39 条 个人和团体的基本人权以及个人和集体的自由应得到保障。

第 40 条 国家应保障人身不可侵犯。

禁止任何形式的身体或精神侵害以及对尊严的侵犯。

残暴、不人道或有辱人格的行径应受到法律制裁。

第 41 条 任何侵犯权利和自由、对人进行身体或精神侵害的行为均应受到法律制裁。

第 42 条 良心的自由和观点的自由不可侵犯。

宗教信仰的崇拜自由应依法得到保障。

第 43 条 投资和贸易的自由应得到普遍认可。该自由的行使应在法律框架内。

国家应努力改善营商环境，国家应鼓励商业发展，保证其在国民经济发展服务中不受任何歧视。

国家应规范市场，法律应保护消费者的权益。

法律禁止垄断和不正当竞争。

第 44 条 公民享有知识、艺术和科学创作的自由。

知识产权受到法律保护。

对任何出版物、音像制品或其他通信或信息制品的扣押，必须依据司法令进行。

学术和科学研究自由应在法律框架内实行并得到保障。

国家应致力于推动和提高科学研究的价值，从而促进国家的可持续发展。

第 45 条 保障全体公民的文化权利。

国家保护并致力于保存民族的物质文化遗产和非物质文化遗产。

第 46 条 公民的私人生活和名誉不可侵犯，并受到法律保护。

所有形式的通信和私人交流的私密性受到保障。

在没有收到司法部门的合理要求的情况下，禁止侵犯上述权利，违反本规定将受到法律制裁。

处理个人信息时，保护个人信息是受法律保障的基本权利，违反本规定将受到法律制裁。

第 47 条 国家保障住所不可侵犯。

除根据法律规定进行搜查外，不得对住所进行任何形式的搜查。

只有持主管司法部门签发的搜查令才能对住所进行搜查。

第 48 条 保障公民的言论、结社和集会自由。

第 49 条 在法律框架规定的集会方式内，保障公民享有和平集会自由。

第 50 条 保障文本、影音或信息网络等形式的出版自由。该自由不受任何形式的先期审查的限制。

不得利用该自由侵犯他人的尊严、自由和权利。

在法律框架内，在尊重民族基本价值和宗教、道德和文化价值的基础上，传播信息、思想、形象和观点的自由受到保障。

出版罪行不应被判处监禁。

第51条 保障公民获取和传递信息、记录和统计数据的权利。

该权利的行使不可侵犯他人的私人生活和权利、企业的合法权益或影响国家安全紧急状态。

法律确定该权利的行使方式。

第52条 承认和保障成立政党的权利。

但是，不得借该权利破坏基本自由、民族认同的价值和主要成分、人民的团结、领土的完整和安全、国家的独立、人民的主权以及国家的民主性和共和制。

根据本宪法的规定，政党不得建立在宗教、语言、种族、性别、社团或地区等要素基础上。

政党不得利用上述要素进行政治宣传。

政党不得与国外利益集团或国外政党有任何形式的联系。

任何政党不得诉诸任何性质或形式的暴力或强制力。

其他责任和义务由相关组织法确定。

第53条 根据上述第52条的规定，已登记的政党在不受任何歧视的情况下享有下列具体权利：

1. 言论、表达和集会自由；
2. 在公共媒体上的播放时间与其在国家一级的代表人数成正比；
3. 根据法律规定，根据其在议会中的代表情况，可以获得适当的公共资金；
4. 根据宪法规定，通过民主交替方式行使地方和国家两级权力。

本条款的执行方式由相关法律决定。

第54条 结社权利得到保障。

国家鼓励社团活动的蓬勃发展。

相关组织法确立与建立社团有关的条件和方式。

第55条 每个享有所有公民权利和政治权利的公民有权自主选择居住地，并可以自由地在本国领土内迁徙。

进出本国领土的权利得到保障。

任何对于上述权利的限制只有在特殊时期并通过司法部门的合理决定才能予以执行。

第56条 在被一般司法机关判定有罪前，每个人都应被视为是无罪的，司法部门应根据公正的审判判定有罪，审判应为被告人的辩护提供所有必要的保障。

第57条 经济困难者应当获得法律援助。

本条款的实施条件由相关法律确定。

第58条 犯罪行为必须根据其发生之前正当颁布的法律进行判定，否则不得判定任何人有罪。

第59条 只有法律判定的案件并依照法律规定的形式，才能起诉、逮捕或拘留人，否则任何人不得被起诉、逮捕或拘留。

临时扣押是一种例外措施，其延期的理由、期限和条件由相关法律规定。

随意逮捕的行为和事实应受到法律制裁。

第60条 刑事侦查拘留受到司法控制，拘留时间不得超过48小时。

所有在押人员均有权立即联系其家属。

所有在押人员应被告知其有权与律师取得联系。

在法律规定的特殊情况下，法官可以限制上一权利的行使。

延长控前拘留是一种例外措施，应根据相关法律的具体规定实施。

拘留期满后，如在押人员提出要求，则必须对其进行体检，应将该权利告知在押人员。

未成年人必须接受体检。

本条款的实施方式由相关法律确定。

第61条 司法误判由国家给予赔偿。

赔偿的条件和方式由相关法律确定。

第62条 凡符合法定条件的公民，都有选举权和被选举权。

第63条 除根据法律规定的特殊情况外，所有公民均应享有在政府机构获得职务和工作的平等的机会。

有且仅有阿尔及利亚国籍是获得较高政府职位或较高政治地位的先决条件。

上述较高政府职位或较高政治地位的清单由相关法律确定。

第64条 私有财产受到保障。

继承权受到保障。

承认宗教财产（瓦克夫）和基金会等财产持有形式，法律应保护其财产持有的目的。

第65条 受教育权受到保障。

在法律规定的条件下，公共教育应免费。

初等教育为义务教育。

国家政府应建立国民教育体系。

国家政府应保障公民拥有平等的接受教育和职业培训的机会。

第66条 所有公民均有医疗保健权。

国家应预防和治疗流行性疾病和地方性疾病。

国家应致力于为贫困人士创造医疗保健条件。

第67条 国家鼓励住房建设。

国家应致力于为贫困人士获得住房提供便利。

第68条 公民有权享有健康的环境。

国家应致力于保护环境。

法律规定自然人和法人有保护环境的义务。

第69条 所有公民都有劳动的权利。

工作中的保护、安全和卫生权利依法得到保障。

休息的权利受到保障,行使该权利的方式由法律确定。

劳动者的社会保障权利依法得到保障。

雇佣16岁以下的儿童工作应受到法律制裁。

国家大力发展学徒制度,落实促进就业的政策。

第70条 所有公民应知悉参加工会的权利。

第71条 罢工权应得到承认,罢工权应在法律框架内行使。

法律可以禁止或限制在国家防卫和安全领域或对社会至关重要的服务和公共活动中行使罢工权。

第72条 国家和社会应保护家庭。

家庭、社会和国家保护儿童的权利。

国家有义务养育弃儿和孤儿。

法律制裁针对儿童的暴力行为。

国家致力于协助有特殊需求的弱势群体享受公民的所有权利并融入社会。

家庭和国家应保护老年人。

现行规定的实施条件和方式,由相关法律确定。

第73条 未到法定工作年龄的、不能工作或再也不能工作的公民的生活条件应得到保障。

第五章　义务

第 74 条　对法律的无知不是违法的借口。

人人都要遵守共和国宪法和法律。

第 75 条　每个公民都应承担保护和捍卫国家的独立与主权、领土的完整、人民的团结以及一切和国家属性相关的义务。

叛国罪、间谍罪、投敌罪以及一切危害国家安全的罪行，均应受到法律的严厉制裁。

第 76 条　每个公民应忠诚地履行其对国家集体的义务。

公民对祖国的承诺和为保卫祖国作出贡献的义务是神圣且永久的义务。

国家应尊重 11 月革命的象征、对烈士的记忆、烈士家属的尊严以及游击队员的尊严。

此外，国家应致力于发展针对下一代的历史文本书写和教学。

第 77 条　一切个人自由均应在宪法确认的尊重他人权利的范围内行使，尤其需要尊重他人的荣誉权、隐私权以及对家庭、青年和儿童的保护。

第 78 条　税制对所有公民应是一样的。

每个人都应根据其能力为公共支出自己作出贡献。

必须根据相关法律征税。

任何课税、捐税、消费税或任何其他形式的征税都不具有追溯效力。

公民或法人的任何规避平等缴税的行为都是对国家集体利益的侵犯，应受到法律制裁。

依法惩处偷税漏税和资本外逃的行为。

第 79 条　在被起诉时，父母有义务保障子女的教育，子女有义务向父母提供帮助。

第 80 条　每个公民均有保护公共财产和民族集体利益以及尊重他人财产的义务。

第 81 条　根据相关法律，保护依法入境的外国人的生命和财产。

第 82 条　除根据引渡法并执行该法外，不得将任何人引渡出国。

第 83 条　在任何情况下都不能把享有合法避难权的政治难民交出或引渡。

第二部分　权力的组织

第一章　行政权

第 84 条　共和国总统为国家元首和民族统一的象征。

总统是宪法的保证人。

总统在国内外均代表国家政府。

总统拥有直接向全国讲话的权利。

第 85 条 共和国总统应由普遍、直接和无记名投票的选举产生。

选举应以绝对多数投票获胜。

其他总统选举的相关条款由相关组织法确定。

第 86 条 共和国总统应在宪法规定的范围内行使其最高行政权。

第 87 条 竞选共和国总统的候选人应:

1. 没有获得过外国国籍;

2. 有且仅有阿尔及利亚原生国籍,且可以证明其父母均具有阿尔及利亚原生国籍;

3. 是穆斯林;

4. 选举当天年满 40 周岁;

5. 享有完全公民权利和政治权利;

6. 证明其配偶有且仅有阿尔及利亚原生国籍;

7. 证明其在成为候选人之前,在且只在阿尔及利亚境内长期居住 10 年以上;

8. 如其生于 1942 年 7 月之前,则须证明其曾参与过 1954 年 11 月 1 日革命;

9. 如其生于 1942 年 7 月之后,则须证明其父母没有参与过反对 1954 年 11 月 1 日革命的敌对势力;

10. 公布其在阿尔及利亚境内和境外的动产和不动产。

其他条件由相关组织法确定。

第 88 条 总统任期为 5 年

共和国总统可以连任一次。

第 89 条 共和国总统在当选后的一周内需要面对人民和国家最高权力机关宣誓。

总统在宣誓之后就职。

第 90 条 共和国总统的宣誓内容如下:

“奉至仁至慈的真主之名。忠于伟大的牺牲,忠于对烈士的记忆,忠于永恒的 11 月革命的理想,我向全知全能的真主庄严宣誓,我将遵守伊斯兰教规,光耀伊斯兰宗教,捍卫宪法,放眼国家的可持续发展,为加强国家的民主化进程的正常运行提供必要的服务,尊重人民的自主选择,尊重政府各部门机构,遵守共和国法律制度,捍卫国家的领土完整,人民团结和国家统一,保护自由、基本人权和公民的权利,坚持不懈地推动人民的发展和进步,竭尽全力实现世界的公正、自由和和平的理想。真主为我作证。”

第 91 条 除宪法其他条款明确赋予共和国总统的权力外,总统还应享有下列权力和特权:

1 成为共和国武装部队的总司令；

2. 负责国防；

3. 决定和执行国家的外交政策；

4. 主持内阁会议；

5. 经过与议会多数的协商后，任命或罢免总理；

6. 签署总统法令；

7. 拥有特赦的权利，即有权免除罪犯的全部或部分的服刑。

8. 可以针对任何具有国家级重要性的问题，向人民提出公投；

9. 缔结和批准国际条约；

10. 授予国家勋章、荣誉、称号等。

第 92 条 共和国总统任命：

1. 宪法规定的职务；

2. 国家的文职和军事职务；

3. 内阁会议决定的职务；

4. 最高法院的首席院长；

5. 国务委员会主席；

6. 政府秘书长；

7. 阿尔及利亚银行行长；

8. 法官；

9. 安全部门的官员；

10. 各省长。

共和国总统任命和召回共和国驻国外的大使和特使。

共和国总统接受外国使节的任命书和罢免书。

除上述第 4 段和第 5 段规定的职务外，相关组织法还应确定共和国总统任命其他司法职务。

第 93 条 共和国总统在与总理协商后，任命政府官员。

总理协调部署政府的工作。

政府制定工作计划并提交给内阁。

第 94 条 总理应将政府工作计划提交给国民议会批准，后者应为讨论政府工作计划举行广泛的辩论。

根据该辩论，总理可以共和国总统展开协商，调整政府工作计划。

总理应就国民议会批准的政府工作计划向民族院（议会上院）提交声明。

民族院可以通过一项决议。

第 95 条 一旦国民议会未能批准政府工作计划，总理应向共和国总统提交内阁辞呈。

后者应按照相同的方式任命新一任总理。

第 96 条 一旦民族院未能通过政府工作报告，国民议会依法解散。

为了管理日常事务，政府在职人员将继续留任，直到选出新的国民议会为止，该期限不能超过 3 个月。

第 97 条 总理应执行和协调国民议会通过的工作计划。

第 98 条 政府应每年向国民议会提交一份政府一般性政策声明。

提交一般性政策声明之后要对政府工作进行辩论。

该辩论最终可能会产生决议。

该辩论也有可能会导致国民议会根据下文第 153 条、第 154 条和第 155 条规定提出谴责动议。

总理可能要求国民议会进行信任投票。

如果没有通过信任投票，总理应代表政府提交辞呈。

在这种情况下，共和国总统可以在接受辞呈之前，启动下文第 147 条规定。

政府也可以向民族院提交一份一般性政策声明。

第 99 条 除宪法其他条款明确赋予总理的权力外，总理还应行使下列职责：

1. 根据宪法规定分配政府职能；

2. 保障法律法规的实施；

3. 主持政府会议；

4. 签署行政法令；

5. 在不违背上文第 91 条、第 92 条规定的情况下，在获得共和国总统的批准后，任命国家公务员。

6. 保障公共行政部门的良好运转。

第 100 条 总理可以向共和国总统递交辞呈。

第 101 条 在任何情况下，共和国总统都不得以宪法没有规定的任命方式任命总理、政府官员以及宪法机构的主席和成员等。

同样，总统也不能授权他人进行公民投票、解散国民议会、举行议会选举，以及行使《宪法》第 91 第、第 92 条、第 105 条、第 107 第至第 109 条、第 111 条、第 142 条、第 144

条、第 145 条和第 146 条的规定。

第 102 条 如果共和国总统由于患有严重疾病或慢性疾病而完全无法履行其职责，宪法委员会应根据法律通过所有适当手段核实该问题的真实性，经全体一致通过后，向议会通报这种障碍状态。

议会两院召开联席会议，宣布共和国总统的这种障碍状态，经 2/3 多数成员通过并指派，民族院议长应根据《宪法》第 104 条的规定，作为国家元首行使特权，该期限最长可达 45 天。

如果该障碍状态在 45 天期满后仍然存在，则应根据上述各条款所述程序和下列各条款的规定，根据法律以辞职的形式宣布总统职位空缺。

如果共和国总统辞职或死亡，宪法委员会应根据法律宣布共和国总统职位长期空缺。

应立即依法将空缺状况通报给议会。

民族院议长将承担国家元首的职责，其临时任期最长可达 90 天，在此期间，应组织总统选举。

被指派的临时国家元首不得成为共和国总统的候选人。

如出现意外的辞职或死亡情况致使共和国总统职位空缺且民族院议长职位空缺，无论原因如何，宪法委员会应依法一致声明共和国总统职位长期空缺且民族院议长无法履职。在这种情况下，宪法委员会主席应根据本条款上述内容及《宪法》第 104 条规定承担国家元首职能。

上述宪法委员会主席不得成为共和国总统的候选人。

第 103 条 如果总统选举的候选人资格已经得到宪法委员会的认证，则只有在宪法委员会因存在严重障碍而撤销其资格或候选人死亡的情况下才能退出选举。

如果第二轮选举中的两名候选人之一退出选举，选举过程继续进行，且无须考虑该退出问题。

如果第二轮选举中的两名候选人之一死亡或失去法律行为能力，宪法委员会应宣布重新举行整个选举。在这种情况下，新选举应在最多 60 天内组织完成。

适用本条款规定时，现任共和国总统或临时国家元首应继续任职，直到新的共和国总统宣誓就职为止。

组织法应确定实施这些规定的条件和方式。

第 104 条 自共和国总统处于障碍状态、死亡或辞职起，直到新任共和国总统宣誓就职止，不得解散或改组政府。

如果现任总理成为共和国总统候选人，则应依法辞职。总理职务应由国家元首任命的另一名政府成员承担。

在上述第102条和第103条规定的期限内，《宪法》第91条第7款和第8款，第93条、第142条、第147条、第154条、第155条、第208条、第210条和第211条不适用。

在上述期限内，未经议会两院联席会议批准，《宪法》第105条、第107条、第108条、第109条和第111条的规定无法执行。执行前应先征求宪法委员会和最高安全委员会的意见。

第105条 在紧急情况下，经最高安全委员会会议并征求民族院议长、国民议会议长、总理和宪法委员会主席意见之后，共和国总统应宣布进入国家紧急状态或国家戒严状态法令，明确规定该状态的期限，并采取一切必要措施恢复局势。

只有通过议会两院联席会议批准，才能延长国家紧急状态或国家戒严状态的期限。

第106条 国家紧急状态和戒严状态的组织形式应由相关组织法确定。

第107条 当国家机构、主权独立、领土完整等面临迫在眉睫的威胁时，共和国总统应宣布进入例外状态。

该措施应在征求民族院议长、国民议会议长和宪法委员会主席的意见，并听取最高安全委员会和内阁会议意见后实施。

例外状态赋予共和国总理采取例外措施的权力，这对维护民族和共和国机构的独立性至关重要。

议会应依法召开会议。

终止例外状态与宣布例外状态的形式与程序一致，也应根据上述条款进行。

第108条 在听取最高安全委员会意见，并与民族院议长和国民议会议长协商后，共和国总统应在内阁会议上颁布总动员令。

第109条 在面对已经发生或即将发生的侵略时，共和国总统应根据《联合国宪章》的有关规定，在内阁会议商议，听取高等安全委员会意见，并与民族院议长、国民议会议长和宪法委员会主席协商之后宣战。

议会应依法召开。

共和国总统应发表演说通知全体国民。

第110条 战争期间，宪法暂缓实行，共和国总统拥有所有权力。

如果共和国总统任期结束，其任期应依法延长至战争结束。

如果共和国总统辞职、死亡或处于障碍状态，在和共和国总统条件相同的情况下，民族院议长应以国家元首的身份行使战争状态下的所有特权。

如果共和国总统职位与民族院议长职位同时空缺，宪法委员会主席应在上述条件下承担国家元首的职责。

第 111 条 共和国总统负责签署停战协议和和平条约。

共和国总统应征求宪法委员会对相关协定的意见。

共和国总统应立即将相关协定交由各议会审批。

第二章 立法权

第 112 条 国民议会和民族院两院组成议会，议会负责行使立法权。

议会应自主起草和表决法律。

第 113 条 议会应在《宪法》第 94 条、第 98 条、第 151 条和第 152 条规定的条件下监督政府工作。

国民议会执行宪法第 153 条至第 155 条规定的监督权。

第 114 条 议会中的反对党享有保证其能有效参与议会活动和政治生活的权利，包括：

1. 言论、表达和集会自由；
2. 现任议员可获得财政资助；
3. 有效参与立法活动；
4. 有效监督政府工作；
5. 在议会两院机构有合适的代表；
6. 按照《宪法》第 187 条（第 2 款和第 3 款），将议会通过的法律提交给宪法委员会；
7. 参与议会外交。

议会各院应每月专门举行一次会议，讨论一个或多个反对党团体提出的议程。

本条款适用的方式应在议会各院的议事程序中加以说明。

第 115 条 议会应在其宪法特权范围内忠于人民的信任，并永远清醒地意识到人民的愿望。

第 116 条 民族院代表和议员，必须全心全意履行其职责。

国民议会和民族院的议事程序应对其议员有效参与委员会和全体会议的责任作出规定，如有缺席将受到惩罚。

第 117 条 属于某一政党的国民成员或民族院成员，如自愿改变其党派并获得其当选议员时所属党派的认可，则丧失其议员职权。

该议会应向宪法委员会通告该议员席位空缺。法律规定其接替方式。

从原党派退党或被开除的代表将作为议会无党派成员保留其职权。

第 118 条 国民大会议员通过普遍、直接、无记名投票的选举产生。

民族院 2/3 的成员通过间接、无记名投票的方式从全体市镇议会及省议会的议员中选举产生，每省两个人。

民族院 1/3 的成员由共和国总统指定的本国人士和各行专家出任。

第 119 条 国民议会每届任期 5 年。

民族院的任期以 6 年为限。

每 3 年要更换国民议会一半的成员。

除有特殊情况致使议会选举无法正常进行外，议员的任期不能延长。

特殊情况应由议会根据共和国总统的建议并与宪法委员会协商之后，召开两院联席会议来确定。

第 120 条 民族院代表的选举方式、民族院成员选举和指定的方式、选举资格、不合格和不相容条款以及议会津贴制度应由相关组织法确定。

第 121 条 民族院代表和议员的职权应在两院各自的职权范围内生效。

第 122 条 民族院代表和议员的职权是全国性的。该类职权可以延长，但是不能与其他职权或职能同时进行。

第 123 条 撤销不符合或不再符合民族院代表或议员资格者的职权。

这种撤销将由国民议会或民族院多数成员酌情决定。

第 124 条 民族院代表和议员应对其同僚负责，如其同僚做出不当其职的行为，则可以撤销其职权。

两院议事程序应规定解聘民族院代表或成员的条件。在触犯任何其他普通法律程序的情况下，这种解聘将由国民议会或民族院多数成员酌情决定。

第 125 条 议会决定接受其议员辞职的条件应由相关组织法确定。

第 126 条 民族院代表和成员在任期间享有议会豁免权。

他们不会因在任期间所表达的意见、发表的言论或投出的选票而受到包括指控、逮捕等在内的任何民事或刑事诉讼或施压。

第 127 条 不得对民族院代表或成员的犯罪或侵权行为提起诉讼，除非当事任所属党派明确放弃豁免权，或国民议会或民族院多数成员视情况决定取消其豁免权。

第 128 条 在公然严重侵权或严重犯罪的情况下，可以逮捕民族院代表或成员。应根据具体情况，立即通知国民议会委员会或民族院委员会。已知情的委员会可以要求中止诉讼，并释放民族院代表或成员；然后应按照上述第 127 条规定继续进行。

第 129 条 民族院代表或成员空缺时，补充新的代表或成员的条件由相关组织法确定。

第 130 条 立法会议任期应在自宪法委员会公布结果之日起 15 天内依法开始，立法机构主席为国民议会最年长的成员，两名最年轻的代表负责协助主席展开工作。

国民议会应选举并组建委员会。

上述规定同时适用于民族院。

第 131 条 国民议会议长应由立法会议选出。

民族院议长应在每一次民族院部分换新之后选出。

第 132 条 国民议会和民族院的组织和职能，以及议会各院和政府之间的职能关系，应由相关组织法加以确定。

议会两院的预算应由法律决定。

国民议会和民族院起草并通过议事程序。

第 133 条 议会会议应公开召开。

议会会议活动应根据相关组织法规定的条件记录在册并公开发行。

国民议会和民族院可以议长、多数成员或总理的要求进行摄像。

第 134 条 国民议会和民族院在议事程序框架内设立常务委员会。

各议会常务委员会可就某一专题或情况设立临时调查组。

各议会的议事程序应确定临时调查组的相关规定。

第 135 条 议会应每年举行一届常会，每届常会至少持续 10 个月以上。该常会应从 9 月的第 2 个工作日开始。

为了完成对进行中的议程项目的审查，总理可以要求常会延长若干天。

在共和国总统的倡议下，议会可以召开特别会议。

共和国总统也可以应总理的要求或国民议会 2/3 成员的要求召开特别会议。

特别会议应在议会完成了其议程之后闭幕。

第 136 条 总理、民族院代表和成员有权提出新法案。

拟议的法案必须由 20 名民族院代表或 20 名民族院成员根据下文第 137 条规定的要求提出。

在征求国务委员会意见后，由总理向国民议会委员会或民族院委员会酌情提交法律草案，再呈于内阁。

第 137 条 与地方组织、领土规划及分区相关的法律草案应提交民族院委员会审批。

除前款所列情况外，其他法律草案均应提交国民议会委员会审批。

第 138 条 在不违反上述第 137 条第 1 款规定的前提下，所有拟议法案或草案，应由国民议会和民族院进行顺次辩论。

国民议会对法律草案的讨论应以总理提交的文本或民族院根据上述第 137 条规定的要求通过的文本为准。

政府应将一个议会提议的法案提交给另一议会。该议会应就另一议会提交的法案进行辩论并通过该法案。

民族院必须通过由国民议会多数成员提交的普通法律草案，或由绝对多数成员提交的组织法草案。

如果议会两院之间出现分歧，总理应要求在最多 15 天内召开两院联席会议，均等数量的两院成员出席会议，就争议条款提出解决方案。联席会议应在最多 15 天内完成协商。

政府应将该方案提交两院审批。

未经政府同意，该方案不得修改。

如果议会两院之间的分歧仍旧存在，政府可以要求国民议会作出最后决议。在这种情况下，国民议会应重启联席会议的草案文本，否则将重启对其提交的最后一版法案。

如果政府未根据上述条款规定通知国民议会，则应撤回该法案。

自提交之日起最长 75 天内，议会应根据上述条款规定通过财务类法案。

如果在规定期限内未通过法案，共和国总统应依法颁布政府法律草案。

其他程序由《宪法》第 132 条所提及的组织法确定。

第 139 条 以减少公共资源或增加公共开支为目的或结果的任何法案均不予采纳，除非该法案同时采取措施，力求增加国家税收或在其他公共开支项目上节省至少同等规模的开支。

第 140 条 议会应就宪法及以下领域内容进行立法：

1. 个人的基本权利和义务，特别是维护公共自由的法律制度、维护个人自由的保障措施和公民的义务；

2. 个人地位法和家庭法，特别是关于结婚、离婚、亲属关系、法定资格和继承的一般规则；

3. 个人的居住情况；

4. 关于国籍的基本立法；

5. 关于外国人身份的一般规则；

6. 关于设立司法权的规则；

7. 刑法和刑事诉讼程序的一般规则，特别是违法犯罪的裁定、所有相应惩罚、特赦、引渡和监狱制度；

8. 民事、行政程序以及执行该类程序的一般规则；

9. 民事、商业的义务与财产的相关制度；

10. 国家领土区划；

11. 政府预算投票；

12. 各种税基、税率、缴款、关税和费用的指定；

13. 海关制度；

14. 关于货币发行、银行制度、信贷和保险的一般规定；

15. 与教育和科学研究相关的一般规则；

16. 关于公共卫生和人口的一般规则；

17. 关于劳动法、社会保障和组织权的一般规则；

18. 与环境、居住条件以及城乡规划相关的一般规则；

19. 关于保护动植物的一般规则；

20. 保护和保存文化和历史遗产；

21. 对森林和牧场的一般规定；

22. 管理水资源的常规制度；

23. 管理煤炭、石油、天然气的常规制度；

24. 土地使用权；

25. 对公职人员的基本保证以及公共服务总条例；

26. 关于国防部的一般规则以及政府部门动员武装部队的一般规则；

27. 财产公产转私产的规则；

28. 建立各类法人实体；

29. 创制国家的勋章、荣誉和称号。

第 141 条 除宪法指定由组织法管理的领域外，下列领域也受组织法管理：

1. 政府当局的组织和运作；

2. 选举制度；

3. 政党法；

4. 信息法；

5. 法官和司法机构制度；

6. 财务类法律的基本框架。

组织法应通过民族院绝对多数代表和成员通过。

在颁布之前，应将组织法提交宪法委员会审批。

第 142 条 在国民议会休会或会议间隙，共和国总统可以在与国务委员会协商后，颁布对紧急事项的法令。

共和国总统应在下一议会期内将该类法令文本提交议会两院正式审批。

未经议会通过的该类法令将失效并撤销。

如果处于《宪法》第 107 条规定的紧急状态下，共和国总统可以通过该类法令。

该类法令应经内阁通过。

第 143 条 除受立法管理的事项外，其他事项均在共和国总统的管辖权范围内。

法律的执行在总理的管辖权范围内。

第 144 条 共和国总统应在法律通过之日起的 30 天内颁布法律。

但是，如法律在颁布之前已由下文第 187 条所述部门之一提交宪法委员会，该期限延长至宪法委员会根据下文第 189 条规定作出裁决为止。

第 145 条 共和国总统可以要求在法律通过后的 30 天内对议会投票通过的法律进行二读。

在这种情况下，该法律须经国民议会 2/3 的代表以及民族院多数成员的通过。

第 146 条 共和国总统可以向议会传达信息。

第 147 条 在听取民族院议长、国民议会议长、宪法委员会主席以及总理的意见后，共和国总统可以决定解散国民议会或举行议会选举。

在上述两种情况下，议会选举应在 3 个月内进行。

第 148 条 应共和国总统或议会两院之一的议长的要求，议会可就外交政策展开辩论。

该辩论结束时，可在议会两院联席会议上通过一项决议，并上交共和国总统。

第 149 条 停战协定、和平条约、联盟或同盟条约、与国家边界相关的条约、关于个人地位的条约、涉及国家预算中意外支出的条约以及关于自由贸易区的双边或多边协定、经济组织和经济一体化等应在征求议会两院明确批准的情况下，由共和国总统批准。

第 150 条 在宪法规定的条件下，共和国总统批准的条约的效力应高于议会法案的效力。

第 151 条 议会成员可以就当前问题质询政府并要求其作出解释。政府应在 30 天内作出答复。

议会委员会可以听取政府成员的意见。

第 152 条 国会成员可以向任何政府成员以口头或书面的形式提出任何问题。

以书面形式提出的问题应在最多 30 天内收到相同形式的答复。

以口头形式提出的问题应在最多 30 天内收到答复。

国民议会和民族院应每周交替举行一次会议，专门讨论政府对民族院代表和成员提出的口头问题的答复。

如果两院之一认为政府成员的口头或书面答复值得辩论，则应在国民议会和民族院的议事程序规定的条件下进行辩论。

问题和答复的公开发布条件与议会辩论记录的公开发布条件相同。

第 153 条 在对一般性政策的辩论中，国民议会可以投票通过谴责动议，要求政府承担责任。

谴责动议需要有至少 1/7 的代表签署，否则应予以否决。

第 154 条 谴责动议须经 2/3 的多数代表投票方可通过。

投票应在谴责动议制表的 3 天之后进行。

第 155 条 在国民议会批准谴责动议之后，总理应代表政府向共和国总统递交辞呈。

第三章 司法权

第 156 条 司法权独立。司法权应在法律框架内行使，共和国总统担任司法权独立的保证人。

第 157 条 司法权保护社会和自由。

司法权保障所有人并保护所有人的基本权利。

第 158 条 正义应建立在合法和平等原则的基础上。

司法权面前人人平等，且所有人均可以使用司法权，且根据法律行使司法权。

第 159 条 以人民的名义伸张正义。

第 160 条 刑事制裁应遵守法律并尊重人格。

法律保证行使诉讼程序分为两个阶段并确定其执行方式。

第 161 条 司法部门负责对行政部门提起的诉讼。

第 162 条 审判决定应当说明理由，并公开听证，司法令应合理。

第 163 条 国家政府的所有机构在任何时间、任何地点、任何情况下都应确保审判决定的执行。

依法惩处妨碍审判决定执行的行为。

第 164 条 法官作出审判。

在法律规定的情况下，人民陪审员可以提供协助。

第 165 条 法官只应遵守法律。

第 166 条 应保护法官免受任何形式的压力、干预或任何性质的损害其履行职责或破坏其自由裁量权的操纵。

司法审判过程，禁止任何干预。

法官应防止任何可能影响其公正审判的主观意愿。

不能在司法审判过程中罢免法官。

本条款的实施方式由相关组织法确定。

第 167 条 法官应将其履行职责的方式按照法律规定的形式向最高司法委员会汇报。

第 168 条 法律应保护诉讼当事人不受法官滥用或渎职行为的侵害。

第 169 条 辩护权应得到承认。

刑事案件中的辩护权应得到保障。

第 170 条 律师应得到法律保障，确保其免受任何形式的压力，并使其能够在法律框架内从事其职业。

第 171 条 最高法院是管理各级法院和法庭活动的部门。

国务委员会是管理行政法院活动的部门。

最高法院和国务委员会应确保全国的司法标准化，并应监督法律遵守情况。

争议法庭裁定普通法庭和行政法庭之间的管辖权冲突。

第 172 条 最高法院、国务委员会和争议法庭的组织、运转和其他权力应有相关组织法确定。

第 173 条 共和国总统担任最高司法委员会主席。

第 174 条 最高司法委员会应根据法律条款对法官的聘用、调动和职业发展作出决定。

最高司法委员会应监督在最高法院第一院长主持下的地方法官遵纪守法的情况。

第 175 条 最高司法委员会在共和国总统行使赦免权之前向其提供意见。

第 176 条 最高司法委员会的组成、职能和其他属性由相关组织法确定。

最高司法委员会享有行政和财政自主权，相关组织法应确定其行使方式。

第 177 条 国家最高法院负责审判的共和国总统在行使其职能时的叛国行为以及总理在行使其职能时的违法犯罪行为。

国家最高法院的组成、组织和职能以及适用程序由相关组织法确定。

第三部分　监督、选举观察和咨询机构

第一章　监督

第 178 条　选举产生的议会应在普遍范围内承担监督责任。

第 179 条　在每个预算期间，政府应就其预算资金的使用情况与议会各院进行账目核实。

议会在每个财经年度年终应要求其各院斟酌并投票通过一项该年度资产负债表的审核法案。

第 180 条　在其职权范围内，议会两院均可随时设立调查任一公共利益问题的委员会。

两院不能就需要司法调查事实的问题设立委员会。

第 181 条　核查各管理部门和机构的立法和行政工作是否符合宪法规定并审核物资和公共资金的使用和管理情况。

第 182 条　宪法委员会是一个负责监督宪法遵守情况的独立机构。

除此之外，宪法委员会还应监控公民投票活动的有效进行，共和国总统选举和议会选举。

事实上，宪法委员会应审查收到的关于总统选举和议会选举的即时结果，并应公布上款规定中的所有活动的最终结果。

宪法委员会享有行政和财政自主权。

第 183 条　宪法委员会由 12 名成员组成：包括主席和副主席在内的 4 名成员由共和国总统任命，2 名成员由国民议会选出，2 名成员由民族院选出，2 名成员由最高法院选出，2 名成员由国务委员会选出。

如宪法委员会成员选举出现等票情况，委员会主席拥有决定性投票权。

宪法委员会成员一旦当选或任命，则应立即停止执行其他职务、职能、任务或使命以及其他自由活动或工作。

共和国总统任命宪法委员会主席与副主席，任期为 8 年。

宪法委员会其他成员的任期为 8 年；每 4 年更换一半的委员会成员。

在就职之前，宪法委员会成员应按下文在共和国总统面前宣誓就职：

“我向全知全能的真主庄严宣誓，我将以城市和公正的态度履行职责，维护审议机密，在任何属于宪法委员会管辖范围内的任何案件中不公开立场。”

第 184 条 经选举或指定的宪法委员会成员应:

● 就职或当选当天年满 40 周岁;

● 有不少于 15 年的法律科学高等教育、地方法院以及在最高法院、国务委员会或政府高等职位上从事法律工作的经验。

第 185 条 宪法委员会主席、副主席和成员在其任期内享有刑事案件管辖豁免权。

他们不应因任何违法犯罪行为被起诉或逮捕,除非其放弃豁免权,或宪法委员会已授权该法律行动。

第 186 条 除宪法其他条款明确赋予宪法委员会的其他职能外,宪法委员会应以意见的形式对条约、法律和条例的合宪性作出裁决。

应共和国总统的要求,宪法委员会应在议会通过相关组织法后,就其合宪性发表具有约束力的意见。

宪法委员会还应以前款规定的相同形式,就议会各院的议事程序的合宪性作出裁决。

第 187 条 宪法委员会可以裁决由共和国总统、民族院议长、国民议会议长或总理提出事项。

宪法委员会也可以裁决由 50 名民族院代表或 30 名民族院成员提出事项。

上述两款中的宪法委员会提出事项不适用于下文第 188 条规定中的违宪例外。

第 188 条 在审判过程中,当事人之一声称作为诉讼依据的法律规定可能会破坏宪法赋予的权利和自由,最高法院或国务委员会据此提出的事项为违宪特例,并转交宪法委员会。

实施上述条款的条件和方式应由相关组织法确定。

第 189 条 宪法委员会应在向其提交事项后的 30 天内提出意见或作出裁决。在紧急情况下,并应共和国总统的要求,该期限应缩短至 10 天。

如出现上述第 188 条的转交情况,宪法委员会应在事项转交之日起 4 个月内作出裁决。根据委员会向该事项转交方的司法部门提出的合理请求,该期限最多可以延长一次,最长延长时间为 4 个月。

宪法委员会制定其议事程序上述条款的条件和方式的实施由组织法确定。

第 190 条 如果宪法委员会裁定条约、协议或公约违反宪法,该条约、协议或公约不得予以批准。

第 191 条 如果宪法委员会裁定某项法律或法规违反宪法,自委员会裁定之日起,该法律或法规失效。

如果宪法委员会根据上述第188条裁定某项法律条款违反宪法，自委员会裁定之日起，该法律条款失效。

宪法委员会的意见或裁决不可撤销，其意见和裁决对所有权力机关以及行政机构和司法机构具有约束力。

第192条 审计法院独立。审计法院负责国家财政、领土社区、公共服务以及国家商业资本的事后检定。

审计法院促进公共财政管理中的善政廉政和透明度的发展。

审计法院需按年向共和国总统、民族院议长、国民议会议长和总理提交年度报告。

法律确定审计法院的职权、组织和职能，批准其调查，并明确其与其他国家监控部门的关系。

第二章 选举观察

第193条 负责组织选举的权力机关应保证选举的透明度和公正性。

因此，每次选举时应将候选人登记在册。

与选举制度相关的组织法应确定执行这一规定的方式。

第194条 应建立一个独立的最高选举监督机关。

共和国总统与各政党协商后，提名公众人物为该机关主席。

该最高监督机关应设立常务委员会，并在选举结束后部署其成员。

最高监督机关应由相当数量的下列成员组成：

1. 由最高司法委员会提出、共和国总统任命的地方法官；

2. 由共和国总统任命的、独立的民间代表。

最高监督机关应确保总统选举、议会选举和地方选举从选民召集到宣布临时选举结果的选举全程的透明度和公正性。

最高监督机关的常务委员会应特别确保：

1. 主管部门对投票表修订的监督；

2. 对改进选举程序标准化的法律法规文本提出建议；

3. 为帮助各政党监督选举和提出上诉而组织公民培训课程。

本条款实施的方式应由相关组织法确定。

第三章 咨询机构

第195条 共和国总统主持成立伊斯兰最高委员会，以便：

1. 鼓励和促进伊智提哈德（伊斯兰宗教法创制）；

2. 就沙里亚法（伊斯兰宗教法）的相关事项发表意见；

3. 向共和国总统提交有关其活动的定期报告。

第 196 条 伊斯兰最高委员会由 15 名成员组成，包括由共和国总统从全国各科学领域精英中任命的委员会主席。

第 197 条 共和国总统主持成立一个最高安全委员会。其任务为就一切与国家安全相关的问题向共和国总统提供建议。

最高安全委员会的组织方式和职能应有总统确定。

第 198 条 在共和国总统作为宪法保证人的职权范围内成立国家人权委员会。

人权委员会享有行政和财政自主权。

第 199 条 人权委员会应承担监督、对尊重人权的预警和评估的职能。

在不损害司法权的情况下，人权委员会应审议其注意到或引起其注意的侵犯人权的案件，并采取适当的措施。人权委员会应将其调查的结果提交给有关行政部门，必要时还应提交给有关司法部门。

人权委员会应发起提高人们人权意识、信息和交流的活动以促进人权发展。

人权委员会还应就增进和保护人权提出意见、建议和忠告。

人权委员会应每年向共和国总统、议会和总理提交报告并公开发表。

人权委员会成员的组成和任命方式以及委员会的组织和职能规则应由法律确定。

第 200 条 在共和国总统的支持下成立一个作为咨询机构的最高青年事务委员会。

委员会由青年代表、政府代表和负责青年事务的公共机构代表组成。

第 201 条 最高青年事务委员会应就青年的需求相关问题以及青年在经济、社会、文化和体育领域内的繁荣发展等问题发表意见和建议。

委员会还应致力于提高青年人的民族价值、爱国意识、公民精神和社会团结。

第 202 条 在共和国总统的支持下成立一个预防和打击贪污腐败的独立的国家行政权力部门。

该部门享有行政和财政自主权。

该部门的全体成员和职员通过誓言保障该部门的独立性，也应通过保障其全体成员和职员免受其在行使其职能时可能遭受到的任何形式的施压、恐吓、威胁、蔑视、侮辱或攻击来保障该部门的独立性。

第 203 条 该机构负责根据法治原则提出和协助制定一项全球性反腐政策，保证公共财产和资金管理的廉正性、透明度和问责制。

该机构按年向共和国总统提交评估报告，评估其参与的预防和打击腐败有关的活动，并在必要时指出其所面临的不足并给出建议。

第 204 条 国家社会经济委员会，应为经济与社会领域内的对话、磋商和提案提供框架。

国家社会经济委员会为政府提供建议。

第 205 条 委员会负责：

1. 为公民参与对国家社会和经济发展相关政策的磋商提供框架；

2. 确保国家经济和社会伙伴之间可以进行持续性对话和磋商；

3. 评估和解决经济、社会、教育、职业和高等教育领域中的国家利益问题；

4. 为政府提供意见和建议。

第 206 条 建立全国科学技术研究委员会，以下简称“委员会”。

第 207 条 委员会负责：

1. 促进国家在科学技术创新领域内的研究；

2. 提出旨在促进国家研究和发展的措施；

3. 在可持续发展的框架内，评估国家根据国民经济研究成果采取的措施的效率。

委员会主席应由共和国总统任命的国家主管机构人士担任。

委员会的其他任务、组织和组成由法律确定。

第四部分　宪法修正案

第 208 条 宪法修正案由共和国总统的倡议决定。国民议会和民族院应根据与立法条件相同的条件进行表决。

在表决通过后的 50 天内开展全民公投。

共和国总统颁布经全民公投通过后的宪法修正案。

第 209 条 如果宪法修正案草案未通过全民公投则失效。

在同一立法期限内，宪法修正案草案不能开展二次全民公投。

第 210 条 如果根据宪法委员会的合理意见，宪法修正案草案完全不侵犯阿尔及利亚社会的一般性原则、人权与公民的权利与自由，不改变权力与机构的基本平衡，如果议会两院 3/4 的成员投票通过，则共和国总统可以直接颁布该法律，无须经由全民公投。

第 211 条 议会两院 3/4 的成员可以在联席会议上提出一项宪法修正案，提交给共和国总统，由总统提出全民公投。

如果通过全民公投，则颁布该宪法修正案。

第 212 条 宪法修正案不得破坏：

国家的共和性质；

基于多党制的民主秩序；

伊斯兰教为国家宗教；

阿拉伯语为国家语言和官方语言；

基本自由、人权和公民权利；

国家领土完整和统一；

作为革命和共和国象征的国徽和国歌；

共和国总统的第二个任期资格。

临时规定

第 213 条 本宪法规定的、作为组织法的现行普通法律继续适用，直至按照宪法程序对其进行修改或更换为止。

第 214 条 现宪法委员会代表继续行使其就任时宪法赋予的特权，至到在各成员任期结束后终止。

任何修改或增补应在本宪法公布后的 6 个月内按照其规定的条件和程序进行。

无论是被选出的还是被指定的，宪法委员会均应在宪法框架内在任期第 4 年根据抽签的方式更换其一半成员。

第 215 条 在执行《宪法》第 188 条规定的必要条件之前，为保障其有效管理，应在其执行的 3 年期限结束后，实施该宪法规定的机制。

第 216 条 负责促进和保护人权的机构应继续行使其特权直到《宪法》第 198 条和第 199 条规定开始执行。

第 217 条 经批准的宪法修正案文本的条款编号应格式一致。

第 218 条 共和国总统应公布经批准的宪法修正案文本，该修正案将作为共和国的基本法则实施。

大阿拉伯利比亚人民社会主义民众国投资促进法*

2010年第9号法律(利比亚历1378年)**

全国人民代表大会:

根据基层人民代表大会在2009年(利比亚历1377年)年度会议上作出的决定:

审查并考量了:

- 建立人民权力机构宣言;
- 人民时代的绿色人权宪章;
- 1991年第20号法律:关于巩固自由;
- 2007年(伊斯兰历1374年)第1号法律:人民代表大会和人民委员会工作制度;
- 商业法及其修正案;
- 1973年第67号法律:关于海关及其修正案;
- 1992年第11号法律:关于确定房地产相关制度及其修正案;
- 1992年第19号法律:关于生产税;
- 1996年第5号法律:关于鼓励外国资本投资及其修正案;
- 2000年第13号法律:关于规划;
- 2000年第3号法律:关于建筑规划;
- 2004年第7号法律:关于旅游业;
- 2004年第12号法律:关于印花税;
- 2005年第1号法律:关于银行业;
- 2007年第6号法律:关于鼓励国家资本投资;
- 2010年第7号法律:关于所得税。

---

* 译者简介:朱文珊,北京外国语大学非洲学院博士后。
该法颁布于2010年,颁布时利比亚国名为"大阿拉伯利比亚人民社会主义民众国";2013年5月,该国国名改为"利比亚国"(State of Libya)。本文沿用颁布该法律时的国名。该法律迄今仍然有效。

** 在2011年革命发生之前,利比亚使用的是以穆罕默德去世年份为元年的太阳历,即利比亚历。

制定了以下法律：

第一条　定义

在实施本法条款时，除有特殊说明之外，下述词语和短语的具体含义为：

1. 国家：大阿拉伯利比亚人民社会主义民众国。

2. 行政主管部门：执行本法的相关行政主管部门。

3. 长官：政府相关行政主管部门的长官。

4.《实施细则》：为保证本法执行而颁布的法规。

5. 外国资本：由利比亚人或外国人拥有的，在利比亚国内进行投资活动的，以物质或非物质形式存在的，现金或非现金形式的外国货币等值物的金融价值。

6. 国内资本：由利比亚国民或法人实体全资持有的，即构成利比亚国民或法人实体的投资项目资本的一部分的，以物质或非物质形式存在的，现金或非现金形式的国内货币等值物的金融价值。

7. 投资项目：所有法律形式的符合本法规定条件的任何投资活动。

8. 私有化：指国家、公共法人实体或私营企业完全或部分拥有的公司、生产和服务单位的所有权的转让。

9. 投资者：按照本法规定进行投资的每一个本国或外国的自然人或法人。

第二条　本法所涵盖的范围

本法适用于联合投资于本法所对应范围内的本国资本、外国资本或合资资本。

第三条　本法的目标

本法旨在促进本国资本和外国资本在本国整体政策和经济与社会发展目标范围内设立投资项目并进行投资，以确保以下目标的实现：

1. 在技术上提升利比亚政府官员的工作能力及办事效率，以使其在增加就业机会的同时获得先进技术。

2. 尽最大可能为利比亚经济发展引进知识和技术。

3. 通过帮助经济、服务和生产单位进入世界市场并参与竞争的方法，建设、发展和修复这些经济、服务和生产单位。

4. 在相关领域内实现发展。

5. 增加收入来源并促进收入来源的多样化。

6. 控制能耗。

7. 利用本地可用原材料。

第四条　投资形式

依据投资所涉及的投资形式，本法对国内外资本的投资进行了如下分类：

1. 通过银行的正式业务进入本国的本国货币、可转换外国货币或其等价物。

2. 准备和开展投资项目所需的机器、设备、仪表、运输工具、零件和原材料。

3. 精神权利，如设立或运营投资项目所需的专利、许可、商标、商业名称等。

4. 再投资于同一项目或其他项目的投资项目的利息和收益的部分。

第五条　负责执行本法的行政主管部门

应当设立执行本法律规定的适当的行政主管部门，全国人民代表大会应根据行政主管部门长官的建议作出指令和组织决议。

第六条　负责执行本法的行政主管部门的任务

行政主管部门需要从多个方面鼓励国内外资本和商品化投资项目，尤其是在以下方面：

1. 根据本法规定，在投资领域内允许有组织投资项目和私有化投资项目的研究和提案，这其中包括对所有的投资领域和可投资机会的综合投资版图的拟订。

2. 收集投资申请，并核实上述申请是否符合本法的目标并满足本法的条款、条件和规定；研究投资项目的经济可行性，以确保所涉及的正在实施的国内外投资项目的所有条件均符合本法的规定。

3. 收集和发布信息，参与对相关项目促进国家经济发展的投资能力的经济研究的筹备工作。

4. 采用合适的方式，通过多种媒体渠道吸引国内外资本，并促进对投资机会的宣传。

5. 提供综合性“窗口服务”，以方便投资项目的投资者获得所需的投资许可、营业执照及其他服务。

6. 定期研究并审阅投资法规，并向行政长官提交与此相关的发展建议。

7. 采取必要的程序来执行完善所有制基础和私有化上市公司与生产单位的公共政策。

8. 所有由全国人民代表大会委派的，适用于该行政部门的其他任务。

第七条　投资项目应满足的条件

投资项目应满足以下全部或部分条件：

1. 转让和引进专业知识技术、现代科技、工艺或知识产权。

2. 支持投资活动和优秀经济项目之间的联系和整合，或有助于投资活动生产成本的降低，或为投资活动提供经营用品和设施。

3. 开发或协助利用本地原材料。

4. 对偏远地区的发展作出贡献。

5. 生产出口产品或对增加出口额作出贡献，或采取措施以完全或部分避免进口产品。

6. 提供国民经济所要求的各项服务，或对改善、发展或修复各项服务作出贡献。

7. 为利比亚本地劳动力提供不低于 30% 的就业机会，同时尽力为其提供培训课程，使其获得专门技术和专业知识。《实施细则》应明确规定雇佣国内外劳动力的具体条款和条件。

第八条　投资范围

投资范围应涵盖所有生产和服务领域。《实施细则》应明确生产和服务的投资范围，包括本法未涵盖的领域，仅限于利比亚人投资的领域，或接受利比亚人与外国人之间进行合作投资的领域；此外，《实施细则》应明确不同投资者在投资项目中的投资比例，投资项目的法律形式和符合投资项目活动类别的最低资本等。

第九条　投资许可

设立、开发、修复、运行或运营一个投资项目的许可应根据行政主管部门发布的要求，由行政长官批准。行政主管部门应仅参与对投资项目的所有许可和必要授权的批准，以保证该类许可和授权满足 / 否定在现行法规下的其他任何必要许可和授权的要求。《实施细则》应明确规定批准许可和授权的条件和规则。

第十条　特权和豁免

在符合本法规定的前提下，投资项目有下列特权：

1. 免除执行项目所必需的机器、设备和仪表的所有税费、关税、进口费、服务费和类似性质的费用和税费。本条款中的费用豁免并不包括对于港口、滞期或手续等服务所征收的费用。

2. 免除所有类型和来源的，与项目的运营和管理相关的设施、零件、运输工具、家具、储备物资、原材料、宣传和广告项目所有的费用和税收，为期 5 年。

3. 免除以出口为目的生产的商品的生产税、关税和对该类出口征收的费用。

4. 免除投资项目的任何活动的所得税，为期 5 年，期限应从批准该活动许可发布之日开始计算。

5. 对发生于豁免期内的因投资项目获利分配而产生的股份收益和股票收益以及因项目法律形式合并、销售、分割或更改而产生的收益，免除其所有税费。

6. 免除在项目再投资活动中产生的收益。

7. 免除由投资项目所制作、批准、签署或使用的所有文档记录、登记、交易、协议等产生的，按现行法规应支付的印花税。

投资者可将其投资项目在豁免期内产生的损失结转至接下来的年份中。

本法的《实施细则》应明确规定执行本条款所必需的条件和规定。

第十一条　机器和设备的交易

未经行政部门的批准并付清所有因进口而产生的费用和关税，不得用基于投资项目而进口的机器、设备、家具、运输工具、仪表、零件、原材料、操作设备等进行以出售或偿还等为目的的交易。

第十二条　投资者的权利

投资者享有以下权利：

1. 在本国内运营的银行中，以本国货币或外国货币开设一个银行账户，以支持投资项目的实施。

2. 根据现行法律，从本国银行和外国银行及金融机构获得金融性贷款。

3. 在投资项目到期、清算或出售后，转口该投资项目的全部或部分外国资本。

4. 外国资本进入本国 6 个月之后，如果出现不可控的投资困难或投资环境并妨碍到投资项目的进行，投资者可以将该外国资本转出本国，转出方式应当与先前该外国资本转入本国的方式一致。

5. 转出由投资项目中的外国资本所产生的可分配的年度净利息和年度净收益。

6. 在本国无法提供劳动力的情况下，招聘外国劳动力。

7. 签发 5 年可续签居留签证、项目期限可续签居留签证和多次出境 / 再入境可续签居留签证。

第十三条　外籍员工

外籍员工有权将其从投资项目中获得的薪酬及任何其他权益转移出利比亚，外籍员工的个人财物享有免除关税的权利。上述内容需符合《实施细则》中的相关规定。

第十四条　投资记录

在不违背《贸易登记簿》中的相关法律条款的情况下，行政主管部门将设立一个名为“投资记录”的专用登记簿，该登记簿将用于对所有该类投资项目进行登记，登记内容包括对投资项目的法律形式、投资规模、商业模式、所有者和股东的姓名和国籍以及外籍员工比例等的说明。

《实施细则》应明确说明在投资记录中注册的规则和程序。

第十五条　附加特权和豁免

按照全国人民代表大会根据行政长官的提议作出的一项决定，投资项目有可能获得期限不超过3年的额外免税权或其他额外特权。为此，投资项目需要证明：

1. 它们有助于实现食品安全。

2. 它们采取了能够实现节水、节能或保护环境的措施。

3. 它们促进了本地发展。

《实施细则》应对衡量投资项目是否满足上述因素的规则和条件进行明确分类。

第十六条　经济单位的私有化

凡以私有化为目标的经济单位，无论是否已得到开发、修复、管理或运营，如达到目标并满足本法规定的条件，均应享有本法规定的所有特权和豁免，其特权和豁免必须由全国人民代表大会决议授权。

第十七条　房产租赁

根据与私有化相关的现行法律，投资者有权租赁必要的房产以便开展或运营其投资项目，房产既可以为公共房产也可以为私人房产，房产租赁应按照《实施细则》中的条件和规定进行。

第十八条　项目所有权

在行政主管部门的批准下，可以将投资项目的全部所有权或部分所有权转让给其他投资者。新投资者应根据本法及其他现行法律的规定取代原投资者，拥有原投资者的权利并承担原投资者的义务。《实施细则》应明确说明所有权转让的条件和规定。

第十九条　违规行为

如投资者已明确违反了本法的任何规定，首先应由行政部门向投资者发出警告，要求投资者在其指定的适当期限内解决其违规问题。如投资者没有解决其违规问题，行政部门有权根据本法剥夺投资项目已有的部分特权和豁免，撤销其许可，或将违规事项交由给有关司法部门处理，强行剥夺投资者先前的豁免。

第二十条　撤销许可

在下列情况下，可以撤销为投资项目发放的授权和许可，或对投资项目进行最终清算：

1. 在没有任何正当理由的前提下，投资项目未能开展，或未能在指定完成日期内完成。

2. 违反本法规定。

上述内容应符合本法《实施细则》中所提出的规定、条件和程序。

第二十一条　申诉

如投资者因违反本法规定而获得任何处分决定，自书面通知送达并签字确认之日起的 30 日内，投资者有权对决定提出书面申诉。《实施细则》应规定接受该类申诉的行政部门、申诉程序和最终决议期限等。

第二十二条　投资项目的会计凭证

项目所有者必须根据有关法律规定保留项目所需的法律文件和决算账目，以及根据《商业活动法》和专业标准编制的经由法务会计认证的年度预算和决算账目。

第二十三条　投资项目保证

除司法判决和合理赔偿外，不得对投资计划进行国有化、私有化、强占、没收、扣押、冻结、征用或其他任何具有相同效力处置，即使是在司法判决和合理补偿的情况下，对投资计划的任何处置也应当在保证公正的前提下进行。如产生赔偿需要，则应根据损害发生时的投资项目的公平市价计算赔偿额。在法律或决议生效之日起的一年内，赔偿可以以现行汇率下的可转让货币的形式履行。

第二十四条　对争议的处理

一旦外国投资者和本国政府之间产生任何争议，无论该争议是由投资者引起的或是由本国政府引起的，都应将争议交予相应法院处理，除非本国政府和投资者母国之间已达成双边协议或多边协议，且协议内容包括关于投资者和本国政府之间的调解、仲裁或达成特别协议的规定仲裁条件的文本。

第二十五条　服务费

行政长官应根据行政主管部门的建议决定投资者为获得投资服务而应支付的费用。

第二十六条　司法监控官

根据相应行政长官的决定任命的行政主管人员应同时承担司法监控官的职责，有权监督本法的执行，调查任何违法行为并将监控结果提交给行政部门。为保证司法监控的顺利进行，司法监控官有权检视投资项目的进程以及投资活动的相关账目和文件。其他需要对投资项目进行监督和检查的相关行政部门在对合法投资项目进行任何监督或检查之前，应根据本法的规定，向行政部门提前报告并与其协调工作。

第二十七条　本法适用范围内的特例

本法规定不适用于国内外资本已经开展的或将要开展的对于石油和天然气的投资项目。

第二十八条　组织经济活动的法律的有效性

在本法未涉及的事项上，应参照组织经济活动的相关法律规定，该类法律同时适用于受本法约束的行为主体。

第二十九条 《实施细则》

本法的《实施细则》应根据行政长官的提议，由人民代表大会决定并颁布。

第三十条 废止现行法律

将废止1996年第5号《促进外国资本投资法及其修正案》、2007年第6号《关于国家资本投资法》、2004年第7号《旅游法》第10条，并废止任何违反本法规定的其他法律条款。

在本法生效期间，本法规定适用于所有相关投资项目、行为、事件以及本条中上述法律所涉及的未决事项，但不得违背本法生效前已有的特权和豁免权。

在不违背本法规定的前提下，上述法律规定的实施细则和决定仍继续有效，直至本法的《实施细则》颁布为止。

第三十一条 本法的颁布

本法自政府公报发布之日起生效。